GÜTERSLOHER
VERLAGSHAUS

Gütersloher Verlagshaus

Klaus-Peter Jörns

Mehr **Leben**, bitte!

Zwölf Schritte zur Freiheit im Glauben

Gütersloher Verlagshaus

Bibliografische Information der Deutschen Nationalbibliothek
Die Deutsche Nationalbibliothek verzeichnet diese Publikation in der
Deutschen Nationalbibliografie; detaillierte bibliografische Daten sind im Internet
über http://dnb.d-nb.de abrufbar.

Verlagsgruppe Random House FSC-DEU-0100
Das für dieses Buch verwendete FSC-zertifizierte Papier *Munken Premium*
liefert Arctic Paper Munkedals AB, Schweden.

2. Auflage, 2011
Copyright © 2009 by Gütersloher Verlagshaus, Gütersloh,
in der Verlagsgruppe Random House GmbH, München

Umschlaggestaltung: Init GmbH, Bielefeld
Umschlagmotiv: © Gerolf Kalt/zefa/Corbis
Satz: SatzWeise, Föhren
Druck und Einband: CPI – Ebner & Spiegel, Ulm
Printed in Germany
ISBN 978-3-579-08048-2

www.gtvh.de

Eugen Biser,
dem Freund und
theologischen Wegbegleiter

Inhalt

Weihnachten
Die Rückkehr des außerweltlichen Gottes in die eine Wirklichkeit

Karfreitag
Jesu Sterben: der letzte Akt der Menschwerdung Gottes . . .

Kreuzesmeditation
George Grosz: »Maul halten – und weiter dienen« . . . . . .

Ostern
Jesus ist gestorben und hat neue Gestalten angenommen . . .

Vorwort

Wie sieht der christliche Glaube aus, wenn die »Notwendigen Abschiede«[1] vollzogen worden sind? Das bin ich oft gefragt worden. Mit dem Buch »Lebensgaben Gottes feiern. Abschied vom Sühnopfermahl: eine neue Liturgie«[2] habe ich eine erste Antwort vorgelegt. In einigen Gemeinden wird diese Liturgie inzwischen gefeiert. Und ich habe den Eindruck gewonnen, dass dadurch in die Gottesdienste wieder mehr Leben eingekehrt ist und sie zugleich wieder tiefer ins Leben zurückgekehrt sind. Nun lege ich eine zweite Antwort auf jene Frage vor, und auch diesmal geht es im Zentrum um die Beziehung des Glaubens zu Jesus. Als Rahmen habe ich das Kirchenjahr gewählt.

I. Das Leben Jesu spielt in der Theologie eine untergeordnete Rolle

Mehr Leben, bitte! ist zuerst ein Wunsch. Ihm verdankt sich auch dieses Buch. Der Wunsch ist gewachsen schon in der langen Zeit, in der ich im Pfarramt und in der Pfarrer- und Pfarrerinnenausbildung tätig gewesen bin. Einschließlich meines Vikariates war das die Zeit von 1964 bis 1999. Aufgeflammt ist dieser Wunsch immer dann, wenn – seit den 60er-Jahren des vergangenen Jahrhunderts – Bücher erschienen waren, die sich dem *ganzen Leben* Jesu zugewandt und das befreiend Revolutionäre seines Weges betont und beschrieben hatten. Oder wenn mich Menschen beeindruckten, weil sie eine große persönliche Freiheit ausstrahlten, die aus ihrer Bindung an Jesus

---

1. Notwendige Abschiede. Auf dem Weg zu einem glaubwürdigen Christentum, Gütersloh 2004, 4. Aufl. 2008
2. Lebensgaben Gottes feiern. Abschied vom Sühnopfermahl: eine neue Liturgie, Gütersloh 2007

kam. Durch diese Menschen und jene Bücher hat sich für mich ein heilsames Gegenwicht zur kirchlichen Theologie und zur Liturgie aufgebaut. Denn darin ging und geht es immer noch, wie im Apostolischen Glaubensbekenntnis, im Zentrum nicht um das Leben, sondern um das Leiden und Sterben Jesu und um seine Auferstehung, und außerdem um seine Geburt und sein Wiederkommen als Richter der Lebenden und der Toten. Und um die Kirche natürlich, die so gerne über sich selbst redet. Das *Leben* Jesu – das ist mir von Jahr zu Jahr deutlicher geworden – spielt darin theologisch eine ganz untergeordnete Rolle. Und das, obwohl wir in vier kanonischen und manchen anderen Evangelien viele Überlieferungen von Jesu Wegen, Handlungen und Reden haben.

Heutzutage liegt die Reserve Jesus gegenüber oft daran, dass die historisch-kritische Erforschung der biblischen Schriften (wieder) zu dem Urteil gekommen ist, dass wir von dem historischen Jesus eigentlich ganz wenig geschichtlich Überprüfbares wissen. Also meint man, von ihm eher schweigen zu müssen. Das ist ein interessantes Phänomen. Denn die textkritische Auslegung der Bibel weiß doch nicht erst seit gestern, dass die biblischen Jesus-Zeugnisse *Glaubenszeugnisse* sind – das hatten schon *Albert Schweitzer* und *Rudolf Bultmann* auf je eigene Weise deutlich genug festgestellt. Erstaunlich ist, dass die Exegeten so wenig von der Wahrnehmungstheorie gelernt haben. Sonst hätten sie verstanden, dass diejenigen, an die Menschen glauben, in den Glaubenszeugnissen niemals eins zu eins *re*produziert werden. Glaubenszeugnisse schaffen vielmehr von denen, um die es geht, immer eine *neue*, jeweils ganz originale und oft auch originelle »Wahrnehmungsgestalt«, wie *Viktor von Weizsäcker* erkannt hat[3]. Deshalb ist es so, ja, *muss* es so sein, dass in den Wahrnehmungsgestalten Jesu immer diejenigen mit enthalten sind, die ihn wahrgenommen haben, und ihre religiösen und kulturellen Vorprägungen auch. Folglich ist, was Jesus für sie *bedeutet hat*, auf unterschiedliche Weise in das Bild mit eingeflossen, das sie von Jesus gewonnen und literarisch bezeugt haben. Dass das so ist, kann ich nicht bedauerlich finden. Denn um eben diese Bedeu-

---

3. In den »Notwendigen Abschieden« habe ich diese Zusammenhänge ausführlich behandelt: a. a. O., S. 120-130.

tung geht es doch im Glauben. Und die wird, was Jesus angeht, vom Neuen Testament nicht in einer quasi objektiven dogmatischen Norm mitgeliefert. Vielmehr haben schon die frühen Christen Jesus sehr unterschiedlich wahrgenommen. Die Väter des Kanons haben das alles nebeneinander stehen lassen. Das ist der Grund dafür, dass wir im Neuen Testament vier Evangelien haben und nicht nur eines. Aber das heißt auch: *Den* Jesus schlechthin, also einen, der unabhängig wäre von den Glaubensvorstellungen, die seine Zeugen hatten, ehe sie ihn kennenlernten, gibt es literarisch nicht. Davon könnte man nur reden, wenn er selbst etwas Schriftliches hinterlassen hätte. So aber kommen wir über die *Konturen* der historischen Gestalt Jesu nicht hinaus, die uns – mit einem modernen Begriff gesprochen – die »Schnittmenge« der Evangelien erkennen lässt. Aber ich halte diese Konturen für klar genug, um sagen zu können, wer er, auch im Unterschied zu seiner Umgebung und zu den religiösen Gestalten seiner Zeit, gewesen und wo das Besondere seiner Botschaft zu finden ist.

Jede und jeder von uns entwickelt auch heute aus der Begegnung mit Jesus – wie auch immer sie zustande gekommen ist – ein eigenes Jesus-Bild, das seine Bedeutung für sie bzw. ihn enthält. Darin drückt sich besser als in vielem anderen aus, dass der Auferstandene lebendig ist, aber auch die Freiheit im Glauben, die allen zusteht, die mit Jesus in Beziehung kommen. Wo immer Jesus mit dem Leben konkreter Menschen zu tun hat, entstehen diese Jesus-Bilder oder Wahrnehmungsgestalten Jesu. Dabei geschieht nichts anderes, als wenn Exegeten und Dogmatiker oder der Papst von Jesus reden und meinen, ihn »richtig« wiederzugeben; auch sie *produzieren* dabei eine eigene Wahrnehmungsgestalt Jesu. Und ich tue dasselbe. Historisch »wahr« im Sinne von Protokollen ist keins dieser Zeugnisse. Aber alle können authentisch und deshalb auch glaubwürdig sein und sich auf das gegenwärtige Wirken des heiligen Geistes berufen. Doch dass die differenten Wahrnehmungsgestalten Jesu immer wieder mit den Jesus-Überlieferungen zusammen bedacht, also an sie rückgekoppelt, werden müssen, versteht sich von selbst[4]. Wi-

4. Wolfgang Huber hat in seinem Glaubensbuch dieser hermeneutischen Wahrnehmungstheorie zugestimmt: Der christliche Glaube, S. 88-97.

derspricht aber unsere Wahrnehmungsgestalt Jesu jenen eben angesprochenen »Konturen« der Jesus-Überlieferung, muss eine solche Abweichung jedenfalls sorgsam begründet werden. Ins Gegenteil verkehren darf sie den Kern der Jesus-Überlieferung der Evangelien, glaube ich, aber nicht. Deswegen müssen auch schon die Glaubenszeugnisse des übrigen Neuen Testaments kritisch danach befragt werden, welche Wahrnehmungsgestalt Jesu sie uns präsentieren und wie deren Verhältnis zu der Überlieferung von Leben und Verkündigung Jesu aussieht.

II. Jesu Leben fesselt bis heute als großes Drama

Gefesselt hatten mich schon als Kind und fessseln mich auch heute noch gerade die Erzählungen aus Jesu *Leben:* Sein Umgang mit denen, die ihm begegneten, seine große Fähigkeit, diese Menschen mit ihren Belastungen, Leiden und Hoffnungen wahrzunehmen, für sie einzutreten und für die sprachlos Gewordenen Partei zu ergreifen – auch auf die Gefahr hin, in gefährlichen Streit mit den religiösen Autoritäten zu geraten. Seine Leidensgeschichte habe ich immer in einer untrennbaren Verbindung mit diesem riskanten, ja, halsbrecherisch und streitbar liebevollen Leben gesehen. Ohne die Hintergründe damals näher verstehen zu können, ist mir schon früh klar geworden, dass es neben denen, die von Jesus etwas gewinnen konnten – wie die von der Angst vor Gott Befreiten und in ihrer Würde Wiederhergestellten – auch genügend andere gab, die durch ihn nur verlieren konnten. Zu Letzteren gehörten vor allem diejenigen, deren Kreise er mit seiner Gottesverkündigung störte. Denn zu einem Gott, der seine Liebe zu den Menschen nicht an Bedingungen knüpft, passt keine Form von religiöser Repression und Drohung. Umso mehr drohte denen, die die offizielle Lehre repräsentierten und auch politischen Einfluss hatten, durch Jesus Ungemach. Dass sie ihn ohne Schonung bekämpfen würden, lag auf der Hand. Das hat Jesus bald selbst gesehen. Und seine Gegner haben nicht geruht, bis sie ihn zu Tode gebracht hatten. Dieses Drama beim Lesen und Hören mitzuverfolgen, hat mich angezogen und je länger desto mehr mit diesem Jesus verbunden. Es kam mir wie die Steigerung der großen griechischen Tragödien vor. Auch in der nicht endenden Zahl von Jesus-Filmen und -Büchern und bildlichen Darstellungen Jesu habe ich die dramatische Kraft seiner Geschichte gespiegelt gefunden.

Warum Gott ihn in seinem Leiden buchstäblich hat hängen lassen, auch diese Frage ist bald Teil der Jesus-Tragödie geworden, wie ich sie erlebt habe. Für sie steht der Schrei am Kreuz »Mein Gott, mein Gott, warum hast du mich verlassen?« *(Matthäus 27,46)*. Erst sehr viel später ist mir – unter dem Einfluss von *Dietrich Bonhoeffer* – klar geworden, dass Gott in dem Leiden Jesu mit gelitten und sich darin mit allen Leidenden der Erde solidarisch gemacht hat. Dieses Licht ist allerdings erst von Ostern her in den Zusammenhang von Gewalt und Leiden gekommen. Gerade angesichts dessen, was auf dieser Erde von den Geschöpfen Gottes gelitten wird, hat es aber schließlich so viel Kraft entfaltet, dass mir alle Versuche der Theologie, den Tod Jesu zum zentralen Heilsgeschehen zu machen, suspekt geworden sind.

III. In der Theologie ist Jesus in den Schatten geraten, den Deutungen seines Todes auf sein Leben geworfen haben

Im Theologiestudium hatte ich gelernt, dass und warum die Theologen der frühen hellenistischen Christenheit vor allem mit der Deutung des gewaltsamen Todes Jesu beschäftigt gewesen sind. Sie hatten es nicht mehr glauben können, dass Gott mit diesem Jesus gewesen ist und trotzdem zugelassen hat, dass er verleumdet und heillos gemartert wurde, ja, hilflos gestorben ist. Sie haben auch in dem Sterben und Tod Jesu unbedingt *Heil* finden wollen. Deshalb haben sich einige Autoren des Neuen Testaments mit dem Revolutionären in Jesu Leben, Handeln und Predigen so gut wie nicht mehr beschäftigt, sondern versucht, seinen Tod in ihnen geläufige theologische Vorstellungen einzuordnen und ihn dadurch *positiv* zu deuten. So sind eine ganze Reihe von Todesdeutungen und Metaphern, die dabei benutzt worden sind, ins Neue Testament gelangt. Sie alle gehen davon aus, dass der Tod Jesu etwas qualitativ anderes gewesen ist als die gewalttätige Antwort auf seine Botschaft. Ja, sie behaupten, gerade sein Sterben und Tod seien das eigentliche Heilsereignis gewesen. Gemeinsam ist diesen Todesdeutungen die Annahme, Jesus sei »für uns gestorben«. Näher entfaltet, sagt dieser Glaube dann, er habe stellvertretend, an unserer Stelle also, erlitten, was wir alle eigentlich als Strafe für unsere Sünden verdient hätten *(Römerbrief 3,25)*. Oder sein Tod wird als Sühne wirkender Märtyrertod beziehungsweise als Sühn*opfer* für die Sünden der Welt bezeichnet, oder auch als Freikauf aus den Fesseln des Ungehorsams gegen Gottes Gesetz und die dafür festgesetzten Strafen. Es gab Prophezeiungen in der hebräischen Bibel und andere Überlieferungen, die entsprechend verstanden werden konnten: Jesaja 53,3-5; 4. Makkabäerbuch 6,28; 17,21 f.

Durch diesen Bezug und das Licht von Ostern konnte dann die theologische Konstruktion entstehen, die aus dem grässlichen Ende ein scheinbar unüberbietbares Heilsgeschehen werden ließ. Alles Positive wurde nun als Folge und Frucht seines Sterbens propagiert. Mit diesem Glaubenskonzept glaubten sich die frühen Missionare in der hellenistischen Welt sowohl bei Juden als auch bei Griechen und Römern hören lassen zu können – von dem Makel einmal abgesehen, dass Jesu Tod, wenn er ein Opfer gewesen sein sollte, nun als *Menschen*opfer verstanden werden musste. Die historisch-kritische Erforschung des Neuen Testaments kann zeigen, wie die frühen Jesus-Überlieferungen Zug um Zug in den Dienst der neuen Heilsgeschichte gestellt worden sind, in deren Zentrum bald nur noch das Sterben und Auferstehen Jesu standen.

IV. »Mehr Leben« heißt für den Glauben: wieder beim Leben Jesu in die Schule zu gehen

Vor diesem Hintergrund heißt der Wunsch nach *mehr Leben* dann, dass das Leben Jesu aus der Umklammerung durch die Konstruktion jener auf den Tod Jesu fixierten Heilsgeschichte gelöst werden und wieder in den Mittelpunkt der Verkündigung und des christlichen Glaubens gestellt werden muss. Mehr Leben, bitte! ist also auch eine Aufforderung. Natürlich gehören zu Jesu Leben wie zu jedem anderen auch seine Geburt und sein Sterben hinzu. Aber die Kurzformel unseres Glaubens kann nicht mehr lauten, dass Jesus für uns gestorben ist, sondern dass er mit seinem ganzen Leben, von Anfang bis Ende, für uns *gelebt hat* und als Weg zu Gott lebendig *ist*. Mit diesem Glaubenssatz gebe ich für mich das Bemühen der Theologie auf, alles, was in dem jüdischen und im christlichen Teil der Bibel überliefert und zusammengestellt worden ist, auf *einen* Glaubensnenner bringen zu wollen. Meiner Einsicht nach erlauben die Erkenntnisse der historisch-kritischen Erforschung der jüdischen wie der christlichen Überlieferungen der Bibel in ihren Entstehungsprozessen nicht mehr, solche Harmonisierung vorzunehmen. Zwar gehört es zur Aufgabe einer »biblischen Theologie«, zu erkunden, welche Erfahrungen und theologischen Konzepte dazu geführt haben, dass die biblischen Schriften als einzelne wie als Gesamtheit so geworden sind, wie sie uns heute vorliegen. Aber zu unterstellen, sie alle folgten einer einzigen, durch Offenbarung vorgegebenen Grundaussage, halte ich für im Kern fundamentalistisch und lebensfeindlich. Denn dabei wird zum Beispiel verdeckt, dass wir in den Evangelien deutlich erkennbare Unterschiede haben, die nicht durch eine systematische Harmonisierung vertuscht werden dürfen. Diese Unterschiede besagen, dass Glaubenszeugnisse sich mithilfe von Bildern und Vorstellungen ausdrücken müssen, die in der jeweiligen *kulturellen* Umgebung geläufig sind und verstanden werden können. In der Kulturkohärenz der Glaubensvorstellungen, wie ich dieses Phänomen nenne, offenbart sich die Freiheit, die Gott sich in der Zuwendung zu seinen Geschöpfen damals genommen hat und auch heute nimmt.

Daraus folgt aber, dass viele biblische Überlieferungen und theologische Konzepte buchstäblich mit der Zeit überholt worden sind, weil Gott mit den Menschen mitgegangen ist – durch die Geschichte und die in ihr gewachsenen Erkenntnisse hindurch. Jede Generation muss neu herausfinden, was ihr von dem Überlieferten hilft, den Weg zu Gott und mit Gott zu finden, und was nicht. Das haben uns die großen Propheten Israels vorgemacht (vgl. Hosea 6,6; Jeremia 31,31-34). Mir wegen meiner theologischen Kritik an einigen biblischen Vorstellungen und Metaphern »Antijudaismus« oder

»Israel-Ferne« vorzuwerfen, widerlegt meine Argumente jedenfalls nicht, sondern ist vor allem diffamierend und heißt, die theologische Fassung der von *Martin Walser* so genannten »Auschwitz-Keule« zu schwingen[5]. Es ist schlecht um eine Theologie bestellt, die nicht mehr wahrhaben will, dass das *ganze* Feld der Geschichte – auch der noch vor uns liegenden – dem Geist Gottes offen steht, um uns Menschen in »die ganze Wahrheit« zu leiten. *Diese* geistliche Leitung schließt auch ein, Abschied zu nehmen von Vorstellungen, die der sich öffnenden Wahrheit nicht mehr entsprechen (Johannes 16,13).

Welcher Impuls sich für den Glauben aber entfaltet, wenn wir die Jesus-Deutungen der frühen Christenheit nicht absolut setzen, sondern auch ernstnehmen, wie Jesus *heute* von vielen authentisch wahrgenommen wird, das versuche ich in diesem Buch ausschnitthaft zu vermitteln.

Ausschnitthaft heißt: Es gibt viele Bereiche, die auch in diesem Buch noch nicht oder nicht ausführlich genug angesprochen werden. Immerhin aber möchte ich wenigstens in diesem Buch deutlich und dankbar sagen, dass mir viele Gespräche mit *feministischen* Theologinnen und deren Forschungsergebnisse wichtige Wegbegleiterinnen gewesen sind. Sie verfolgen in vielem dasselbe Ziel. Es sind in unserer Zeit eher Frauen als Männer, die dem Lebensbezug des Glaubens nachgegangen sind und nachgehen. Und sie haben auch in kirchlichen Ämtern oft mehr Mut, diesen Lebenszug höher zu gewichten als dogmatische Fixierungen auf längst Geschichte gewordene Fragen und Antworten.

V. Auch Feste und Gespräche sind Schritte zur Freiheit im Glauben

Mit den zwölf Schritten folge ich den Festen im Kirchenjahr. Das Plädoyer für ein Schöpfungsfest fügt dem gewohnten Festkalender allerdings ein neues hinzu. Und am Schluß steht ein Gespräch über

5. S. u. S. 136-140.

den Glauben. Das Gespräch ist zwar an keinen bestimmten Ort im Kirchenjahr gebunden. Aber das Glaubensgespräch ist der immer neue Versuch, Einzelthemen zusammenzufassen und derart in die eigene Sprache zu bringen, dass wir unseren Glauben frei von Zitaten selbstständig formulieren können. Dasselbe gilt auch für das Bemühen, uns immer noch beschäftigende alte Fragen aufzunehmen, wie im ersten Kapitel. Bei allem geht es um das,»was dran ist«. Die Feier der Feste legt der Kalender fest, die Gespräche und die Wiederaufnahme von alten Fragen orientieren sich an dem, was uns im Leben bewegt.

Ich denke, dass Kirchen und andere Religionsgemeinschaften gut beraten wären, wenn sie ihre jeweiligen Überlieferungen mehr als bisher dem kritischen Gespräch der Zeitgenossen öffnen würden – auch mit der Möglichkeit, Liturgien ändern zu müssen, wenn sie längst keine Hilfe mehr für die Gläubigen, sondern ein Glaubens-*hindernis* geworden sind. Christen könnten mit angstfrei vollzogenen Veränderungen ihren Glauben ausdrücken, dass Gott im Geist gegenwärtig ist und wirkt. Auch das ist mehr, viel mehr Leben als jetzt im offiziellen, von der Dogmatik gelenkten Diskurs von der Kraft des christlichen Glaubens zu erfahren ist.

VI. »Für die Freiheit hat uns Christus frei gemacht«

Mehr *Leben* hätte die Kirche in sich, wenn sie Jesu Leben wieder intensiver als ihre Mitte ansehen würde. *Mehr* Leben darum, weil so die Freiheit im Glauben, die Jesus gelebt und verkündet hat, auf die Gläubigen übergehen könnte. Der Grund dieser Freiheit ist seine Gottesbeziehung gewesen. Und deren Festigkeit hing mit dem Vertrauen zusammen, dass Gott uns Menschen und alle anderen Geschöpfe ohne jede Vorbedingung liebt und uns allein dadurch an sich binden will. Von diesem Grund her kann sich der Glaube frei und ohne Angst davor entfalten, aus der Gottesbeziehung herauszufallen, wenn ihm bestimmte biblische oder spätere Glaubensüberlieferungen nicht mehr als glaubwürdig erscheinen. Genau diese Freiheit hat uns Jesus selbst im Blick auf viele ihm vorgegebene Traditionen vorgelebt: Da zum Beispiel, wo er die Verheißung aus Jesaja 35,4-6 zitiert, hat er den Gedanken einer endzeitlichen Rache Gottes weggelassen *(Matthäus 11,5)*. Paulus hat deshalb zu Recht geschrieben:»Für die Freiheit hat uns Christus frei gemacht.« *(Galaterbrief 5,1)*. Freiheit im Glauben meint – schon wegen der Jesusbindung – natürlich keine Beliebigkeit. Sie bedeutet aber, dass alle das Recht haben, die eigene Wahrnehmungsgestalt Jesu neben diejenigen zu stellen, die uns überliefert sind und die heute von anderen bezeugt werden. Alle heutigen Jesuswahrnehmungen müssen sich aber fragen lassen, ob sie die in historischer Analyse erhebbaren Konturen der Botschaft Jesu von der unbedingten Liebe Gottes (mit) im Blick haben. Darüber hinaus dogmatisch festlegen zu wollen, aus welchem Blickwinkel der Religions- oder Theologiegeschichte wir Jesus und seine Verkündigung wahrnehmen müssten, ist aber nicht gerechtfertigt. Die Zukunft wird zeigen, dass die Vielfalt der Zugänge zu Jesus zunehmen wird, je stärker sich die Kulturen vermischen.

VII. Die Ikonographie hilft uns, den Glauben selbst zu gestalten

Bilder aus der christlichen Ikonographie drücken diese Freiheit, unsere Überlieferungen wahrzunehmen und selbst zu gestalten, heute wie früher überzeugend aus. Sie transportieren den Glauben in Zeiten und Räume, die den überlieferten Glaubensvorstellungen aus ihrer Entstehungszeit heraus natürlicherweise nicht offenstanden. Also transportieren Bilder den Glauben nicht nur in die eigene Zeit, sondern helfen auch, ihn zu *transformieren*. An einigen Stellen des Buches sind aus diesem Grund Bilder eingefügt.

Einige sind wohl bekannt, andere weniger. Das jüngste ist eine Collage von *Cordelia Heymann*, die die Madonna mit dem Kind in eine ungewohnte Nachbarschaft bringt (S. 95). Diese Collage kann dazu anregen, dass wir den eigenen Glauben kritisch prüfen, ob er der Wirklichkeit standhält, wenn wir standardisierte Bilder und Szenen in uns heute bedrückende Zusammenhänge stellen.

Unerhört ist die Karikatur von *George Grosz* auf S. 143. Ihm ist zu danken, dass er anschaulich davor gewarnt hat, welche seelischen Auswirkungen es auf Menschen hat, wenn Jesu Leiden – theologisch oder für welche Zwecke auch immer – in Dienst genommen werden.

Ich danke meiner ehemaligen studentischen Mitarbeiterin *Heike Brandt-Titze*, dass sie mir durch ihre Examensarbeit eine erste Begegnung mit George Grosz verschafft hat.

Ich danke all denen, die mich seit dem Erscheinen der »Notwendigen Abschiede« zu Vorträgen und Diskussionen und auch zur gemeinsamen Feier einer veränderten, von der Sühnetheologie befreiten Liturgie eingeladen haben. Von diesen Besuchen sind viele, mich ermutigende Impulse ausgegangen, die sich in diesem Buch niederschlagen. Dasselbe gilt für die umfangreiche Korrespondenz mit Leserinnen und Lesern der »Abschiede« und der »Lebensgaben«. Von ihnen habe ich dankbar erfahren, wie weitverbreitet das Unbehagen an manchen traditionellen Dogmen und wie groß die Zustimmung zur Verkündigung Jesu ist, wenn sie wieder aus dem Schatten der Opfer- und Sühnetheologie herauskommen kann.

Für intensive Gespräche beim Werden des Buches danke ich wieder meiner Frau *Wiltrud Kernstock-Jörns* und unserer Tochter *Ayescha Jörns-Manlik*. Sie und *Angela Stüber* haben auch bei der Druckvorbereitung geholfen. Die theologischen Gespräche mit *Gerhart Herold* sind mir auch diesmal eine große Freude gewesen; dasselbe gilt für (zum Teil kritische) Gespräche und Korrespondenzen mit *Karl-Heinrich Bieritz, Wilfried Engemann, Willigis Jäger, Wolfgang Schrage, Martin Urban* und anderen. *Wolfgang Ullmann* war der Erste, der mich gebeten hatte, nach den »Abschieden« eine kürzere Fassung wichtiger Gedanken vorzulegen. Einen besonderen Dank schulde ich dem Schweizer Journalisten *Stefan Hügli*. Er hat das Interview mit mir geführt, aus dem das letzte Kapitel des Buches gestaltet worden ist. Ihm verdanke ich auch den Buchtitel. Zum Schluss sage ich meinem Lektor, *Diedrich Steen*, auch diesmal für die angenehme Zusammenarbeit einen herzlichen Dank.

Ich widme das Buch *Eugen Biser*.

Berg, im Frühjahr 2009   *Klaus-Peter Jörns*

Antwort auf eine alte Frage

Was macht den lieben Gott mächtig?

Vielen Theologen und Theologinnen gefällt es zurzeit, die Rede von der Liebe Gottes zu karikieren. Da wird von dem »nur noch ›lieben‹, nur noch sanften Gott« gesprochen[1] und manchmal auch von einem »Kuschelgott«. Mich erschüttert, dass mir gelegentlich vorgehalten wird, ein »nur« liebender Gott könne das Leiden seiner Geschöpfe nicht ernst nehmen, darauf nicht angemessen reagieren. Mich erschüttert das darin sich zeigende Verständnis von Liebe. Ganz offenbar fehlt es dem »lieben Gott« in den Augen vieler, auch kirchenleitender, Theologen (und seltener Theologinnen) an Macht und Stärke, und in den Augen mancher auch an Zorn und Gerechtigkeit. Anders als in der Verkündigung Jesu ist für sie die Rede von Gottes unbedingter Liebe keine Aussage von Gottes Wesen und Sein, sondern eine Verhaltensweise, die temporär auftritt und zum Beispiel von Gottes Zorn abgelöst werden kann. Sie halten Liebe auch nicht für die einzige Kraft, die die Welt zum Guten verändern kann. Deshalb fehlt ihnen in meiner Theologie, dass ich Gott nicht mehr mit »heiliger« Gewalt, also mit der Deutung des Todes Jesu als Opfer und Sühneleistung, verbinden möchte. Also ist es an der Zeit zu fragen, ob der Gott, der Liebe *ist*, denn kein *mächtiger* Gott ist.

Ich beginne meine Antwort, indem ich den Blick auf die Jesusgeschichte lenke. Denn Gottes Liebe und Macht sind mit der Geschichte Jesu unablösbar verbunden. Nach dem Johannesevangelium ist Jesu Weg ein Weg zu Gott *(13,1)*, und zugleich ist er *Gottes* Weg zu den Menschen *(Johannes 1,1-14)*. Jesus nennt Gott, jüdischer Tradition folgend, »Vater«. Aber weit darüber hinausgehend, sagt er in *un*verschämter Freiheit und Klarheit: »Wer mich sieht, sieht den Vater« *(14,9)*. Jesus – heißt das – hat nicht nur Gleichnisse

---

1. So in der Stellungnahme des Leitenden Geistlichen Amtes der Evangelischen Kirche in Hessen-Nassau zur Sühnopfertheologie vom März 2008.

erzählt. Er *selbst lebte* als Gottesgleichnis[2]. Das sehen andere Religionen anders. Ob es wahr ist, was wir glauben, entscheidet sich daran, ob es uns Menschen Gott näherbringt.

I. Gott ist mächtig als Liebe

Was aber scheint aus der Jesus-Geschichte von Gott auf? Liebe. »Gott *ist* Liebe.« Er ist das Beziehungswunder schlechthin. Im 1. Johannesbrief steht: »Wer in der Liebe bleibt, der bleibt in Gott und Gott in ihm.« *(4,16).* Liebe hat eine wunderbare leibliche Seite, Gott sei Dank. Aber ihr Wesen ist Geist, eine unsichtbare Kraft, die alles Lebendige fühlbar miteinander verbindet. Geistlich und physikalisch meine ich das. Denn der Glaube handelt nicht von einer Sonderwelt, sondern von der *einen*, zu der wir und Gott gehören (s. u. S. 55–59). Ich will also sagen: Ohne Liebe, ohne Gott, würde die Welt auseinander fallen.

Wenn Gott Liebe *ist*, ist Gott mächtig nur und ganz *als* Liebe. Die Rede vom »lieben Gott« hat darin ihren guten Grund. Wo immer Kirche und andere Religionen versucht haben oder noch versuchen, durch äußere Macht und psychischen Druck Gottes Macht zu verstärken, pervertieren und behindern sie Gottes wahre Macht.

Von dieser mächtigen Liebe muss *erzählt* werden, in Gleichnissen aus dem Leben. Hier eins der bekanntesten, die von Jesus überliefert werden. Zuerst die Szene: Jesus war von frommen Zeitgenossen beschimpft worden, weil er mit Betrügern und Huren zusammen gegessen hatte. Die hatten gehofft, er sei ihre Chance zum Neuanfang. Um sein Handeln zu erklären, erzählte er den Beschwerdeführern eine Geschichte *(Lukas 15,11-32).* Sie handelt von einem jüngeren Sohn, der sich von seinem Vater sein Erbteil auszahlen ließ, um leben zu können, wie er wollte. Er ging weit weg, über die gewohnten Grenzen hinaus, gab sein Vermögen aus und kaufte sich damit, was es zu kaufen gibt im Leben: eine Immobilie, Partygäste,

2. So schon Eduard Schweizer; und bei Eugen Biser zuletzt in: Jesus. Sein Lebensweg in neuem Licht, Regensburg 2008, S. 33-38.

Freundinnen, einen kleinen Ruhm als spendabler Gastgeber, dies und das. Doch dann drehte sich der Lebenswind, ihm ins Gesicht. Was er nicht selbst schon ausgegeben hatte, nahm ihm die Inflation. Der Abstieg begann, wurde zum Absturz, machte ihn zum Konkurrenten von Schweinen im Kampf um die Futterschoten. »Da ging er in sich und sprach: Wie viele Tagelöhner meines Vaters haben Brot im Überfluss, ich aber komme hier vor Hunger um. Ich will mich aufmachen und zu meinem Vater gehen und ihm sagen: Vater, ich habe gesündigt gegen den Himmel und vor dir. Ich bin nicht mehr wert, dein Sohn zu heißen. Aber stelle mich als Tagelöhner ein«, damit ich leben kann. Und er ging los.

Was der Vater dann bei seiner Ankunft tat, hätte er sich nicht träumen lassen. Um davon zu erzählen, benutzt Jesus *fünf* Verben in einem Satz: Der Vater *sah* den Sohn, den *er* nie verloren gegeben, auf den er immer gewartet hatte, schon von ferne – er *wurde von Erbarmen überwältigt* – *lief* ihm *entgegen* – *fiel* ihm *um den Hals* – und *küsste* ihn. Und erst dann kam der Sohn zu seinem Schuldbekenntnis. Zu der Bitte um Arbeit kam er nicht mehr. Denn der Vater hatte schon angeordnet, ein Fest zu feiern. Er setzte ihn wieder als Sohn ein, teilte sein Leben mit ihm also noch einmal. *So* groß war die Freude über die Heimkehr, weil sie keinen anderen Grund hatte, als die Liebe zum Leben des Sohnes. Es geht nicht um Recht in der Geschichte, sondern um *Glück*, das der Sohn mit dem Vater und der Vater mit der Rückkehr des Sohnes haben. Noch mehr zugespitzt, sagt das Gleichnis sogar, dass Gott Glück hat, wenn Menschen vom Rand des Lebens zurück zu ihm finden.

Das ist die Macht des lieben Gottes, wie er bei Jesus aufscheint: Er ist ein *Liebhaber des Lebens*, ist mächtig, das Leben zu feiern – so mächtig zu feiern, dass die Schmerzen der Vergangenheit anfangen können zu heilen. Die Liebe zu seinen Geschöpfen hat Gott in ihr Leben verwickelt. Es ist *sein* Leben geworden. Dass *sie* im Leben bleiben, darum geht es ihm. Im Gleichnis sagt der Vater einen Satz, mit dem Jesus wunderbar lebensbezogen ausdrückt, was Auferstehung ist: »Dieser mein Sohn war tot und ist wieder lebendig geworden. Er war verloren und ist wiedergefunden worden.« Gott ist mächtig, heißt: Er hat die Kraft, nichts und niemanden verloren zu geben. Das Urteil, jemand sei »verloren«, verhängt den sozialen

Tod. Daraus befreien kann nur eine Liebe zum Leben, die auch gesellschaftliche Todesschranken durchbricht und Verlorengegebenes auferweckt. Diese Macht ist viel mehr und größer und schöner als »Allmacht«, und ist *anderes* als die Macht von Kaisern, Feldherren und Supermächten. Sie ist die Lebenskraft schlechthin, weil sie Vergebung aus Liebe einschließt.

II. Die Verkündigung eines Gottes, der Liebe ist, hat die religiöse Weltordnung verletzt und Jesus das Leben gekostet

Doch auch das müssen wir sehen: Diese Macht ist so groß und grenzenlos, dass sie für Jesus, der von ihr erzählt und aus ihr gelebt hat, gefährlich geworden ist. Sie hat ihn sein Leben gekostet. Der ältere Bruder, der immer im Recht geblieben war, weist deutlich auf diese Gefahr, weist voraus auf Golgotha. Denn er setzt eine Bedingung davor, bei der Feier des Lebens mitzumachen: Er will zuvor als Gerechter abgehoben werden von dem Gescheiterten, von dem verluderten Heimkehrer – so, wie wir uns immer noch von dem Rückkehrer abheben, indem wir das Gleichnis das »Gleichnis vom verlorenen Sohn« und nicht das »Gleichnis von der Liebe des Vaters« nennen. Für ihn sei nie ein Fest gefeiert worden, klagt der Ältere, obwohl er dem Vater immer fleißig gedient und alle Spielregeln im Haus befolgt habe. Darin hat er recht.

Aber weil er nur vom Recht her urteilt, wird er zornig auf den Vater und bestreitet ihm das Recht, sich über den Heimkehrer *mächtig* zu freuen. Doch der Vater lässt sich aus der Rolle als Liebhaber des Lebens nicht verdrängen. Er wirbt um den Zornigen und versucht, ihm deutlich zu machen, dass es im Leben nur darum geht, *im* Leben zu sein und die Lebensgaben Gottes und der Menschen dankbar zu genießen. Wer *im* Leben ist, unterschiedliche Lebensbeziehungen hat, *hat* das Leben. Mehr geht nicht. Denn der kann das Leben aus vielerlei Anlässen feiern, muss nicht maulen, wenn andere unverdient Glück haben. Beides soll also gelten: Gerechtigkeit und liebevolles Erbarmen mit Gescheiterten, die neu anfangen wollen. Beides lässt Menschen *im* Leben sein. Die Liebe, die beides

Rembrandt Harmensz van Rijn: Die Heimkehr des verlorenen Sohnes,
um 1640-1645, Rotterdam, Museum Boymanns-van Beuningen

will, nur sie ist dem Leben dienlich, denn sie hat die Kraft, auch den
aus bitterer Erfahrung Lernenden dazu zu reizen, die Spielregeln des
Lebensdienlichen wieder zu achten. Gerechte aber können, wenn sie
sich über das Glück von Beschenkten freuen, das Fest des Neu-
anfangs mitfeiern und das Glück erleben, Gastgeber, Lebensgeber,
großzügig zu sein.

Aber das gelingt dem älteren Bruder im Gleichnis nicht. Er kann
sich nicht mitfreuen, nicht großzügig sein. Wie diejenigen, die Jesus
dann seiner Botschaft wegen hinrichten ließen. Sie wollten nicht
glauben, dass Gott einer ist, der *un*bedingt liebt. Sie hatten ein anderes Gottesbild, wollten einen Gott behalten, der Bedingungen
stellt, die *sie* erfüllen und die ihnen einen Vorteil bei Gott verschaf-
fen konnten. Gerechtigkeit war für sie mit absolutem Gehorsam verbunden. Geschenktes Lebensrecht für offenbare Sünder gab es für
sie nicht, außer wenn ein drittes Wesen dafür geopfert wurde, damit
der geforderte absolute Gehorsam wenigstens stellvertretend erfüllt

würde. Weil sie entscheidenden Einfluss auf die frühe christliche Theologie hatten, ist Jesu Tod schon bald als solches Sühn- und Ersatzopfer gedeutet worden *(Römerbrief 3,25)*. An anderen Stellen ist er als Märtyrertod mit Sühne wirkender Kraft verstanden worden. Aber dass Gott ohne jegliche Vorleistung, einfach aus sich selbst heraus, also *wirklich mächtig lieben* kann, konnten sie schon nicht mehr glauben – genauso wenig wie diejenigen, die die Rede vom unbedingt liebenden Gott heute meinen karikieren zu müssen. Wir können aber neu von Jesus lernen, was es damit auf sich hat.

Denn Jesus hat diese unbedingte Liebe Gottes vorgelebt. Mehr noch: Er hat auch diejenigen, die ihm glaubten, zu Gleichnissen der Liebe Gottes gemacht. »Wie mich der Vater gesandt hat, so sende ich euch.« *(Johannes 20,21)* Gott hat sich als mächtig erwiesen, die alten Privilegien des *einen* Gottessohnes auf die vielen Gottestöchter und -söhne zu übertragen. Er bevollmächtigte sie durch Jesus zur Gottestat: zur Sündenvergebung.

III. Jesus hat Gott aus Allmachtsrollen herausgeholt

Diese Bevollmächtigung beinhaltet aber auch eine gewisse Selbstentmachtung Gottes. Darin drückt sich seine Freiheit von Gottesrollen aus, die aus Allmachtsvorstellungen entstanden waren. Denn indem Gott Menschen ohne jede kultische Weihe mit der Gotteskindschaft und zur Sündenvergebung befähigt, macht er die Erfahrbarkeit seiner Liebe im Alltag von der dienenden Liebe seiner menschlichen Gotteskinder abhängig. Anders gesagt: Weil es Gott ums Leben seiner Geschöpfe geht, hat er sie in sein Gottsein einbezogen. So mächtig ist Gott, dass er menschliche Allmachtsfantasien davon, wie ein Gott zu handeln habe, durchkreuzen kann. In dem von Jesus verkündigten Gottesreich wirken Gott und Menschen in dieselbe Richtung. Das fällt uns schwer zu glauben, auch deshalb, weil ein allmächtiger Gott für alles in der Welt verantwortlich gemacht werden kann – auch für das, was wir selbst verantworten müssen und um unserer gottgewollten Freiheit willen auch gestalten und verantworten sollen. Ein allmächtiger Gott ist zwar manchmal ärgerlich und dunkel, aber letztlich doch sehr bequem. Denn dem Gott, den die Allmachtsfiktion sich denkt, kann man auch die größten Schreckenstaten wie Völkermord und Schoah, die Menschen begangen haben, anlasten. Ein zur Freiheit und Vergebung bevollmächtigender Gott aber gibt die Frage nach der Mächtigkeit der göttlichen Liebe an uns zurück. Zwar »lässt Gott seine Sonne über Gute und Böse aufgehen« *(Matthäus 5,45)* – aber nicht, um die »Übeltäter« zu rechtfertigen. Sondern einzig aus Liebe zum Leben: damit die Erde nicht zur Hölle wird und auch diejenigen etwas von dieser Liebe erfahren, die neu ins Leben kommen.

Gottes Liebe ist kräftig, aber weder romantisch noch idealistisch schön. Sie bezeugt Gottes Lebensmächtigkeit in den vielfältigen Formen privater und institutioneller Caritas und Diakonie, von Heilkunst und Fürsorge. Heil und Heilung, Heil und Pflege gehören zusammen. Das alles ist mächtig dienende Liebe genauso wie die Weg-Weisung durch Gebote und Erziehung. Liebhaber des Lebens zu sein, schließt ein, Realist zu sein und die vielen Einzelnen zu erreichen, die zusammen Menschheit sind.

IV. Gefährlich ist der »liebe Gott«, wenn er immer nur auf unserer Seite stehen soll

Aber das ist schwer, weil wir Menschen in sehr unterschiedlichen kulturellen, sozialen und biografischen Konstellationen leben. Das Fremde und andere verleitet uns immer wieder dazu, das jeweils Nicht-Eigene als bedrohlich anzusehen und zwischen »uns« und »den anderen« als zwischen Freund und Feind zu unterscheiden. Und Gott gehört dann natürlich auf unsere Seite. »Der liebe Gott« ist dann der *uns* lieb behandelnde Gott. Und was wahr ist, ist dann, was bei *uns*, in unserer Religion, Wahrheit ist. Und das, obwohl jeder in seine Religion – auf den ganzen Globus hin gesehen – zufällig hineingeboren worden ist, und der Ort der Geburt ja kein Kriterium für die Wahrheit des jeweils Geglaubten sein kann. Aber der angelernte Ethnozentrismus, den wir unbewusst mit den »heiligen Traditionen« verbinden, verleitet uns stets dazu, das Unsere und Eigene für das Richtige und Wahre zu halten. Doch das ist kindlich und nicht erwachsen gedacht und spaltet Gott immer wieder auf.

Wie schwer es der Menschheit fällt, vom Ethnozentrismus Abschied zu nehmen und das Lebensganze in den Blick zu bekommen, zeigt sich bei jedem G-8-Treffen und bei jeder neuen Konferenz, bei der die Walfang- oder sonstigen Abschussquoten vereinbart werden. Jede Seite sieht zuerst den eigenen Vorteil. Ähnlich fehlt es da, wo die Interessen der einzelnen Religionen und die Vorstellung, vor anderen von Gott erwählt zu sein, das religiöse Denken leiten. Noch fehlt die demütige Bereitschaft der Religionen, zwischen Gottes eigener Wahrheit und unseren perspektivisch gebrochenen *Wahrnehmungen* Gottes zu unterscheiden.

Wenn irgendetwas den Beweis dafür geliefert hat, dass ein in sich gespaltener Gott nicht der wahre Gott sein kann, sondern das Produkt widerstreitender menschlicher Kulturen und Interessen ist, dann ist es die Kriegsgeschichte. Denn in ihr mussten seit eh und je die Götter und Göttinnen gegeneinander in den Krieg ziehen, wenn die *Völker* Krieg führten und es dabei um Macht und Bodenschätze ging. Aber auch der christliche Gott musste sich noch in den Weltkriegen des letzten Jahrhunderts von den Kirchen gewissermaßen zerteilen, nämlich in die nationalen Uniformen stecken lassen und gegen die Feinde und ihre Hoffnung auf Gott antreten. Vor allem für die unter den Kriegen leidenden Menschen wurde dadurch die Frage, was den lieben Gott mächtig macht, zu der Frage, ob denn *unser* lieber Gott eigentlich mächtig genug ist, zu unseren Gunsten gegen unsere Feinde handeln zu können.

Schauen wir uns die Jesus-Geschichte einschließlich seiner Hinrichtung als Gleichniserzählung an, so sagt sie Nein! auf diese Frage. Weder verhindert Gott Böses und himmelschreiende Ungerechtigkeit noch das Leiden der Geschöpfe generell, auch wenn wir ihn inständig darum bitten. »Mein Gott, mein Gott, warum hast du mich verlassen!«, hat Jesus am Kreuz geschrien. Und andere, die Unrecht leiden mussten wie er, haben es ähnlich getan, oder Gottes Ohnmacht beklagt, oder haben ihn, von seiner Allmacht ausgehend, bitter *an*geklagt: Wie kannst du das zulassen?!

V. Das Problem der Gerechtigkeit Gottes angesichts der Leiden in der Welt

Zur Antwort auf unsere Frage nach Gottes Macht gehört die Erkenntnis: Gott ändert die Welt nicht, weil und wenn sie uns leiden macht, auch nicht, wenn wir ihn darum bitten. Er entlässt uns nicht aus ihr und auch nicht aus der Verantwortung für ihren Zustand. Denn er ändert nichts daran, dass er die Welt, den ganzen Kosmos, *sterblich* geschaffen hat. Nicht nur wir Menschen und die anderen Geschöpfe sind sterblich, sondern auch die Erde und alle anderen Planeten und Galaxien. Der letzte große Tsunami hat uns unsanft daran erinnert: Alles Leben, das im Universum Gestalt annimmt, wird diese Gestalt irgendwann verlieren. Alles Leben hat Teil an einer großen Transformation. Ob sie mit dem Geborenwerden oder dem Sterben beginnt, ist müßig zu fragen. Wichtig ist, dass beides zum Leben hinzugehört.

Trost gibt es nicht nur aus der Religion und dem Auferstehungsglauben. Tröstlich ist auch die raumphysikalische Erkenntnis, dass auf der Rückseite der »Schwarzen Löcher«, in denen Materie im All stirbt, neue Sterne geboren werden. Es ist Zeit, dass wir unseren Glauben mit dem verbinden, was wir durch die moderne Physik von der – ja schließlich von Gott geschaffenen – Welt und dem Leben wissen. Tun wir es, werden wir auch wieder sagen können, was Auferstehung meint, ohne antike Weltbilder reproduzieren zu müssen. Leben ist ein großes Werden und Vergehen und Neuwerden, schließt Geborenwerden und Sterben ein, ganz gleich, um welche Formen von Leben es sich handelt. Das sagt im Kern: Leben geht nicht zu Ende, wenn es stirbt, sondern es *wandelt sich* durch das Sterben hindurch. Wie und wohin, ist offen. Ja, die Schöpfung, zu der wir gehören, als Ganze ist ein offenes Geschehen im Werden.

Zum Sterblich-Sein aber gehört Leiden, und zwar gerade dann, wenn sterbliche Wesen sich lieben, sich leiden sehen und irgendwann einmal loslassen müssen. Weil wir andere als Du, als Gegenüber, brauchen, um zu uns selbst und zugleich im Leben Sinn zu finden, sind Schmerzen und Leiden unausweichlich. Zum Problem wird diese Liebe, wenn wir sie und das Geliebte absolut setzen, und wenn Gott ihren Bestand garantieren soll. Denn gelänge das, würden wir Gott gegen das Leben aufbringen, wie er es geschaffen hat. Er müsste die Sterblichkeit abschaffen, ja, die Schöpfung anhalten, das Leben würde vergreisen und enden. Von Auferstehung zu reden, hätte genauso wenig Sinn wie von Gott zu reden. Die Lebensmacht Gottes schließt ein, dass er Leben sterblich sein lässt. Und insofern ist Gott auch die Todesmacht, die uns begegnet.

Aber mit Strafe hat das nichts zu tun. Der Tod ist weder »der Sünde Sold« *(Römerbrief 6,23)* noch der »letzte Feind« des Lebens *(1. Korintherbrief 15,26)*, sondern eine von Gott geschaffene Seite und Station des Lebens. Und trotzdem leiden wir an nichts so sehr wie am Leiden selbst, vor allem, wenn es uns oder liebe Menschen trifft. Dann tauchen die Warum-Fragen auf, die im Kern immer auch Fragen nach der Verantwortung für das konkrete Leiden sind. Zugespitzt kann die Theodizee-Frage dann lauten: Kann Gott eigentlich verantworten, dass so viele Geschöpfe – Menschen, Tiere, Pflanzen wohl auch – nicht nur sterblich sind, sondern auch leiden müssen? Und zwar körperlich und seelisch, an Krankheiten und Kränkungen, an Unrecht und Gewalttat?

Die alten Fragen nach einer universalen Gerechtigkeit Gottes angesichts des Leidens in der Welt haben viel mehr, als wir uns bisher eingestanden haben, mit der Liebe zum Leben allgemein und mit ganz bestimmten Wesen – Menschen vor allem, aber auch anderen Geschöpfen – zu tun, an denen wir »hängen«. Dieser Ausdruck sagt besser als andere, worum es geht. Denn gegenüber solchen Liebesbeziehungen zum Leben und zu Lebenden ist die Einsicht, dass die Sterblichkeit wie das Geborenwerden zum Leben hinzugehört, sehr »theoretisch«, ja, sehr blass. Liebe ist etwas Wärmendes, alles Theoretische, Blasse, ist kühl. Da verwundert es nicht, wenn die Menschen schon in sehr frühen Überlieferungen aus der Frage nach dem Sinn und der Herkunft des Leidens einen Tat-Ergehens-Zusammenhang gemacht haben. Und der besagt dann, etwa in den unterschiedlichen Versionen der sogenannten Sintfluterzählung: Offenbare und unerkannte Schuld der Menschen haben den biblischen Gott bzw. andere Göttinnen oder Götter zu einer Strafaktion veranlasst. Ziel ist dabei gewesen, die vom Menschen verletzte Ordnung Gottes wiederherzustellen. Denn zur Gerechtigkeit Gottes gehört es, nach traditioneller Meinung, dass Gott die Geltung seines Rechts durchsetzt, auch um seiner eigenen Glaubwürdigkeit willen. Dieses Denkmuster, das Leiden mit Schuld und Strafe verbindet, hat sich tief eingeprägt, weil in der auszuhaltenden Strafe, tiefenpsychologisch gesehen, paradoxerweise immer noch eine Form von Zuwendung Gottes, von Wärme also, zu sehen gewesen ist.

Wer seelsorgerliche Erfahrung hat, weiß, dass dieses Denkmuster seinerseits viel zusätzliches Leiden in den Seelen von kranken und sterbenden Menschen ausgelöst hat und immer noch auslöst. Sie werden dadurch nämlich gedrängt, nach der Schuld in ihrem Leben zu suchen, durch die sie, wie sie glauben, das Leiden »verdient« haben. Es ist schwer für Seelsorgerinnen und Seelsorger, dagegen anzukommen, wenn sich diese Vorstellung einmal eingenistet hat. Eine Öffnung dieses auf dem Gesetz von Schuld und Strafe (Sühne) aufbauenden Denkmusters kann aber trotzdem gelingen, wenn man Erzählungen aus dem Leben Jesu erinnert, die den genannten Tat-Ergehens-Zusammenhang als Grundregel göttlichen Umgangs mit den Menschen radikal infrage stellen. Das eingangs zitierte Gleichnis von der Liebe Gottes gegenüber dem nur scheinbar »verlorenen Sohn« gehört dazu und strahlt, für mich jedenfalls, eine Liebe und Wärme aus, die die Frage nach der Gerechtigkeit Gottes in ein neues, anderes Licht stellt. Denn zwar gibt es im Gleichnis auch eine Ebene, auf der der Tat-Ergehens-Zusammenhang stimmt: Der junge Mann gerät mit seinem zweifelhaften Lebenswandel ins Elend. Aber dieser Teil der ganzen Geschichte wird durch den Erzähl*rahmen* völlig neu beleuchtet. Zum einen durch Jesus als Erzähler selbst. Denn er erzählt dieses Gleichnis als Rechtfertigung dafür, dass er mit Sündern zusammen isst *(Lukas 15,1)*. Und zum anderen klärt der Fortgang des Gleichnisses, dass es für den – Gott repräsentierenden – Vater nur *ein* Motiv in seinem Handeln gibt: die Liebe zum Leben des Sohnes. Und entgegen dem alten Prinzip und der geläufigen, auf Strafe setzenden Pädagogik setzt der Vater ganz und gar darauf, dass die liebevolle Freude über seine Heimkehr die besten Kräfte in dem Sohn wieder mobilisieren, ihn zurück in die Lebensgemeinschaft ziehen wird. Er setzt auf die lebensverändernde Kraft der Liebe.

Ganz ähnlich und eigentlich schon programmatisch geht es in der Geschichte zu, die als die Heilung des Blinden bekannt ist *(Johannes 9,1-7)*. Sie beginnt nämlich damit, dass die Jünger die damals allen vertraute Ansicht vertreten haben, gemäß dem Tat-Erge-hens-Zusammenhang seien an der Blindheit entweder der Blinde selbst oder seine Eltern schuld. Jesu Rolle ist es dann, dieser Lebens-regel zu widersprechen. Er tut es, indem er das Interesse an der Fra-ge, wer das Leiden *verschuldet* hat, durch das lebensdienliche Inte-resse daran in den Schatten stellt, wie das Leiden *geheilt* werden kann. Ja, er heilt den Blinden auf der Stelle und drückt damit aus, dass er im umfassenden Sinn »das Licht der Welt« ist *(9,5)*.

In beiden Geschichten wird die Frage nach der Gerechtigkeit Gottes, die in die Vergangenheit blicken und Leiden von Schuld her aufrechnen ließ, buchstäblich umgewendet in die Frage nach einer heilsamen Praxis. Von ihr und von der Umsetzung des Konzeptes in die Tat her wird Zukunft eröffnet. Heil und Heilung gehen dabei Hand in Hand. Da zeigt sich das neue Gesicht Gottes. Die Frage nach möglichen Ursachen des Leidens wird dadurch nicht sinnlos. Aber die *Sünde* nimmt Jesus ausdrücklich aus einer Ursachenfor-schung heraus (»Weder dieser hat gesündigt noch seine Eltern«, *V. 3*). Denn er versteht Krankheit und Leiden nicht als Strafen Got-tes für Sünde. Noch einmal: Gott ändert nichts an der Sterblichkeit alles Geschaffenen und prinzipiell auch nichts daran, dass sich für die Geschöpfe mit der Sterblichkeit Krankheit und Leiden verbin-den. Aber er leidet mit den Leidenden, wie die Jesusgeschichte zeigt, und mobilisiert alle heilsamen Kräfte, die es gibt. Dazu gehört vor allem die zum Mitleiden fähige Liebe und Nähe *(Matthäus 25,31-45)*. Und Jesus mobilisiert außerdem alle Kräfte, durch die Leiden unterbunden werden können, sofern sie nicht durch unsere Sterb-lichkeit verursacht werden. Die Seligpreisungen der Bergpredigt *(Matthäus 5,3-10)* weisen dazu den Weg und ergänzen die Zehn Ge-bote. Sie sind das Programm, durch das Gott seine durch Liebe ge-prägte Gerechtigkeit ins Leben bringt. Denn allein die Liebe ist es, die die großen Zumutungen des Lebens und unser damit oft ver-bundenes Scheitern erträglich macht – auch für Gott.

Aus dem Gesagten folgt aber auch, dass wir als Christen keine Gottesvorstellung mehr teilen müssen, wie sie sich in der Sintflut-geschichte oder in der Rahmenerzählung des Buches Hiob *(Kap. 1 und 2)* findet. Die Sintfluterzählung kann nicht mehr als Beispiel für Gottes Gerechtigkeit dienen; sie berücksichtigt nicht, dass das Leben schwer ist. Und außerdem müssen in ihr alle Unschuldigen und nichtmenschlichen Geschöpfe für die zu bestrafenden Sünden von Menschen mit haften. Auch die Rahmenerzählung des Hiob-Buches fällt als Beispiel für Gottes Gerechtigkeit aus. Denn da lässt sich Gott auf einen Handel mit Satan ein: Er liefert Hiob an Satan aus, damit der prüfen kann, ob Hiob auch dann an Gott festhält, wenn Satan Hiobs Gesundheit und seine Familie zerstört. Das ist ein grausames Spiel, in dem man sich Gott, wie Jesus ihn verkündet hat, nicht vorstellen kann. Denn der spielt nicht mit dem Leiden seiner Geschöpfe, sondern nimmt sie ernst. Deshalb bringt Jesus Gott *da* zur Sprache, wo es um Heilung geht *(Johannes 9,3)*. Man kann von unterschiedlichen philosophischen und theologischen Ansätzen her versuchen, einen Sinn darin zu finden, dass lebendige Wesen in dieser Schöpfung leiden müssen. Für diejenigen, die das Leiden gerade gefangen hält, ändert sich dadurch nichts. Sie haben keine Alternative. Davon geht Jesus unumwunden aus, wenn er auf die Theodizee-Frage nur *eine* Antwort kennt und praktiziert: Wo jemand in Gottes Schöpfung leidet, ist allein das Mit-Leiden und Heilen eine Antwort, die dem Glauben an den liebenden Gott entspricht. Und das Zweite ist, dafür zu sorgen, dass körperliche und seelische Leiden, die verhindert werden können, auch verhindert werden.

Jesus wusste offenbar, dass es niemanden gibt, der nur Täter, und niemanden, der nur Opfer wäre. Wir alle sind beides zugleich. Was wir wann wem gegenüber gewesen sind, kann keiner allein aus seiner eigenen Perspektive entscheiden. Und deswegen ist es wahr, dass diejenigen, die zur Vergebung bereit sind, Frieden im Miteinanderleben schaffen. Dass sie Gottes Söhne und Töchter heißen, ist eine Würde, die uns Jesus angeboten hat *(Matthäus 5,9)*. Sie kann uns erschrecken, aber auch mutig machen.

VI. Ehrfurcht vor dem Leben ist die Antwort auf Gottes Liebe

Was aber heißt dann *fromm* sein, wenn Gott mächtig ist durch *Liebe*? Es meint, dass wir Gottes liebesmächtiges Interesse am Leben mehr und mehr zu unserem eigenen Interesse werden lassen. Lebendig sollen wir sein, mächtig liebend und viel neugieriger auf das von Jesus vorgelebte Leben als bisher. Nur durch Liebe und die Leidenschaft des Geistes, der Zusammenhänge sieht, hören wir auf, Gott zu spalten und den »lieben Gott« mächtig allein für *uns* haben zu wollen. Nur Liebe, die allen dasselbe Lebensrecht zugesteht, will Gott nicht mehr gegen Gott instrumentalisieren. Liebe sorgt in der Politik für Bildung und Arbeit, damit Menschen ihr Leben ernähren und selbst gestalten können. Ohne Arbeit funktionieren weder Menschenwürde noch Demokratie auf Dauer. Aber auch der Frieden kommt selbst bei *uns* in Gefahr, solange die sozialen und ökonomischen Strukturen in der Welt nicht gerechter werden. Es sieht so aus, dass die Orientierung der Wirtschaft am Prinzip der stetig fortschreitenden Gewinnsteigerung zur Vernichtung der Arbeitsplätze führt und sich so als neue Geißel unserer Zeit erweist. Durch sie werden der soziale und kulturelle Frieden in der Einen Welt zerstört und die dringend notwendige Hilfe in den so lange von uns ausgebeuteten Ländern der Erde behindert. Und das hat schlimme Deformationen der Seelen der Einzelnen und des menschlichen Zusammenlebens zur Folge. Was ist von der politischen Führung unserer Welt zu halten, die blitzartig mehrere Billionen Euro für die Bewältigung der Finanzkrise aktiviert, aber nichts annähernd Vergleichbares zustande bringt, um endlich dem Hunger in der Welt und seinen Ursachen den Kampf anzusagen?

Es reicht nicht, angesichts der Schreckensnachrichten in der Tagesschau zu sagen: ›Davor bewahre uns der mächtige Gott!‹ Wer darum bittet, muss zugleich seine Liebe und seinen Geist da, wo er und sie leben, stärker als bisher dafür einsetzen, dass die »Ehrfurcht vor dem Leben« (Albert Schweitzer) wächst. Allein diese tätige Ehrfurcht ist die machtvolle Antwort auf Gottes mächtige Liebe zum Leben *(Galaterbrief 5,6)*. Wir müssen sie von Politik und Wirtschaft einklagen. Aber das geschieht glaubwürdig nur, wenn wir selber ehrfürchtig leben.

Weihnachten

*Die Rückkehr des außerweltlichen Gottes
in die eine Wirklichkeit*

Es ist Zeit, falsche Selbstverständlichkeiten infrage zu stellen

Es erscheint uns fast als selbstverständlich, dass Gott ein außerweltlicher Gott ist, der der Welt, in der wir leben, *gegenüber* steht, aber nicht zu ihr gehört. Ebenso ist es uns geläufig, dass Gottes Welt und die Menschenwelt zwei getrennte Wirklichkeiten sind, zwei Wirklichkeiten, die sich nur an ganz bestimmten Punkten berühren, auch wenn Gott als der Schöpfer der Welt geglaubt wird. Ja, gerade der Schöpfungsglaube ist es, der Gott in den Augen vieler der Welt so weit gegenüber stellt, dass man den Eindruck bekommt, Gott könnte eigentlich auch ganz gut für sich selbst sein, und die ganze Schöpfung sei eher etwas Beiläufiges für ihn. Für die göttliche Wirklichkeit ist dann die Theologie zuständig, für die andere die Wissenschaft, insbesondere die Natur- und die Humanwissenschaften.

Aber ich bestreite, dass man sich für diese Teilung der Wirklichkeit in *zwei* Wirklichkeiten auf die Rolle Gottes als Schöpfer berufen darf. Denn »Himmel« bedeutet im Indogermanischen und im Semitischen so viel wie »Decke«, »Mantel«, »Kleid«. Und die Rede vom »Himmel« ersetzt an vielen Stellen der Bibel das Reden von Gott – so zum Beispiel im Begriff »Reich der Himmel« bzw. »Himmelreich«. Deshalb kann nicht ausgeschlossen werden, dass der Anfang der Bibel einen *Doppel*schöpfungsakt meint, wenn es im 1. Buch Mose 1,1 heißt: »Im Anfang schuf Gott Himmel und Erde.« Für mich deutet nämlich diese Zusammenstellung von »Himmel und Erde« darauf, dass Gott sich *selbst* geschaffen hat, indem er den »Himmel« zusammen mit der Erde und für sie schuf. Denn es geht bei »Himmel und Erde« um eine gewollte Beziehungsstruktur, in der beide – wie Ich und Du im Menschsein – mit einander verbunden sind. Das heißt: Gott ist das (schützende) »Kleid« und Gegenüber der Erde, das aber unauflöslich zur Erde und mit ihr zusammen zu einer einzigen

Wirklichkeit gehört. Dass es sich so verhält, kann man auch daran sehen, dass die Gestirne, die den beobachtbaren Himmel (engl. *sky*) bilden, nicht identisch sind mit dem Himmel (engl. *heaven*), um den es als »Kleid« des Planeten Erde geht. Für mich heißt deshalb »Am Anfang schuf Gott Himmel und Erde«: Am Anfang schuf Gott aus sich heraus die *eine* Wirklichkeit des Lebens, zu der Gott und alle Geschöpfe gehören. Dass zu den Geschöpfen als sterblichen Wesen auch die Erde und alle anderen Planeten und übrigen Sterne zählen, ist eine moderne Erkenntnis, die wir der biblischen Erzählung nicht abverlangen können. Wichtig ist aber, dass auch in mesopotamischen und anderen Religionen Gott sich selbst schafft.

Gibt man diesem Gedanken eine Chance, bedeutet die Erschaffung von Himmel und Erde durch Gott: Gott entfaltet *sich* in der Schöpfung *selbst* und hält mit der Energie des Geistes alles in sich und durch sich selbst zusammen. Ein solches Verständnis der Schöpfung schließt ein Verständnis der Lebenswirklichkeit ein, wie religiöse Mystik sie in dieser oder jener Variation immer schon denkt.

Wenn ich von »Gott« rede, meine ich im Folgenden übrigens, sofern ich die Religionsgeschichte anspreche, auch jene Götter und Göttinnen anderer Religionen, zu denen Juden und Christen keine positive Beziehung haben. Denn ich gehe davon aus, dass alle Religionen zu einer universalen Religionsgeschichte gehören, in der Wahrnehmungen des Einen Gottes auf unterschiedlichste Weise zur Sprache gebracht worden sind. Gott »gibt es« nur einmal, so viele Wahrnehmungsgestalten Gottes es auch gibt. Es ist wie mit den Farben und Formen des Kirchenfensters, das wir von innen sehen: Hinter ihnen scheint *ein* Licht, das wir durch das Fenster nur gebrochen sehen[1]. Ebenso gehe ich davon aus, dass es wirklich nur *ein* Gott in der *einen* Wirklichkeit ist. »Er« ist die Lebensenergie, von der alles lebt.

Auch da, wo sich die Wahrnehmungen Gottes sehr voneinander unterscheiden, kommen sie immer von dem *einen* Gott bzw. dem einen Absoluten her. Die Unterschiede und auch Widersprüche zwischen den Religionen führe ich auf die Unterschiede der Kulturen

---

1. Das Bild habe ich von Willigis Jäger übernommen. Vgl. sein Buch: Kontemplation – ein spiritueller Weg, Freiburg/Br. 2010.

zurück, in denen die Gotteserfahrungen gemacht worden sind. Denn bei allem, was Menschen wahrnehmen, spielt in ihre Wahrnehmungen das hinein, was sie an Vorstellungen von Gott und Welt *vorher* schon von anderen gelernt oder auch selbst gewonnen hatten – also ihre *Kultur*. Religion und Kultur gehören zusammen. Und beide beziehen sich auf die geografischen Gegebenheiten in den unterschiedlichen Regionen der Erde.

Die anfangs genannte Vorstellung von der Außerweltlichkeit Gottes stammt aus unseren biblischen Überlieferungen. Aber zur Bibel gehören zum Glück auch die Weihnachtserzählungen und -theologien. Im Blick auf sie stelle ich nun die These auf, dass das christliche Weihnachtsfest als Geburtsfest des göttlichen Kindes die *Rückkehr des außerweltlichen Gottes in (die) Eine Wirklichkeit beschreibt*, aus der er – natürlich nur in der Sicht der Theologen – vorher irgendwann »ausgewandert« war. Vor diesem Hintergrund wird die Geburt des göttlichen Kindes im Johannesevangelium auch als *Inkarnation, Fleischwerdung,* beschrieben, also als das Hineinkommen Gottes in unser menschliches Fleisch und Blut *(Johannes 1,9-14)*, und das heißt: in unser Leben.

Ich habe das Wort »Eine« vor Wirklichkeit so herausgestrichen, weil ich ausdrücken möchte, dass zu dieser einen Wirklichkeit Gott und die ganze Schöpfung gehören, also Menschen, Tiere, Pflanzen und auch, was es an Organischem und Anorganischem in den Galaxien gibt. Wenn ich von der »Rückkehr des außerweltlichen Gottes« rede, dann meine ich nicht, dass er jemals außerweltlich gewesen wäre. Sondern ich will sagen, dass Gott durch das Leben und die Gottesverkündigung Jesu endlich wieder als der *wahrgenommen* worden ist, der zu der Lebenswirklichkeit der Geschöpfe gehört. Dadurch sind alle vorher entwickelten theologischen Vorstellungen von Gottes Außerweltlichkeit beendet worden, auch wenn das nur wenige erkannt haben *(Johannes 1,1-3.14)*.

Sowohl in der Schöpfungsgeschichte als auch im Anfang des Johannesevangeliums gibt es für mich klare Hinweise darauf, dass die schöne Geschichte von dem göttlichen Kind Jesus, das die Menschen Maria und Josef bekommen, die Wiedervereinigung nur scheinbar getrennter Wirklichkeiten erzählt. Denn es wird ja erzählt, dass dieses Kind aus heiligem Geist empfangen worden ist. Dadurch soll man wissen, »wes Geistes Kind« Jesus ist: Kind des Geistes Gottes. Seine Aufgabe ist es, auch anderen Menschen zu helfen, dass sie sich ihrer Geisteskindschaft bewusst werden und erfreuen.

Nun sind das sehr theoretische Sätze, die ich bisher formuliert habe. Ich muss sie erläutern. Dabei geht es nicht ohne – zum Teil sogar kühne – Hypothesen zur Entwicklung von Religion und Religionen ab. Und die kann niemand wirklich überprüfen, weil es sich dabei um gedankliche Konstruktionen handelt. Aber alle Hypothesen sind Konstruktionen, nicht nur solche, die Gott und Glaubensvorstellungen betreffen. Es sind Konstruktionen von Wirklichkeit, die wir aufgrund des uns Bekannten entwickeln, um noch komplexere Sachverhalte als die uns geläufigen überhaupt denken zu können. Alle religiösen Schöpfungsgeschichten stellen solche Konstruktionen dar. Niemand kommt um sie herum, wenn er etwas von der Herkunft und Zukunft des Lebens sagen will. Vier solcher Hypothesen werde ich aufstellen und dabei die Aussage des Titels begründen.

I. Gott hat ursprünglich mit Menschen und Tieren und Pflanzen und aller anderen Schöpfung in einer Wirklichkeit zusammengelebt

Ich betone noch einmal, dass die Rede von »Gott« in religionsgeschichtlichen Hypothesen prinzipiell alle göttlichen Gestalten einschließt, die es in der Religionsgeschichte gegeben hat, und zwar unabhängig davon, ob diese Gestalten zu *unserer* Gottesvorstellung passen oder nicht. Meine erste Hypothese meint, dass alles, was Menschen von »Gott« gesagt und gedacht haben, ursprünglich mit Wesen zu tun hatte, die zu der einen Wirklichkeit gehört haben, in der Menschen, Tiere und Pflanzen auch gelebt haben. Will man einen biblischen Fingerzeig haben, der in diese Richtung weist, muss man sich die Paradieserzählung ansehen, in der Gott auf einer Ebene mit seinen Geschöpfen im Garten Eden lustwandelt *(1. Buch Mose 3,8)*.

Man kann die Ansicht vertreten, dass sich Götter und Göttinnen aus *heroischen Gestalten* unter den Menschen entwickelt haben, die quasi göttliche Macht erlangten und dann irgendwann auch in eigenen Kulten vergöttlicht wurden. Beispiele für Vergöttlichungen von heroischen Menschen gibt es jedenfalls genug, auch noch in der griechischen und römischen Religionsgeschichte. *Herakles* ist einer der vergöttlichten Heroen. Und *Kaiser Augustus*, der am Anfang der Weihnachtsgeschichte erwähnt wird *(Lukas 2,1)*, ist einer von den Herrschern, die vergöttlicht wurden. Ja, von ihm wurde auch ein regelrechtes Evangelium verbreitet (die *Res gestae divi Augusti*). Viel früher schon, im dritten Jahrtausend vor Christi Geburt, erzählte das mesopotamische Gilgamesch-Epos von einer vergöttlichten Gestalt namens *Utnapischtim*. Auf der Suche nach der Unsterblichkeit befragt Gilgamesch ihn nach einem Mittel, durch das er wenigstens diese Seite der Göttlichkeit erlangen könnte. Auch aus der Tatsache, dass viele Mythen von Halbgöttern reden, kann man erschließen, dass Menschen, die diese Mythen erzählt haben, glaubten, dass in irgendeiner Vorzeit eine Transformation aus dem rein menschlichen Wesen hinein in eine höhere Existenz möglich war und da und dort auch stattgefunden habe.

Eine zweite Begründung für die Annahme, dass Götter mit Menschen und anderen Geschöpfen ursprünglich in *einem* Lebenszusammenhang gelebt haben, kann man von der Verehrung der Naturgötter ableiten. Denn die Naturgötter gehören ja im Grunde zu dem Gesamtzusammenhang unseres Lebens, auch wenn sie viel mächtiger als wir auftreten – eben als personifizierte Naturgewalten wie Donner und Blitz und Sturm. Doch muss man sagen, dass alles, was mit dem unkontrollierbaren Wetter und mit Naturphänomenen wie Überschwemmungen oder dergleichen zu tun hat, ja zu unserer Welt gehört. Dasselbe gilt prinzipiell auch für die von uns Menschen erzeugten Ursachen, die heute immer häufiger dafür sorgen, dass uns »die Natur« bedroht. Mir leuchtet es deshalb ein, dass Naturgewalten irgendwann von Menschen als göttlich verehrt worden sind, um durch die Verehrung mäßigenden Einfluss auf sie zu gewinnen.

Jedenfalls kann man sagen, dass die in manchen Kulturen vergöttlichten Naturgewalten und die Natur zusammengehören, in der wir leben und von der wir selbst ein Stück sind. Auch in der nordisch-germanischen Kultur hat es das gegeben. Die Wochentage Donnerstag und Freitag erinnern noch immer besonders deutlich an die intensiv mit der Natur verbundenen Gottheiten *Donar*, den Donnergott, und *Freya*, die als Göttin der Fruchtbarkeit galt. Hinzu kommt der Montag, der an die Mondgöttin (im römischen Götterhimmel *Luna;* vgl. ital. *lunedi*) erinnert, und der Sonntag, der der Verehrung der Sonne in unterschiedlichsten Gestalten diente (im Römischen *Sol [invictus]*, im Ägypten von Pharao Echnaton die Sonnenscheibe *Aton*).

Hypothesen erlauben es der Wissenschaft, Vorstellungen auch von Geschehnissen zu entwickeln, die sich in irgendwelchen für uns nicht mehr überprüfbaren Vor- oder Urzeiten ereignet haben. Über große Anfänge gibt es keine protokollartigen Aufzeichnungen, wohl aber Mythen und andere Ursprungsgeschichten. Zu ihnen gehören die überlieferten Schöpfungsgeschichten der Religionen auch. Die Religionen müssen hypothetische Aussagen riskieren, wenn sie das Bedürfnis der Menschen befriedigen wollen, etwas über die Anfänge des Lebens zu wissen. Die Physik tut dasselbe für ihren Bereich und mit den eigenen Mitteln, wenn sie die Urknall-Hypothese benutzt und darüber streitet, wer oder was diesen Urknall ausgelöst haben könnte.

Deswegen ist es prinzipiell erlaubt zu denken, dass sich irgendwann in der menschlichen Wahrnehmung die über ihre menschliche Größe hinausgewachsenen Heroen auf der einen Seite und die Naturgewalten auf der anderen Seite miteinander verbunden haben, ja, von einer aufgeklärten Theologie miteinander verschmolzen worden sind. Darauf, dass das so gewesen sein kann, weist die Tatsache, dass Naturgewalten und Heroen immer für irgendeinen bestimmten Bereich des Lebens zuständig waren – genauso wie heute noch manche Götter oder Göttinnen und Heilige in unterschiedlichen Religionen. Das heißt dann, dass sie ursprünglich in diesem einen Lebensbereich, für den sie wie himmlische Abteilungsleiter Verantwortung trugen, beheimatet waren und dann irgendwann für ihre Dienste am Leben der Menschen, Tiere und Pflanzen auch als Götter verehrt worden sind. Die biblischen Gotteswahrnehmungen und Theologien haben diese Entwicklungen schon weit hinter sich, von wenigen Spuren (vgl. *1. Buch Mose 6,1-4*) abgesehen.

II. Vielerlei Gründe haben dafür gesprochen, Gott theologisch außerhalb der Welt anzusiedeln; doch die Folgen waren schwerwiegend

In der Kulturgeschichte können wir erkennen, wie sich Zug um Zug eine Kultivierung der Lebenswelt vollzogen hat, um das Überleben zu sichern und destruktiven Kräften zu wehren. Mit dieser Entwicklung hängt die zweite Hypothese zusammen, von der ich reden will. Sie lautet: *Um das Leben zu schützen und die Welt zu regieren, ist Gott zur außerweltlichen Autorität geworden. Aber die damit verbundene Teilung der Wirklichkeit ist selbst zum Problem geworden.* Ich werde diese Entwicklung in einigen Teilschritten darstellen und erörtern.

Die Gewaltbereitschaft der Menschen, insbesondere unsere Bereitschaft zu töten, hat sich nicht nur auf andere Geschöpfe erstreckt, sondern auch auf unseresgleichen. Der Dienstag, der im Französischen *mardi* heißt, und auch dessen deutscher Name leiten sich vom lateinischen *dies martis*, »Tag des Mars«, ab. Darin drückt sich die früh-antike Verehrung für jenen Gott aus, der den Völkern das Kriegsglück bescheren sollte. Noch weit davon entfernt, massive Interessenkonflikte durch internationale Gremien und Regeln zu lösen, hatte Mars fast die ganze Weltgeschichte hindurch Hochkonjunktur. Das gilt auch für Europa, wo noch im Zweiten Weltkrieg auch der christliche Gott als Kriegsgott gedient hat.

Doch wir können von bestimmten Punkten in der Geschichte an feststellen, dass es massive Kritik an der schrecklichen Vorstellung gegeben hat, der Krieg sei der »Vater aller Dinge«[2]. In Griechenland waren es der Philosoph *Empedokles* und der Dichter *Sophokles*, die besonders heftig gegen die allmächtige Rolle des *Ares*, wie der Kriegsgott dort hieß, ankämpften. Wie bei ihnen hat es auch anderswo Menschen gegeben, die den Krieg als quasi natürliche Form der Auseinandersetzung von Stämmen, Völkern und Nationen – und nicht zu vergessen: auch von Religionen – geächtet haben. Und so unternahmen sie Anstrengungen, das Zusammenleben und ins-

---

2. Heraklit (ca. 550-480 v. Chr., zit. bei Hippolytos, Haer. IX 9,4): »Der Krieg ist der Vater aller Dinge und der König aller. Die einen macht er zu Göttern, die andern zu Menschen, die einen zu Sklaven, die andern zu Freien.«

besondere Interessenkonflikte anders zu regeln. Dazu aber war es nötig, dass die Menschen sich selbst – als Wesen und Gattung – kritisch zu sehen lernten. Denn ohne eine kritische Selbstsicht ist Selbstreflexion nicht möglich, und ohne Selbstreflexion gibt es keine Verhaltensänderungen.

Dass die Menschen sich kritisch sehen gelernt haben, geht auch aus der Bibel hervor. Denn wenn die Bibel nach der Schöpfungs- und Paradieserzählung sogleich mit dem Brudermord von Kain an Abel beginnt, stellt sie ja der Gattung Mensch ein eher negatives Zeugnis aus. Das Gleiche gilt von der Sintflutgeschichte, die es nicht nur in der Bibel, sondern ebenfalls schon, fast zweitausend Jahre früher, im mesopotamischen Gilgamesch-Epos gibt. Denn in diesen Erzählungen sind vermutlich die Erfahrungen aus realen Flutkatastrophen mit religiöser Ursachenforschung verbunden worden. Während das Gilgamesch-Epos sagt, die Menschen seien den Göttern zu laut geworden, ordnet Jahwe die Sintflut an, weil »der Menschen Bosheit groß war auf Erden« und es ihn reute, »den Menschen geschaffen zu haben.« (1. Buch Mose 6,5f.). Dass die Geschichte vom Brudermord jedenfalls das nach-paradiesische Kapitel der Menschheit einleitet, spricht dafür, dass man schon früh die tödliche Gewalt als eine schwere Bedrohung des menschlichen Zusammenlebens erlebt hat. Und es heißt auch, dass die Menschen diese Gewalt eindämmen wollten. Beispiele für eine höhere Gerechtigkeit Gottes bzw. der Götter sind diese Erzählungen aber beide nicht.

Denn beide Versionen der Sintfluterzählung sind eher Beispiele dafür, dass Gewalt auch das Verhältnis der fernen Götter zu den Menschen belastet hat. Denn sowohl in der Bibel als auch im viel älteren Gilgamesch-Epos *bereuen* die jeweiligen Götter irgendwann, dass sie auf die vielerlei Übeltaten der Menschen ihrerseits mit der Vernichtung der Menschheit bis auf einen kleinen Rest reagiert haben. Schuld haben sie dabei der ganzen Gattung Mensch angelastet, dem Kollektiv also, ja, sie haben die anderen, schuldlosen Geschöpfe in die Strafaktion mit hineingezogen. Entsprechend spielten die Leiden der einzelnen Geschöpfe bei der Strafaktion keine Rolle. Akzeptiert haben das die reflexionsfähigen Menschen aber offenbar nicht. Die Folge davon ist, dass auch die Götter für sich selbst neue Regeln aufstellen, die vorsehen, dass sie in den Auseinandersetzungen mit den Menschen nicht mehr zum Mittel der Vernichtung greifen werden *(im 1. Buch Mose: 8,21-22).* Der Regenbogen wird zum Symbol dieser neuen göttlichen Umgangsformen, denn er garantiert den Fortbestand der Erde und ihrer Vegetation auf unabsehbare Dauer, ohne dass dies vom Wohlverhalten der Menschen abhängig gemacht würde.

Auch die biblischen »Zehn Gebote« *(2. Buch Mose 20 und 5. Buch Mose 5)* stellen eine Reaktion auf schlechte Erfahrungen dar. In diesem Fall geht es um Erfahrungen, die die Menschen mit sich selbst gemacht haben, auch wenn Gott – wie in anderen Religionen – als Gesetzgeber auftritt. Wenn man die frühen Formen dieser gesetzlichen Regelungen, sofern sie sprachlich realisiert worden sind, finden will, muss man nur dem Begriff des *Fluches* nachgehen. Denn Fluchwörter oder -sprüche *(vgl. 5. Buch Mose 27,11-26)* sind die ersten Grund-Sätze gewesen, die in der alltäglichen Praxis Gesetzesfunktion bekommen haben. Sie nannten konkrete Vergehen und legten fest, wann jemand nicht mehr zu der Gemeinschaft eines Stammes oder Volkes gehörte. Fluchsprüche hatten, wenn sie denn vollzogen wurden, immer mit Todesriten zu tun. Denn die Verfluchung eines Menschen bedeutete, ihn aus der sein Leben erhaltenden Gemeinschaft auszuschließen und damit in die Schutzlosigkeit, ja, an den Tod, auszuliefern. Nur durch die Vertreibung eines Übeltäters hoffte man, die Gemeinschaft des Stammes oder Volkes vor göttlichen Strafen für die Übeltat der Einzelnen bewahren zu können. Die einzige Chance der Vertriebenen war dann, zu einem anderen Stamm, einer anderen Gruppe überzuwechseln, sofern diese bereit war, sie aufzunehmen. Die *Segenssprüche,* die wir in der Bibel – und zwar oft parallel zu den Fluchsprüchen – überliefert bekommen haben *(vgl. 5. Buch Mose 27-28),* sind erst später entstanden und nennen die Rückseite des Fluches, den Segen. Am Anfang standen die Trennungsregeln, die jemanden, der sich als nicht mehr gemeinschaftsfähig erwiesen hatte, kurzerhand auswiesen, also in den Exitus trieben. Differenzierte Gesetzeskorpora, die straften, ohne in den Tod zu schicken, hat es in Mesopotamien und anderswo erst in staatlicher Zeit gegeben.

Götter und Menschen haben aus Schaden gelernt, sich selber kritisch zu sehen. Sie haben erkannt, dass das Zusammenleben Regeln verlangt, die sich an den gemeinsam akzeptierten Werten orientieren. Die sanfteste Form der Erziehung waren die sogenannten Weisheitssprüche. Zu dieser Gattung gehören die biblischen »Sprüche Salomos«. Auch sie hatten große Vorläufer in Ägypten und Mesopotamien. Dass Weisheitsregeln übermittelt wurden, vom Vater auf den Sohn und von der Mutter auf die Tochter, überrascht uns nicht, da wir alle diese Praxis noch kennen, wenn auch nicht annähernd so systematisch organisiert. Aber wie man in Frieden lebt, wie man möglichst gute Erfahrungen macht und schlechte meiden kann, das sagt eine Generation noch immer der nächsten weiter. Die Jungen sollen aus den Erfahrungen der Älteren lernen. Die Fluchsprüche und die ihnen folgende Praxis der Todesstrafe aber zeigen, dass es vor der Weisheit eine weitaus härtere Gangart in der Erziehung der Menschen gegeben hat – eine Erziehung, die dem einzelnen Missetäter keine Chance gelassen hatte, aus seinen Fehlern zu lernen. Und auf dem Weg über das einschüchternde Beispiel sollte die ganze Gemeinschaft lernen.

Indem die Menschen angefangen haben, sich von bestimmten Verhaltensweisen und auch von Mitgliedern ihrer Gemeinschaften zu distanzieren, sind aber auch die Götter immer weiter aus der Ebene der Menschen gerückt. Die Welt wurde immer mehr zu einer Menschenwelt, und die Götter zogen in den »Himmel«, wo sie unter sich waren. Das Böse ließen sie bei den Menschen zurück, um sie von außen richten und strafen zu können. Bei ihnen, den Göttern, aber wurden die Werte, die das Zusammenleben regeln, verankert, und so erlangten sie unhinterfragbare Gültigkeit. Die Götter rückten immer mehr in eine von den Menschen unabhängige und unerreichbare andere Lebenssphäre. Sie sind ins Ideale aufgestiegen oder auch ins Absolute, nämlich in die Loslösung von der Menschenwelt. Sie konnten in diese Menschenwelt zwar eingreifen, aber sie schienen aus ihr nicht mehr zu stammen. Selbst in dem an Mythen reichen Griechenland hat es – spätestens seit *Sophokles* (s. Kap. III) – eine massive Kritik an der Menschenferne der Götter gegeben.

Trotzdem ist Gott, sind Göttinnen und Götter, weiterhin zumeist menschengestaltig gedacht worden. Vielleicht zeigt sich darin noch eine Spur der angesprochenen Vorzeit, in der Heroen vergöttlicht wurden. Auf jeden Fall haben Menschen dann, wenn sie ihre

Göttinnen und Götter bildlich darstellen wollten, bedeutende Gestalten des bekannten irdischen Lebens auf die Götterwelt übertragen. So kam es, dass die Menschen sich selbst irgendwann – und gewissermaßen im Gegenzug – als Spiegelbild der von ihnen selbst hergestellten anthropomorphen Götterbilder erkannten: als Gottes Ebenbild. Diese »Gottebenbildlichkeit« des Menschen, die wir aus der Schöpfungsgeschichte *(1. Buch Mose 1,26-27)* herleiten, ist also das Ergebnis einer doppelten Brechung unseres Blickes auf uns selbst – wie schon *Gerhard von Rad* in seinem Kommentar zum 1. Buch Mose gesehen hat[3].

Die große Gefahr, sich selbst zu überschätzen und anderen Geschöpfen gegenüber als Gott aufzutreten, ist aus diesem Selbstbild erwachsen. Der Versuch der Zehn Gebote, jede Form einer bildlichen Darstellung von Lebewesen zu verbieten, hat daran so wenig geändert wie die Neuauflage des Bilderverbotes im Islam. Und schon der ältere ägyptische Weg, die Götter als Mischwesen von Menschen und Tieren darzustellen, die es in der Wirklichkeit nicht gibt, hat nichts daran geändert, dass die Menschen immer wieder der Versuchung erliegen, vor allem durch ihre teuflische Kunstfertigkeit im Töten (wie) Götter zu sein. Aus diesem Grund haben Darstellungen tödlicher Gewalt bis heute eine ungeheure Anziehungskraft – und im Fernsehen einen so erschreckend hohen Unterhaltungswert; sie befriedigen einen Narzissmus, der die Macht der Götter zu töten imitiert.

Vielleicht sind ja die griechischen Mythen vor allem im 20. Jahrhundert auch deshalb noch so gerne gelesen worden, weil sie die Götterwelt zum Anfassen nahebrachten – und zwar Götter, die mit Eigenschaften ausgestattet waren, die vor allem den Männern in der Leserschaft besonders gefallen haben. Ich meine nicht nur die Muskelheroen wie *Herakles*, sondern auch die Sexheroen. Denn ähnlich wie die Enakiter im 1. Buch Mose Kapitel 6 haben sich viele griechische Götter ja das von *Zeus* vorgelebte Recht herausgenommen, schöne Menschentöchter zu lieben und mit ihnen halb göttliche Wesen zu zeugen. Immerhin ist auch die schöne *Europa* von dem als

---

3. Gerhard von Rad, Das erste Buch Mose. Genesis (ATD 2/4), Göttingen 6. Aufl. 1961, S. 224 f.

Stier verkleideten Zeus nach Kreta entführt worden, wo beide dann unter der – seitdem angeblich immergrünen – Platane von Matala »Hochzeit« feierten. Auch dieser Mythos ist zweifellos eher Ausdruck einer Männer- als einer Frauenfantasie. Dass er im Übrigen erzählt, dass auf Kreta minoische, griechische und orientalische Kultur miteinander verschmolzen sind, soll nicht unterschlagen werden.

Aus der kritischen Betrachtung des Lebens auf dieser Erde ist nicht nur eine kritische Selbstreflexion des Menschen entstanden, sondern auch eine kritische Reflexion der Götterwelt. Sophokles habe ich schon erwähnt, _Hesiod_ (geboren vor 700 v. Chr.) ist zu ergänzen. Eins seiner Hauptwerke ist die »Theogonie«. Darin beschreibt Hesiod die Entstehung der Welt und der Götter in kritischer Anknüpfung an die griechische Mythologie. Auch Gautama Buddha (563-483 v. Chr.), der von seinem Vater lange von der Begegnung mit leidenden Menschen abgeschirmt worden war, hat seinen eigenen religiösen Weg gefunden, nachdem er sich der leidvollen Realität des Lebens (der Armen vor allem) ausgesetzt hatte. Er brach mit den überlieferten Religionen und ihrer Götterwelt, weil sie keinen Weg zur Überwindung des Leidens weisen konnten, und empfahl den »Mittleren Weg« zur inneren Freiheit: die Meditation.

Das Auseinanderrücken von Götterwelt und Menschenwelt, das wir an vielen Entwicklungen beobachtet haben, ist nach meiner Einschätzung in den großen Religionen der Mittelmeerwelt in einem bestimmten Stadium zum Problem geworden: Als sich die Menschen durch das Bewusstsein ihrer Sterblichkeit von den Göttern unendlich weit entfernt und alleingelassen fühlten. Denn Götter sind unsterblich. Sieht man sich den Begriff _unsterblich_ näher an, erkennt man sofort, dass die Sterblichkeit das Positivum, nämlich das nicht Verneinte, ist. Denn es gehört zu allem Lebendigen, das wir kennen, als Wesensmerkmal hinzu. _Un_sterblich ist die Negierung der Sterblichkeit, von der her der Begriff aber trotzdem seine Aussagekraft nimmt. _Unsterblich_ zu sein, ist zum Gedanken geworden, der die Menschen im Laufe der Kulturgeschichte in unglaublicher Weise bewegt, ja, geradezu infiziert hat. Das Gilgamesch-Epos, das ich ja schon angesprochen habe, führt uns in einer wirklich wunderbaren Sprache und großen Menschlichkeit vor Augen, warum das so ist: Gilgamesch strebt nach nichts anderem als danach, die Grenze der Sterblichkeit, der Endlichkeit seines Lebens, zu überwinden, weil er den Schmerz nicht verwinden kann, den ihm der Tod seines Freundes Enkidu bereitet hat. Es liegt also an der Liebe, die das Geliebte, den Geliebten, nicht loslassen will, dass wir die Todesgrenze nicht akzeptieren wollen.

Aber alles, was Gilgamesch unternimmt, um sein Ziel zu erreichen, bleibt vergeblich. Und so resigniert er am Ende und begnügt sich damit, sich in einem Baudenkmal zu »verewigen« – in der bis heute im Irak zu besichtigenden großen Mauer um die Stadt Uruk. Insofern ist seine Rechnung sogar aufgegangen, denn die seitdem vergangenen viereinhalbtausend Jahre sind ja wirklich eine kleine Ewigkeit. Und auch diejenigen, die den »Turmbau zu Babel« errichtet hatten, sind, wenn auch nicht namentlich wie Gilgamesch, so doch immerhin mit ihren Großbauwerken in Babylon im Gedächtnis der Menschen geblieben – mit den ersten von Menschen gefertigten *Wolkenkratzern* und *Wolkendurchbrechern*. Denn so waren den Nomaden die großen Bauten in der damaligen Metropole erschienen, wenn sie sich Babylon genähert hatten. Doch den Babyloniern wird im 1. Buch Mose Kapitel 11 vorgeworfen, dass sie bis »in den Himmel hinein« gewollt hätten, um sich unter den Menschen einen Namen zu machen, der *bleibt*. Und da kommt sie wieder heraus, die Sehnsucht nach dem Bleiben, das über den eigenen Tod hinausreicht. Auch diesmal ist sie in gewisser Weise erfüllt worden, obwohl dieses Bleiben gewiss nicht im Sinne der biblischen Autoren gewesen wäre.

Denn Juden und Christen erhoffen, wenn sie diese Hoffnung überhaupt (noch) umtreibt und es dogmatisch mit rechten Dingen zugeht, ewiges Leben ausschließlich von Gott selbst. Die für das »Danach« als *unmittelbar* erwartete Gemeinschaft der Erlösten mit Gott oder Christus hat aus dem Leben nach dem irdischen Tod für viele das *eigentliche* Leben gemacht, um das es geht. Und das »natürlich« ewig dauert. Dadurch ist es allerdings dazu gekommen, dass das irdische Leben über lange Jahrhunderte hin zu etwas geworden war, was einem Probelauf für das eigentliche Leben im Jenseits diente. Und wer hier versagt hatte, durfte an diesem anderen, eigentlichen Leben nicht teilhaben. Diese Verzeichnung des irdischen Lebens ist inzwischen, Gott sei Dank, in vielem zurückgenommen worden. Man redet in der Theologie nicht mehr davon, dass das nachtodliche Leben das eigentliche wäre. Nicht zuletzt die Leiden der Menschen und anderen Geschöpfe auf dieser Erde haben auch die Theologie dazu gezwungen, näher hinzuschauen und dieses irdische Leben endlich ernst zu nehmen.

Dabei sind auch lange übersehene biblische Vorstellungen wieder in den Blick gekommen. So hat die mit dem Namen Johannes verbundene Theologie im Neuen Testament schon früh erkannt, dass die von Jesus in den Mittelpunkt seiner Verkündigung gestellte *Liebe* der einzige Weg ist, auf dem wir an Gott Anteil gewinnen und ein Bleiben erreichen können, das nicht vergeht: »Gott ist Liebe, und wer in der Liebe bleibt, der bleibt in Gott und Gott in ihm«, heißt es im 1. Johannesbrief 4,16. In *diesem* Leben ist Gott also zu finden, und nicht erst nach unserem irdischen Tod. Und: Das Bleiben wird allein durch die Liebe, allein durch *das Lieben*, Wirklichkeit. »Wer an mich glaubt, der wird leben, auch wenn er stirbt«, sagt Jesus im Johannesevangelium *(11, 25 und 26)*. Da ist die Todesgrenze, die ja allen vor Augen ist, zwar nicht aufgehoben. Aber sie trennt die Menschen nicht mehr von Gott und vom Bleiben.

Hier, bei Johannes, meldet sich schon die neue Sicht der *einen* Wirklichkeit, an der Gott und Menschen gemeinsam teilhaben. Doch ehe ich darauf direkt zu sprechen komme, möchte ich noch auf ein Phänomen der Religionsgeschichte eingehen, das sich auch durch das Auseinandertreten der Götter- und der Menschenwelt entwickelt hat. Je weiter diese beiden Welten und Wirklichkeiten auseinandergerückt sind, desto bedeutender sind die Instanzen geworden, die zwischen beiden auf der Erde vermittelten. Das gilt für Propheten und Theologen, die etwas von dem nun sehr fernen Gott zu sagen wussten, und natürlich auch für Mittlergestalten, die zwischen Göttern und Menschen Brücken bauten und zugleich die Götter auf der Erde repräsentierten. In Ägypten war das der Pharao, nach dessen Vorbild auch in Israel der König dann als Gottessohn adoptiert wurde. Und es trifft für messianische Gestalten zu, in gewisser Weise auch für Jesus. Aber solche Zwischeninstanzen haben sich auch aus der zentralen Stellung des Kultes entwickelt, vor allem in Gestalt der Priesterschaften. Auch sie repräsentierten das Heilige, verwalteten Religion, verbanden Erde und Himmel und herrschten de facto durch die Verbindung von göttlichem und menschlichem Recht – und tun es bis heute. Im Lateinischen ist jeder Bischof ein *pontifex*, ein »Brückenbauer«.

Vorbild für diese Entwicklung war wiederum die religiöse Revolution, die der ägyptische Pharao *Amenophis IV. Echnaton* im 14. Jh. vor Christi Geburt durchgeführt hatte. Denn er hat die vielgestaltige Götterwelt durch die unpersönliche Sonnenscheibe namens *Aton* ersetzt, die Licht und Lebensodem für die Menschen gibt, und so den Monotheismus begründet. Aber er hat Gott damit auch aus aller Anschaulichkeit der vorher verbreiteten Götterbilder herausgeholt und weit über die Erde gerückt und zugleich die Mittlerrolle des Pharao enorm ausgebaut: Alles, was die Menschen von Gott suchten, mussten sie nun über den Pharao als den offiziellen und einzigen Gottessohn suchen. Ich zögere nicht zu sagen, dass der im Johannesevangelium auftretende Jesus viele Züge dieses ägyptischen Gottessohnes übernommen hat. Denn er kann von sich sagen: »Wer mich sieht, sieht den Vater(gott).« *(Johannes 14,9)*. Und: »Niemand kommt zum Vater(gott) außer durch mich.« *(Johannes 14,6*[4]*)*.

Auch in der protestantischen Theologie des 20. Jahrhunderts hat jenes Auseinandergerücktsein von Gott und Menschen noch nachgewirkt. Unter dem Einfluss der Theologie von *Karl Barth* hat das dazu geführt, dass Auferstehung in rigoroser Weise als neue Schöpfung gedacht worden ist. Jeder Gedanke an eine Form von Übergang zwischen dem Leben vor und dem Leben nach dem Tod sollte dadurch ausgeschaltet werden. Man sprach gerne von der »Ganztod«-Theologie. Hätte man die Gläubigen gefragt, wären sie kaum damit einverstanden gewesen zu glauben, dass nichts von ihnen in das Auferstehungsleben hineingelangen sollte. Was für einen Sinn hätte dann der Glaube an die Auferstehung noch, wenn es bei der Neuschöpfung nicht um Verwandlung ginge?

---

4. Man muss bei diesem Zitat bedenken, dass es sich nicht zur Abwehr oder Diskriminierung fremder Götter eignet. Es geht einzig um den Zugang zum jüdischen Vatergott, der nach der Vorstellung des Johannes nur noch über Jesus und seine Gottesverkündigung möglich sein konnte.

III. Die Vorstellung von der Außerweltlichkeit Gottes hat den Glauben in die Krise geführt und die Menschen innerlich gespalten

Trotz der Versuche, die Zwischeninstanzen zwischen Gottes- und Menschenwelt zu stärken, ist das ganze religiöse System, das Gott außerweltlich angesiedelt hat, in die Krise geraten. Denn diese endliche Trennung von Gott und Menschen – von Tieren und Pflanzen redet in diesem System sowieso kaum jemand – *musste* in eine tiefe Krise geraten, weil die Menschen mehr und mehr den Eindruck gewonnen hatten, dass Gott das irdische Leben und ihre Leiden nicht ernst nahm. Deshalb formuliere ich eine dritte Hypothese: *Die Individualität der Menschen ist über die Erfahrung des Leidens gewachsen. Die Leiden selbst aber sah man entweder als durch die Abwesenheit Gottes oder durch sein fehlendes Mitgefühl verursacht. Aus beidem erwuchs tief gehende Kritik an Gott (bzw. an den Göttern).*

Das Leiden der Individuen ist die Ursache dafür geworden, dass wir überhaupt von Individualität der Menschen reden können. Wenn wir das verstehen wollen, können wir wiederum das Gilgamesch-Epos befragen. Als Gilgamesch seinen Freund Enkidu und damit die große Liebe seines Lebens verliert, droht sein Leben zu zerbrechen, ja, *das* Leben droht über diesem Schmerz sinnlos zu werden. Und vor allem in den großen Tragödien der Griechen *Aischylos*, *Sophokles* und *Euripides* aus dem 5. Jahrhundert vor Christi Geburt wird dann thematisiert, was die Menschen in dieser Welt zu leiden haben. Sie leiden, weil die Götter verblasst, zu Größen der Vergangenheit geworden sind, keine Ausstrahlung mehr haben; sie greifen selten und mit undurchschaubaren Motiven ins Lebensgeschehen ein, haben die Menschen sonst aber der Willkür von Machtpolitikern ausgeliefert. Wer an göttlichem Recht wirklich festhält, wie *Antigone*, steht allein da.

So werden die Leiden zu dem Kriterium, von dem her die Götter – wie von *König Ödipus* in der anderen Tragödie des Sophokles – kritisiert werden. Aber die Götter werden in Griechenland auch kritisiert, weil die Gewalttätigkeit der Menschen bei den Göttern und ihrem Umgang miteinander wiedergefunden und angeklagt wird. Die dritte hier zu nennende Tragödie des Sophokles, *Aias*, führt die gewalttätigen Götter als gewissenlos, ohne Mitgefühl mit den Menschen, vor, die Schicksale inszenieren und dabei nicht darauf achten, wie die Menschen darunter zu leiden haben. Und Ödipus, der alles versucht hatte, um die ihm von einem Orakel vorhergesagten Vergehen an Vater und Mutter zu meiden, gerät unaufhaltsam in die Stricke seines über ihn verhängten Schicksals hinein, sodass er unwissentlich seinen Vater tötet und seine eigene Mutter heiratet. Er muss am Ende erkennen, dass sein Widerstand zwecklos gewesen ist. Die Götter haben seine Bemühungen nicht anerkannt, weil sie damit beschäftigt waren, an ihm Vergehen zu sühnen, die sein Großvater und sein Vater begangen hatten.

Aber Ödipus wird wie Antigone zu einer Lichtgestalt, weil er nicht aufgibt, sich nicht durch Suizid von der Bühne nimmt, sondern sich selbst blendet, um fortan nach innen zu schauen und zum Weisen zu werden. Er erhebt Anklage gegen Apollon und schreit ihm (frei übersetzt) entgegen: »Apollon, du hast über mein Leben verfügt, aber *ich* habe die Folgen erlitten und mich selbst geblendet.« Die Leiden derjenigen Menschen, die unter der Ferne der Götter gelitten hatten, sind es, die den Neuanfang gebracht und gewissermaßen zu einer Revolution im »Himmel« geführt haben.

Die wichtigste Veränderung stellt das Aufkommen *therapeutischer* Götter dar, die sich nun ausdrücklich der Leiden der Menschen annehmen. Dabei geht es nicht mehr um Leiden, die ganze Stämme, Städte oder Völker durch verlorene Kriege oder Seuchen durchzustehen hatten, sondern um Leiden von Individuen. Die Einzelnen bekommen ein Anhörungsrecht bei den therapeutischen Göttern. Und die sind sich auch nicht zu schade zu heilen, sondern beziehen daraus ihren Ruhm. Das finden wir in Mesopotamien schon seit der ersten Hälfte des zweiten Jahrtausends für die Göttin *Gula*[5] belegt, in Ägypten vor allem mit *Amun* und *Min*, mit *Thot*, *Isis* und *Horus*, und später mit *Imhotep* und *Amhotep*, wobei der zuletzt Genannte seit ptolemäischer Zeit mit dem griechischen Heilgott *Asklepios* verschmolzen ist.

Asklepios war in Griechenland, ungefähr vom 6. Jh. an, von

---

5. In »Lebensgaben Gottes feiern«, S. 219 f., habe ich den Großen Hymnus auf die Göttin Gula abgedruckt.

Thessalien und dann von seinem großen Heiligtum in Epidauros aus, zum Heilgott aufgestiegen und hatte darin vor allem Apollon beerbt. Sophokles, der für eine neue Humanität gekämpft hat, ist sein erster Priester in Athen gewesen. Die Heil-Heiligtümer des Asklepios (und der mit ihm verbundenen *Hygieia*) haben sich um das ganze Mittelmeer herum ausgebreitet, wobei arme Menschen dort oft kostenlos therapiert worden sind. In der hellenistischen Welt, in die Jesus hineingeboren worden ist, war Asklepios die dominierende Gestalt des *Sotér*, des Heilandes, der ganz entschieden auf die Seite der Menschen getreten war und sich ihrer Leiden angenommen hatte. Ich gehe davon aus, dass der im hellenistischen Mittelmeerraum lebendige Asklepioskult allergrößten Einfluss darauf gehabt hat, wie die – schließlich ja auch griechisch gedachten und geschriebenen – Evangelien dann Jesus als therapeutischen Gott(essohn) dargestellt haben.

Die neue liebevolle Hinwendung der Götter zu den Menschen finden wir aber nicht erst bei Asklepios, sondern schon im Ägypten des Pharaos Echnaton. Er hat zwar den Gott Aton in großer Ferne über den Menschen als die Sonnenscheibe angesiedelt. Aber in vielen Darstellungen, die die neue Theologie ausdrücken, spielt zärtliche Zuwendung eine große Rolle. Das gilt für Aton, dessen Strahlen die Menschen erreichen und da, wo sie auf die menschliche Haut treffen, als streichelnde Finger dargestellt worden sind. Aber es gilt auch für Menschen, wie Darstellungen der königlichen Familie beispielhaft zeigen: Da sitzen *Echnaton* und seine Frau *Nofretete* einander gegenüber und herzen die Töchter, die auf ihren Schößen sitzen. Die königlichen Eltern geben dabei die zärtliche Liebe Atons, die auf sie selbst von der Sonnenscheibe niederscheint, an die Kinder weiter. Das ist etwas ganz und gar anderes als die alten Darstellungen kriegsführender und die Feinde demütigender Götter, mit denen sich die Pharaonen bis dahin hatten darstellen lassen – etwas, was Psalm 2 deutlich auf den jüdischen Gott Jahwe übertragen hat.

IV. Die Erfahrung des Leidens und die Menschwerdung Gottes fügen die zerrissene Wirklichkeit wieder zusammen

Durch die endlich geschehene und thematisierte *Wahrnehmung des individuellen Leidens wurde die alte Trennung von Götter- und Menschenwelt überwunden, wurde die auseinandergerissene Wirklichkeit Schritt für Schritt wieder zusammengefügt.* Das ist die vierte Hypothese. Indem die Götter die Leiden der Menschen wahrnehmen und sich als Heilende in diese Wirklichkeit hineinbegeben, heilen sie auch die in sich erkalteten religiösen Systeme. Sie befreien sie von der Dominanz, die die – oft genug kriegerische – Gewalt darin hatte, und verbinden die geteilten Wirklichkeiten wieder zu einer einzigen, in der Götter und Menschen miteinander leben, und zwar nach Regeln, die dem Leben dienen. Der mitleidende und heilende Gott kehrt also in die *eine* Welt zurück, in der das Mitleiden mit den Leiden der Menschen der primäre Wesenszug Gottes wird. Manchmal profitieren davon sogar die Tiere; in der Jesus-Überlieferung gibt es eine Erzählung *(Matthäus 12,11)*, in der Jesus dafür eintritt, dass selbst Sabbatgebote zurücktreten müssen, wenn es gilt, das Leben eines Schafes zu retten. Ja, es gibt für Jesus kein dringlicheres Gebot als das, Leiden zu lindern oder zu heilen. Kultische Vorschriften dürfen dem nicht mehr im Wege stehen – wie das Gleichnis vom barmherzigen Samaritaner zeigt *(Markus 12,28–34).*

Besondere Glaubwürdigkeit erlangen diejenigen religiösen Revolutionäre, die bereit sind, für ihre neue Gottesvorstellung zu leiden, um sie nicht verraten zu müssen. Das gilt wieder für Asklepios, insofern er – als Schüler des Zentauren *Chiron* – seine Heilkunst so weit perfektioniert hatte, dass es ihm gelang, auch Tote aufzuerwecken. Dafür hat ihn sein eigener Großvater, Zeus, getötet – obwohl er Asklepios nicht im Tod zu halten vermochte. Denn bald nach seinem Tod, sagt die Überlieferung, hat sich die Kunde davon verbreitet, dass er auferstanden – und nun als Heilgott lebendig war. Aber Ähnliches gilt von *Jesus.* Auch er ist – zwar nicht von seinem Vatergott, sondern mithilfe des römischen Staates von den religiösen Autoritäten seiner Zeit – getötet worden, weil er das bis dahin gültige religiöse System durcheinandergebracht hatte. Denn er hat einen Gott verkündet und vorgelebt, der von einer unbedingten, also durch nichts bedingten, Liebe zu den Menschen bestimmt ist. Das ist eine Botschaft, die ihm auch heute noch viele nicht abnehmen. Sie finden es wichtiger, aus seiner Hinrichtung einen Sühne wirkenden Opfer- oder Märtyrertod zu machen, der sich bequem in die traditionellen religiösen Systeme einordnen lässt, in denen tödliche Gewalt eine heilvolle Funktion hat und in denen es einen gibt, auf den man seine Schuld abladen kann. Aber zu Jesu Lebenszeugnis passt eher der Glaube, dass Jesus nicht im Tod geblieben ist, um seine Botschaft von Gottes unbedingter Liebe lebendig bleiben zu lassen. Seine Revolution, die den liebenden Gott ins Zentrum des Glaubens gerückt hat, sollte nicht umsonst gewesen sein – um der Menschen, um des Lebens willen, aber auch um des Lebens der Tiere und Pflanzen willen.

Damit komme ich nun zum Stichwort *Weihnachten.* Weihnachten ist das Fest der Fleischwerdung des Logos, der Lebensenergie, des Geistes – lesen wir im Johannesevangelium. Ich kann auch sagen: Die Geburt Jesu *ist* das glaubwürdige, weil verstehbare Bild der Menschwerdung Gottes geworden. In Jesus hat der Geist Gottes sich als Kraft zu erkennen gegeben, durch die Menschen Leben finden und im Leben bleiben können. »Gott ist Geist« *(Johannes 4,24)*, der die eine Wirklichkeit des Lebens zusammenhält, in der Gott und seine Geschöpfe miteinander verbunden sind und leben. Inkarnation heißt, dass die – letztlich durch Theologie – gespaltene Wirklichkeit durch eine neue Glaubenseinsicht wieder zu *einer* werden konnte. Gotteswelt und Menschenwelt sollten wieder in eine Wirklichkeit einkehren. Das Leben der Menschen hat seitdem wieder *direkt* mit Gott zu tun, also nicht nur mittelbar, sondern unmittelbar, und umgekehrt. Und das heißt auch: Wo von Geist die Rede ist, ist seitdem wieder von Gott die Rede.

Wenn wir dafür einen Jesustext als Beleg haben wollen, dann empfiehlt sich das große Gleichnis Jesu vom Weltgericht *(Matthäus 25,31-45)*. Schon der – natürlich nicht von Jesus stammende – Titel des Gleichnisses deutet an, dass es hier ums Ganze geht – eben um die eine Wirklichkeit des Lebens und um das, was das Leben ausmacht. Und was erfahren wir da? Das Gleichnis sagt, dass es Gott darauf ankommt, dass leidenden Menschen beigestanden, geholfen wird. Und Gott geht so weit, dass er sich mit den Leidenden selbst identifiziert. Gott, heißt das, geht nicht nur auf die Liebedürftigen zu, sondern *ist* da, wo die Liebebedürftigen sind. In den Worten, die Jesus dem Weltenrichter in den Mund gelegt hat, klingt das so: »Was ihr getan habt einem meiner geringsten Brüder, das habt ihr mir getan.« *(25,40).* Und: »Was ihr einem meiner geringsten Brüder *nicht* getan habt (was ihr also unterlassen habt, ihnen Gutes zu tun), das habt ihr *mir* nicht getan.« Man muss genau hinhören: Jesus redet nicht mehr einfach von Menschen, sondern von Brüdern. Und weil der männliche Plural im Griechischen, wenn es um Gattungen geht, immer auch die weibliche Form mit einschließt, sind natürlich auch die weiblichen Menschen, als Schwestern, gemeint.

Und was ist das für ein Gott? Es ist ein Gott, der sich so rückhaltlos in das Leben der Leidenden verwickelt, dass *er* es ist, der in den Besuchten besucht wird, der in den Kranken gepflegt und in den Durstigen und Hungrigen gestillt wird. Gemessen an allen traditionellen Vorstellungen von Gottes Hoheit ist das allerdings ein Gott, der sich *uneindeutig* gemacht hat, kein jenseitiger Gott mehr ist. Darum hat es Jesus in seiner eigenen Kirche auch immer schwer gehabt, diese Freiheit Gottes von allen Gottesbildern zu vermitteln. Seine Gottesverkündigung und seine Lebenspraxis haben für die Theologie immer etwas Ärgerliches behalten. Es ist kein Zufall, dass Jesu Leben und seine Verkündigung der *un*bedingten Liebe Gottes weder in den Paulusbriefen noch im apostolischen Glaubensbekenntnis vorkommen. Sein als Sühneleistung gedeuteter Tod und seine Auferstehung waren Paulus und der Alten Kirche wichtiger, weil ihnen Versöhnung, Vergebung und Heil ohne stellvertretende Sühne nicht glaubwürdig zu sein schienen.

Dabei hat sich gerade in Jesu Leben und Handeln gezeigt, was die rückhaltlose Verbindung von Gott und Menschen heißt. Weihnachten ist das Fest, an dem wir das Ende der Theologie vom weltfernen, außerweltlichen Gott, das Ende der geteilten Wirklichkeit, feiern können. Dieses Fest bedeutet auch, dass wir Weihnachten den Anfang einer Theologie feiern, in der es um das Leben der *ganzen* Schöpfung und um alles geht, was ihr dient. Indem wir Gott (wieder) bei uns wissen, und er am Leben und Sterben der Geschöpfe Anteil hat, können wir auch die inneren Zerrissenheiten ertragen, in die uns der Gedanke an unsere Sterblichkeit immer wieder stürzt.

Damit es niemand missverstehe, füge ich hinzu: Die Rede vom Ende der geteilten Wirklichkeit bedeutet nicht, die »heilsame Unterscheidung von Gott und Mensch«[6] aufgeben zu wollen. Sie meint vielmehr, dass das Leben seinen Grund darin hat, dass beide, Gott und Menschen – und die anderen Geschöpfe auch – durch den lebenschaffenden Geist als Selbstentfaltungen Gottes miteinander verbunden sind. So *ist* Gott Geist.

Albrecht Dürers Bild »Jesusknabe mit der Weltkugel« von 1493, das auch »Der Heiland« genannt wird, zeigt in einer berührenden Weise, dass dieser Jesus in der Wahrnehmung Dürers tatsächlich in unserer Wirklichkeit angekommen ist. Die *Welt*kugel, die er in seinen Händen hält und die schlicht wie ein Ball ist, ist eigentlich eine *Erd*kugel. Sie verbindet das Irdische und das Irdene, »von Erde Genommene«, dem Adam und seine Nachfahren als »Erdlinge« ihren Namen verdanken. Gesicht und Blick des Kindes zeigen keinerlei Machtanspruch oder herrscherliche Attitüde. Sie drücken vielmehr aus, dass diese zerbrechliche Erdkugel in guten Händen ist. Der sie hält, hat sie von einem anderen anvertraut bekommen, zu dem er ohne Angst, aber ein wenig erstaunt, aufschaut. Das Leben ist bei sich selbst.

Und jeder weiß, dass darin auch das Leiden seinen Platz hat. Der als Kind dargestellte Heiland ist ja auch Symbol der Verletzlichkeit. Er ist eine Gestalt, die – wie alle Darstellungen des Kindes in der Krippe auch – nicht verbergen will, dass er geboren worden ist und sterblich war, wie wir sterblich sind. Aber gerade darin ist er wirklich bei uns angekommen. Und gäbe es den Geist Gottes nicht, der das Leben durch Sterben und Auferstehen in Bewegung hält, hätte es wenig Sinn, von Jesus als dem Heiland zu reden. So aber können wir Weihnachten als Fest der Hingabe Gottes an seine Geschöpfe feiern. Nicht mehr und nicht weniger hat das Johannesevangelium gemeint, wenn es die »Fleischwerdung«, will sagen: die *Mensch*werdung Gottes, bezeugt hat. Hier beginnt das Bekenntnis, mit dem alles gesagt wird, was wichtig ist: Jesus hat für uns *gelebt* und ist im Geist Gottes gegenwärtig.

6. Friedrich W. Graf, Die Rückkehr der Götter, a. a. O., S. 278.

Albrecht Dürer: Jesusknabe mit der Weltkugel (»Der Heiland«), 1493,
Wien, Albertina, © der Vorlage akg-images / Erich Lessing, Berlin

Jahreswechsel

Plädoyer für ein Schöpfungsfest

I. Warum ein solches Fest gefeiert werden sollte

Feste kann man nicht am Schreibtisch feiern; ein Plädoyer für ein Fest schreiben und Gründe nennen, die dafür sprechen, es mit anderen zu gestalten und zu feiern, schon. Und darum geht es mir. Dabei knüpfe ich sowohl an alte Traditionen als auch an die Festpraxis an, die wir mit dem Jahreswechsel verbinden.

Für die allermeisten Menschen heißt der 31. Dezember »Silvester« oder auch »Sylvester«. Der Name weist auf Papst Silvester I. und seinen Todestag am 31. Dezember. Nur weil die Todestage von Heiligen als Namenstage gefeiert werden, ist es zu dieser Namensgebung gekommen. Sonst aber ist es wenig sinnvoll, seiner heute noch zu gedenken, schon gar nicht im Zusammenhang eines Schöpfungsfestes. Denn Silvester I. steht für den Anfang sowohl des Staatskirchentums im Römischen Reich als auch des Kirchenstaates in Rom. Seine eigene Legende ist weitgehend mit der Bekehrung Kaiser Konstantins und mit der gefälschten »Konstantinischen Schenkung« verbunden, die dem Bischof von Rom den Kirchenstaat bescherte – für Gegenleistungen an den Kaiser natürlich[1]. Auch wenn mit ihm also kirchlich-liturgisch heute kein Staat (mehr) zu machen ist, ist am Namen des Tages nichts mehr zu ändern. Doch es gibt ja auch noch die etwas umständlich klingende Bezeichnung »Altjahrsabend«, an die anzuschließen sich im Blick auf ein Schöpfungsfest am letzten Tag des Jahres bzw. am Übergang zum neuen Jahr lohnen kann.

Der Höhepunkt dieses Festes ist von Brauchtum und emotionaler Beteiligung her unzweifelhaft die mitternächtliche Stunde, auf die alle privaten und öffentlichen Feiern, alle Rundfunk- und Fern-

---

1. Sehr ausführlich informiert darüber das Lexikon der christlichen Ikonographie (LCI). Band 8. Ikonographie der Heiligen. Meletius bis Zweiundvierzig Märtyrer, Freiburg i. Br. 1990, Sp. 353-358.

sehprogramme zulaufen. Ausgerufen wird sie durch Glockengeläut, das an dieser Stelle niemanden stört. Im Läuten zumindest – denn es wird ja ›groß‹ und nicht ›mit der kleinen Glocke‹ geläutet – wird auch von den Kirchtürmen her Festfreude verkündet, und das heißt: die öffentliche »Zustimmung zur Welt« *(J. Pieper)*.

Ich übertreibe wohl nicht, wenn ich sage, dass die Neujahrsnacht die einzige, wirklich vom Volk und allgemein gefeierte *Vigil* im Jahr ist. Denn in keiner anderen Nacht bleiben so viele Menschen *wach* wie in dieser. Das ist auch verständlich, denn kein anderes Fest ist mit so markanten und allgemein – eben durch den Kalender – anerkannten Veränderungen verbunden: Da geht wirklich etwas zu Ende, da fängt wirklich ein Neues an, da wird ab »null Uhr« eine neue Jahreszahl geschrieben, da beginnt für alle gemeinsam ein neues Quantum Zeit als Lebensraum, mit dem wir als Maß auch die Länge unserer Lebenszeit messen: ein Jahr. An der Schwelle von 1999 zum Jahr 2000 haben wir erleben können, wie dann, wenn mit dem Jahreswechsel auch ein neues Jahrzehnt, Jahrhundert oder gar Jahrtausend beginnt, sich die emotionale Bedeutung um ein Vielfaches steigern kann. Auf jeden Fall gilt: »Wer jetzt kein Haus hat, baut sich keines mehr.« Mit dieser Zeile hat *Rainer Maria Rilke* beschrieben, wie sich zum Jahresende hin Perspektiven schließen können. Die emotional empfundene Weite des neuen Jahres aber kennzeichnet der Spruch »Neues Jahr – neues Leben«, den es in vielen Sprachen gibt. Feuerwerk und Bleigießen, große Feste und Konzerte und eine Flut von Glückwunschkarten (von den Glücksschwein- und Schornsteinfeger-Maskottchen ganz abgesehen) drücken Freude und Erwartung aus – aber eben auch tief sitzende Befürchtungen, die mit dem Beginn des Neuen, inhaltlich noch Unbekannten, verbunden sind und die ernst genommen werden wollen.

Manche behaupten etwas unterkühlt, für sie sei das eine Nacht wie jede andere. Kultur- und religionsgeschichtlich, aber auch kultgeschichtlich steht solche Unterkühltheit jedenfalls als die Ausnahme bzw. als immer noch von der besonderen Situation bestimmte Antihaltung da. Eine solche Antihaltung ist mit Protestantismus aber nur sehr kurzschlüssig verbunden. Und auch die mühsamen Versuche der Kirche(n), das Neujahrsfest, das sich selbst durch alle Kultur- und Religionswechsel hindurch gehalten hat, in etwas anderes umzubiegen (es zu »taufen«), überzeugen mich nicht. Darin erkenne ich nichts anderes als die ängstliche Polemik gegen eine als konkurrent erlebte vor- und außerchristliche Festpraxis, wie sie typisch vor allem aus dem alten Babylonien überliefert ist. Da feierte man den Neujahrsbeginn als den Eintritt in eine neue Schöpfung, als den in der Rezitation des Schöpfungsepos immer wieder neu geschehenden Sieg Gottes (Marduk) über die Chaosmächte. Auch in der altpersischen Religion war Neujahr der Tag der Schöpfung von Welt und Mensch, und zwar nicht nur im Sinn der Erinnerung an etwas Vergangenes, sondern als Feier der jetzt geschehenden Erneuerung von Kosmos und Weltzeit. Ganz verwandt spricht auch der Koran (Sure 45,3-5) davon, dass sich Gottes Schöpfertätigkeit nicht in der Erschaffung von Himmel und Erde erschöpft hat. »In den Himmeln und auf der Erde sind Zeichen für die Gläubigen«, die auf den *tätigen* Schöpfer weisen: »Und in eurer Erschaffung und in dem, was Er an Getier sich ausbreiten lässt, sind Zeichen für Leute, die Gewissheit (im Glauben) hegen. Und auch im Aufeinanderfolgen von Nacht und Tag und in dem, was Gott an Lebensunterhalt vom Himmel herabkommen lässt und dadurch die Erde nach ihrem Absterben belebt, und im Wechsel der Winde sind Zeichen für Leute, die Verstand haben.« Im Judentum wird seit spätexilischer Zeit das Neujahrsfest Rosch ha-Schanah am 1. Tischri (ca. 1. September) gefeiert, und zwar als Gerichtstag, an dem über das Wohl und Wehe der Menschen im kommenden Jahr entschieden wird; entsprechend gehört zu diesem Tag die Bitte um Gottes Gnade. Wichtig ist daneben die Verkündigung des Königtums Gottes als frohe Botschaft.

Die römische Kirche hat das ausgelassene Treiben im Januar entschieden bekämpft, aber erst im 6. Jahrhundert eine eigene Feier dagegengesetzt: einen Bußtag, der inhaltlich an das jüdische Neujahrsfest erinnert. Später wurde daraus die Feier der Beschneidung und Namensgebung des Herrn (*circumcisio Domini*), auf römisch-katholischer Seite seit dem Zweiten Vatikanischen Konzil aber – als Oktav (»achter Tag« zu Weihnachten) – das Fest »Maria Gottesgebärerin«. Weder mit dem einen noch mit dem anderen Thema ließen sich aber Praxis und Inhalt des von der Bevölkerung quer durch alle Religionen und die Religionslosigkeit gefeierten Neujahrsfestes wirklich verdrängen. Wer Gottesdienste für Altjahrsabend oder

Neujahr vorbereitet, weiß, dass diese Tage nicht im eigentlichen Sinn als christliche Festtage gelten. Und das liegt daran, dass sich das Kirchenjahr, das am 1. Advent beginnt und am davor liegenden Toten- oder Ewigkeitssonntag (evangelischer Name) bzw. am Christkönigstag (katholischer Name) endet, an Festen orientiert, die im Zentrum mit Jesus Christus zu tun haben. Das Kirchenjahr heißt deshalb – mit einem heute eher missverständlich klingenden Begriff – auch »Herrenjahr«. Gerade an dem bisherigen Fehlen eines christlichen Schöpfungsfestes kann man aber ablesen, dass diese Festpraxis einige Bedürfnisse der Menschen außer Acht gelassen hat. Im Unterschied dazu halte ich es für geboten anzuerkennen, dass in der vor- und außerchristlichen Neujahrsfestpraxis altes Menschheitswissen um die Ungesichertheit unserer Existenz und zugleich das Bedürfnis zum Ausdruck kommen, Gott Dank zu sagen für das Leben und hoffnungsvoll in die Zukunft zu sehen.

Dass das Kirchenjahr kein wirkliches Fest kennt, an dem die Schöpfung gefeiert wird, hat über das genannte Prinzip bei der Gestaltung des Kirchenjahres hinaus damit zu tun, dass die Kirchen lange von der Angst regiert worden sind, der Schöpfer könnte über der Feier seiner Schöpfung in den Hintergrund geraten, ja, die Schöpfung oder einzelne Geschöpfe könnten »angebetet« werden. Diese Angst stammte aus Zeiten, in denen Religion ganz allgemein mit der Anbetung von Göttern oder aber der Vergottung von Geschöpflichem identifiziert wurde. Da kam alles darauf an, den Richtigen anzubeten und Abgötterei zu verhindern. Doch dabei ist übersehen worden, dass Feste noch ganz andere Dimensionen haben, die für ihre Entstehung, ihren Ort im Jahr und ihre inhaltliche wie rituelle Gestaltung sorgen. Und dazu gehört, dass Feste, die wirklich *gefeiert* und nicht nur kirchlich inszeniert werden sollen, zumindest *auch* einem Bedürfnis der Menschen entsprechen müssen.

Ich möchte, dass ein Fest der Schöpfung davon ausgeht, dass Gott der Schöpfer alles Geschaffenen ist – aber auch davon, dass er durch seinen Geist mit allem verbunden, zu allem in Beziehung und also auch in allem gegenwärtig ist. Das Motiv, dieses Fest zu feiern, ist zuerst der Dank für das Leben überhaupt und ebenso für das Leben, wie es die Feiernden erlebt haben. Das läuft hinaus auf die einfache Freude darüber – wie es im Volksreim heißt – »dass ich geboren bin«. Und es mündet in die Bitte darum, dass die Zukunft dieses Lebens offen sein möchte für das, was wir uns erhoffen. Aber Dank und Hoffnung haben eine dunkle Rückseite. Und die hat zu tun mit all dem, was in einem Jahr nicht erreicht worden ist, was verloren ging, zerbrochen ist, was in unserem Leben als Chaos erlebt wurde und der Heilung bedarf – also auch mit erlebtem Entsetzen und mit Trauer. Auch darum muss es gehen. Und schließlich um das, was im Leben jetzt erst beginnen kann, weil es sich neu in uns entwickelt und erst einmal chaotische Gefühle auslöst – wie jeder große Traum auch (vgl. Martin Luther King's »I have a dream«).

II. Seine besondere Richtung: Von alt nach neu

Wie von selbst stellt sich an diesem Tag das große Wortpaar ein, um das sich am letzten Tag des Jahres alles dreht: »alt« und »neu«. Auf *Alt*jahresabend folgt *Neu*jahr. Doch das, was uns in unserem *Gefühl* anspricht, liegt in der Mitte zwischen den Worten »alt« und »neu«: Es ist die *Schwelle*, die wir in dieser Nacht überschreiten.

Diese Schwelle ist von besonderer Art: Sie markiert nicht einfach den Schluss, schließt nicht eine Wegstrecke ab, die von einem vergangenen Anfang zum Ende führt. Ginge es darum, gäbe es das Fest zwischen Jahresende und Jahresanfang nicht. Denn die Erfahrung, dass alles, was wir anfangen, irgendwann und irgendwie ein Ende haben wird, ist ja nichts anderes als die Grunderfahrung unserer Sterblichkeit. Was heute neu und jung ist, wird irgendwann alt sein. »Willkommen und Abschied« gehören im Leben zusammen – damit sind die Grundfreude und der Grundschmerz unserer Existenz genannt. Und aus beidem heraus sagen wir so gern und hoffnungslos zugleich zum Augenblick des größten Glücks wie Faust: »Verweile doch, du bist so schön.« Auch was wir beim Prediger Salomo (Kap. 3), dem Weisen in Israel, lesen können, steckt da drin: »Alles Ding hat seine Zeit.« Weil das so ist, ist es weise, es sich wohl sein zu lassen und *ganz* zu *leben*, was immer uns das Leben gibt. Nicht nur das Schöne ganz, sondern auch den Jammer, nicht nur die Freude ganz, sondern auch die Trauer über das Verlorene und das Weinen. So, wie es sich bei Goethe spiegelt: »Alles geben die Götter ihren Lieblingen ganz: Alle Freuden, die unendlichen, alle Schmerzen, die unendlichen, ganz.«

Darum: Um *ganz* das zu sein, was es ist, und um ganz von uns erlebt zu werden, braucht alles Leben, hat alles im Leben seine Zeit. »Neu« *und* »jung« haben in unserer Sprache bezeichnenderweise in »alt« einen gemeinsamen Gegensatz, und dieser Gegensatz nennt auch das gemeinsame Ende von »neu« und »jung«. Aber dazu würden wir uns nicht fein anziehen und in der Kirche versammeln, wenn es nur darum ginge, unsere Endlichkeit zu feiern. Nein, seit Jahrtausenden wendet sich der Blick am Jahresende gerade über das Alt-Werden und das Alt-Gewordene hinaus auf das Neue, das mit uns geschieht, geschehen möchte.

Beim Übergang vom alten zum neuen Jahr warten wir auf das Neue mit Freude, aber manchmal auch mit Furcht und Zittern. Mit Freude darüber, dass es ein neues Jahr geben wird, hoffen wir auf eine neue Chance. Aber uns ist auch bange davor, dass das noch unbekannte Neue wieder neue Gefahren in sich bergen wird. Darum werden seit Jahrhunderten schon Böllerschüsse und Knallkörper abgebrannt, um das drohende Gespenst neuer Schrecken zu vertreiben. Entsprechend sollen die Feuerwerke Lichtsignale des Neuen, Hellen sein und mitten in der Nacht die Sinne hoffnungsvoll stimmen, Mut machen. Denn wir brauchen Mut zum Leben. Und genau an dieser Stelle zeigen selbst die säkularsten Silvesterfeiern ihre tief religiöse Seite.

Sie kommt gerade darin zum Ausdruck, dass wir in dieser Nacht eine Schwelle überschreiten, bei der sich Neues und Altes in *umgekehrter* Reihenfolge begegnen. Es geht nicht um den natürlichen Übergang vom Neuen, Jungen zum Alten, sondern um die Begegnung von »alt« und »neu«, Ende und Anfang. Aus der allbekannten, auch wieder von Goethe so schmerzlich-schön beschriebenen Reihenfolge von »Willkommen und Abschied« wird heute Nacht die Begegnung von Abschied und Willkommen. Auf dem Zweiten, dem Gruß an das Neue, und den sich damit verbindenden Hoffnungen liegt der Akzent. Ich glaube, dass diese Umkehrung bei keinem Fest des Kirchenjahres so stark zu spüren ist und so viel Gewicht hat – obwohl Weihnachten mit der Geburt des göttlichen Kindes auch gefeiert wird, dass Neues in die alte Welt gekommen ist. Aber dabei geht der Blick emotional doch eher zurück auf die wieder sichtbar gewordene Verbindung Gottes mit unserem sterblichen Leben (Inkarnation) und nicht so sehr voraus wie in der Silvesternacht.

Das Neue, das wirklich Neue, aber ist Schöpfungstat. Dass nach dem zu Ende gehenden Jahr, in dem das Leben auf der Erde seinen ganzen Zyklus durchlaufen hat, durch die vier Jahreszeiten hindurch, astrophysikalisch, biologisch und emotional ein neues Jahr beginnen kann, ist Schöpfungsgeschenk dessen, der mit dem Leben identisch ist. Aber: Vor dem Neuanfang, der einer Geburt gleicht, steht das Chaos. Darum wurde und wird das Schöpfungsfest überall zu einer Jahreszeit gefeiert, in der die Vegetation etwas vom Chaos erkennen lässt – so, wie bei uns am 31.12., zehn Tage nach der Wintersonnenwende, nach dem kürzesten Tag und der längsten Nacht. Da ist Dunkelheit, und in der Natur blüht keine Blume mehr. Bliebe es so, ginge das Leben schnell zu Ende. Indem in dieser Nacht »zwischen den Jahren« gefeiert wird, stellen wir uns bewusst oder unbewusst dem Chaos im Leben, geben ihm einen eigenen Zeit-Raum. Jedes wirkliche Fest ist ein Moratorium, ein Stillehalten im Zeitfluss und ein anomischer (»ordnungsloser«) Zustand, von dem an neu gezählt wird. Das haben die alten Babylonier schon gewusst, als sie den Jahreswechsel mit einem Fest verbunden haben, an dem mit Festerzählungen und gewaltigen Prozessionen die Schöpfung der Welt als Drama aufgeführt wurde[2]. Und alle, die dieses Fest mit feierten, erlebten die Schöpfung neu.

III. Gefeiert wird die Selbstentfaltung Gottes

Für die Babylonier schloss Schöpfung das Chaos ein, aus dem dann eine Ordnung hervorging, durch die Leben für Menschen, Tiere und Pflanzen möglich wurde. Jener chaotische Urzustand spiegelt sich

---

2. Die Prozessionsstraße aus Babylon ist noch heute im Pergamonmuseum in Berlin zu besichtigen.

aber auch im hebräischen »Tohuwabohu«[3] *(1. Buch Mose 1,2)*, das sprichwörtlich geworden ist für Chaos, für einen Zustand, den die Übersetzer der Schöpfungsgeschichte als »wüst und leer« oder als »wüst und öde« wiedergeben. Wer bei Schöpfung von der »Schöpfung aus dem Nichts« ausgeht *(creatio ex nihilo)*, muss aber sagen, dass das Nichts im eigentlichen Sinn *nicht* Nichts ist. »Nichts« kann nur heißen, dass wir ein »Tohuwabohu« keiner Lebensgestalt zuordnen können, die wir kennen. »Chaos« kommt jenem besonderen »Nichts« also näher. Nach dem Glauben der alten Ägypter wurde das Leben auf der Erde in *jeder* Nacht, wenn die Sonne im Westen »untergegangen« war, durch Chaosmächte bedroht. Um zu verstehen, was damit im kosmischen Rahmen gemeint war, reicht es schon, das Chaos im Privaten zu bedenken, das wir in unseren Träumen erleben, so lange wir zu ihnen noch keinen Schlüssel gefunden haben. Der Gott Amun-Re löste Nacht für Nacht die Aufgabe, die Bedrohung des Lebens durch das Chaos niederzuringen, und begann bei Sonnenaufgang in seiner goldenen Sonnenbarke vom Osten aus seine Fahrt über den sichtbaren Himmel. So bedeutete jeder Morgen ein kleines Fest der Schöpfung und die Erinnerung daran, dass die Welt mit Menschen, Tieren und Pflanzen, mit der Erde und allen anderen Sternen *Gottes* Schöpfung ist. Ja, dort in Ägypten ist der Gedanke geboren worden, dass Gott alles Leben, besser: *alle* Leben, aus sich heraussetzt, um sie selber mit Freude anzuschauen. Im »Kleinen Sonnenhymnus« des Pharao Echnaton[4] heißt es: »Du bist die lebendige Sonne, die unendliche Zeit ist dein Abbild; du hast den Himmel fern gemacht, um an ihm aufzugehen, um alles zu sehen, was du erschaffst, indem du ein Einziger bist, aber Millionen von Leben in dir sind, um sie zu beleben ...«. Auch die (erste) biblische Schöpfungsgeschichte weiß, wenn sie davon redet, dass der Geist Gottes über dem Tohuwabohu und »den Wassern schwebte« *(1. Buch Mose 1,2)*, dass Himmel und Erde, Chaos

---

3. Ich lasse es bei der gewohnten Aussprache der Vokale, obwohl sie nicht korrekt ist.
4. Den »Kleinen Sonnenhymnus« habe ich in meinem Buch »Lebensgaben Gottes feiern« (S. 217) in einem Anhang abgedruckt, in dem ich Texte aus anderen Religionen für christliche Gottesdienste zusammengestellt habe.

und Ordnung und alle Lebensgestalt durch Gottes Geist ihren Zusammenhang haben.

Der Glaube mutet sich eine solche Aussage zu, obwohl die Wissenschaftler (noch) nicht sagen können, was vor dem Urknall gewesen ist, wer oder was ihn sich »ausgedacht« und ihn inszeniert hat. Nicht, dass die Forschungen der Physiker »überholt« werden sollten. Niemals wieder sollten sich Religionen aufschwingen, Glaube und Verstand, Glauben und Wissenschaft derartig kategorial zu trennen, wie das Theologie und Kirche in der Vergangenheit getan haben, indem sie die Perspektive von Glaubensaussagen absolut gesetzt und Erkenntnisfortschritte der Physik als narzisstische Kränkung empfunden und verfolgt haben, wenn sie das biblische Weltbild widerlegten.

Der Glaube kann sich die Aussage, dass die Welt *Gottes* Schöpfung ist, trotz eines immer noch ausstehenden wissenschaftlichen Konsenses in der Frage, was vor dem Urknall war, aus einem anderen Grund zutrauen und auch anderen zumuten. Er tut es aufgrund seiner Gottesvorstellung. Und die besagt, jedenfalls so, wie ich sie in Fortführung alter Schöpfungsüberlieferungen glaube, dass Schöpfung die *Selbstentfaltung* Gottes[5] in den *Gestaltwerdungen* des Lebens ist. In der Schöpfung setzt Gott alle Lebensgestalten aus sich heraus und bleibt zu allen in Verbindung. Er wird mit geboren, wenn das Leben eine neue Gestalt annimmt, und stirbt mit, wenn diese Gestalten aufhören. Alles geschieht in einem großen Lebenszusammenhang, in dem das Leben sich durch das Werden und Vergehen von Lebensgestalten zugleich erhält und verändert und vor dem Vergreisen bewahrt. Das gilt für die Schöpfung am Anfang des Alls, aber es gilt auch für die Schöpfung am Anfang eines jeden individuellen Lebens, das seine – sterbliche – Gestalt annimmt und lebt. Der Geist Gottes ist es, der Gott und seine Geschöpfe miteinander verbindet. Er schafft das Spannungsfeld, in dem Leben möglich ist. In der personalen bzw. interpersonalen Ebene aber ist Geist *Liebe*.

Ist Schöpfung Selbstentfaltung Gottes, gibt es im Grunde kein Vorher vor dieser Schöpfung. Und sie hat kein Ende, solange Gott sich – neue Gestalten schaffend – weiter entfaltet. Alles, was Gestalt

5. So sagt es auch Willigis Jäger.

angenommen hat, bildet zusammen die eine und unteilbare Wirklichkeit des Lebens. Alles Geschaffene ist sterblich. Im Sterben und Geborenwerden wirkt der Geist Gottes als Kraft der Transformation, die von der einen irdischen Gestalt zu einer anderen führt, die wir nicht kennen, und so das Leben lebendig hält. Mit einer Wiedergeburt in dieselbe irdische Gestalt hinein hat das nichts zu tun.

IV. Was bei einem Schöpfungsfest gesagt und getan werden kann

Zu einem Schöpfungsfest gehören heute, wo wir leicht Zugang zu den Schöpfungsgeschichten der Religionen haben können[6], sicher diese Geschichten als Festlegenden. Denn es geht ja ums Ganze der Schöpfung und nicht nur um das, was zum Lebensunterhalt dient – wie beim Erntedankfest. Schöpfungsgeschichten in einem Gottesdienst (oder auch zu Hause) in Auszügen nebeneinander zu lesen, lädt dazu ein, die dort jeweils gewählten unterschiedlichen Perspektiven auf das Leben wahrnehmen zu können. Hinzu kommen hymnische Texte wie der schon genannte Kleine und der Große Sonnenhymnus Echnatons, die im biblischen Psalm 104 aufgenommen worden sind[7], und andere. Liest man die Schöpfungsgeschichte aus 1. Mose 1,1-2,4a, so liefert die unserem Wochenschema folgende Zeit- bzw. Tageseinteilung auch eine wunderbare Blickfolge auf Bereiche des Lebens und die Geschöpfe, die sie bewohnen. Nimmt man entsprechende Passagen aus anderen Erzählungen hinzu, zeigt sich die Vielfalt der Wahrnehmungen und manche Eigenheit der Religionen, auch wenn man kein Religionswissenschaftler ist. Doch schon innerbiblisch kommt mit der zweiten Schöpfungsgeschichte

---

6. Über das Stichwort »Schöpfungsgeschichten« kommt man im Internet zu wichtigen Quellen. Außerdem gibt es Quellensammlungen (wie z. B. »Die Welt der Religionen. Ein Lesebuch« [BsR 470], München 1991), in denen auch Texte zur Weltentstehung enthalten sind und die vermitteln, wie diese Texte im Rahmen der jeweiligen Religionen zu verstehen sind.

7. Auch hierzu weist das Internet den Weg, wenn man in der Suchmaschine »Echnatons Sonnenhymnus« eingibt.

(1. Mose 2.4b-15) eine ganze andere Sicht der Dinge hinzu, insofern diese zweite Erzählung mit dem Menschen beginnt, während die andere auf ihn zuläuft. Und während die erste davon spricht, dass sich der Mensch die Schöpfung »untertan machen« bzw. sie beherrschen solle, erhält er am Ende der zweiten den Auftrag, den Garten Eden »zu bebauen und zu bewahren«.

In allen Schöpfungserzählungen der Religionen werden unterschiedliche Bereiche des Lebens angesprochen. Sie lassen sich als Stationen einer gemeinsamen Betrachtung gestalten. Diese Stationen können durch Einblendungen von Bildern und Videos über die Worte hinaus lebendig werden. Dasselbe gilt für das Grundthema, wonach Chaos und Schöpfung zusammengehören. Ich erinnere mich an einen Fernsehfilm, der das Sterben eines Sternes in einer ungeheuren Explosion zeigte. Durch sie wurden gewaltige Energien freigesetzt, aus denen eine neue Galaxie entstand. Einen solchen Vorgang gemeinsam anzuschauen, ist gewiss besser als eine Predigt zu hören, die jeden Zusammenhang von Chaos und Schöpfung leugnet – und Menschen gerade dadurch mit der Frage allein lässt, warum es im Leben Leiden gibt.

Aber wir können an das Chaos ja auch herankommen, indem wir darstellen und bedenken, was wir Menschen auf dieser Erde in erinnerbaren Zeiträumen angerichtet haben – und Hoffnungen nennen, die darauf antworten. Schließlich können wir in Gebet und Meditation das Chaos als Teil des Lebens auch dadurch ernst nehmen, dass wir bedenken, wie Menschen und andere Geschöpfe in chaotische Erfahrungen hineingezogen worden sind und darauf warten, daraus befreit zu werden *(Römerbrief 8,19-23)*. Solche Erfahrungen sind nicht vernünftig zu erklären, ergeben keinen Sinn, wenn man sie für sich selbst betrachtet. Aber diejenigen, die sie ertragen müssen, warten auf andere, die ihnen helfen, diese Last zu tragen. Darum muss in einem Schöpfungsfest auch von solchen Erfahrungen und von der Hoffnung auf die Überwindung der Leiden die Rede sein[8].

8. In dem schönen Buch von J. Zink / H.-J. Hufeisen, Feier der Schöpfung, behandeln die vier Liturgien die Themen: Freude am Ursprung / Klage und Trauer / Vom sakramentalen Umgang mit der Erde. Feierabend-

Darum ist das Wichtigste, was in einem Schöpfungsfest geschehen kann, ein Ritual, durch das sich diejenigen, die daran teilnehmen, gegenseitig von allem lossprechen, was auf ihrer Seele lastet. Ich meine ein Ritual[9], in dem sich die Versammelten bewusst werden, wie viel sie selbst zum Chaos des Lebens beitragen, indem sie einander Liebe und Achtsamkeit schuldig bleiben. Wüchse die Lieblosigkeit grenzenlos weiter, würde das Leben in der Kälte vereisen. Damit das alte Jahr nicht in Depression endet, sondern mit Hoffnung ins neue übergeht, sollten sich die Menschen in dieser Nacht gegenseitig von allem lossprechen, was sie einander schuldig geblieben sind. Dann, nur dann, kann Neues beginnen, wenn das Alte alt sein und in der Vergangenheit bleiben kann. Das ist der Beitrag, durch den Vergebung an Hoffnung und Neuschöpfung Anteil hat. Dass es diese Möglichkeit für uns gibt, kann dann auch mit allen anderen Menschen aus vollem Herzen gefeiert werden.

mahl / Die neue Schöpfung. Dieses Buch macht denen, die ein Schöpfungsfest feiern wollen, textlich und musikalisch ein großes Angebot.

9. Ein liturgisches Modell dafür habe ich vorgelegt in: Lebensgaben Gottes feiern, S. 162-165.

Epiphanias – Gottes Geistesgegenwart

Unterwegs sein mit Jesus

I. Der Gang in die Wüste als Weg zur Erfahrung der Geisteskindschaft

Unmittelbar nach der Taufe Jesu durch Johannes und nach der Geistbegabung bei der Proklamation zum Sohn folgt bei Markus *(1,12-13)* jener kurze Abschnitt, der als »Versuchung« Jesu durch Satan bezeichnet wird und Matthäus 4 und Lukas 4 um drei Redegänge erweitert vorliegt. Warum der Umweg in die Wüste und warum ein Bericht darüber, der bei Markus ja ohne eine Mitteilung über Gespräche bleibt und mit den dunklen Worten endet, dass Jesus »mit den Tieren« war und dass ihm die Engel dienten? Mir fiel auf, dass das hebräische Wort *mĭdbār* für »Wüste« einen Stamm hat, der an *dābār* »Wort«/»Sache« und an *dĭbbēr* »reden« denken lässt. Sollte es eine gemeinsame Wurzel für beide Stämme geben? Die Wörterbücher bestätigen den Verdacht: Es gibt eine gemeinsame Wurzel *dbr*, und sie bedeutet »treiben«, »führen«, »leiten«. Umgekehrt begegnet im Hohenlied 4,3 auch *mĭdbār* in der Bedeutung »Mund«. Ein Wörterbuch übersetzt das technisch mit »Sprachwerkzeug«. Im Semitischen wird bei der Tätigkeit »reden« im Grunde also an »Worte treiben« gedacht, das durch den Atem, aus dem Mund heraus, geschieht. Solche Vorstellung ist uns gar nicht fremd: Wenn wir sagen, es habe uns in einer bestimmten Situation »die Sprache verschlagen«, dann erinnern wir dazu auch, dass wir den Atem angehalten haben.

Die Wüste als »Sprachwerkzeug«, als »Worte-Treiberin«? Ab Vers 14 ist bei Markus davon die Rede, dass Jesus in Galiläa öffentlich auftritt, »predigt«. Nach dem Gang in die Wüste hat Jesus also seine Worte gefunden. Obwohl in manchen Einzelheiten anders, erzählen bekanntlich auch alttestamentliche Texte von freiwilligen und unfreiwilligen Wüstenaufenthalten, die das Leben von Menschen verändern. Im 1. Buch Mose 21 erfährt Hagar, mit Ismael in die Wüste vertrieben, hier die Nähe des Todes und zugleich die Nähe und rettende Hilfe Gottes. Nach dem Auszug aus Ägypten kommt Israel in der vierzigjährigen Wanderschaft durch die Wüste auf dem Weg in das verheißene Land mehrfach auf Todeswege und erkennt im Nachhinein, dass die Grundlage seiner Existenz aus Gottes Hilfe kommt. Die wunderbare Speisung durch das vom Himmel fallende Brot, das Manna, ist dafür Symbol *(2. Buch Mose 16,14)*. Das Grundbekenntnis Israels knüpft an diesen Weg in und durch die Wüste bis heute an.

Auch die Zahl 40 kehrt sonst noch wieder: Mose fastete vierzig Tage in der Wüste *(2. Buch Mose 34,28; 5. Buch Mose 9,9.18)*, um in dieser Zeit die Tafeln mit den Gesetzen zu beschreiben. Der große Prophet Elia, im Anschluss an die Karmel-Ereignisse lebensmüde in der Wüste liegend, wird nach dem 1. Buch der Könige 19 vom Engel Gottes gestärkt und kann dann vierzig Tage zugleich fasten und wandern. Die Wüste als Ort des Unheils und als Ort des Heils – bis in die Offenbarung des Johannes *(12,6-14; 17,3)* und in die Qumranschriften hinein taucht die Wüste im Rahmen dieses Spannungsbogens auf, auch (teils) metaphorisch verwendet in Heils- und Unheilssprüchen der Propheten[1]. In der Wüste liegen die Berge Horeb und Sinai, die Orte der Gottesbegegnungen, die Orte, an denen Gott nachhaltig von sich reden gemacht hat. In der Wüste gab es nicht nur das Manna, in der Wüste speist Jesus später auch die 5.000 *(Markus 6,30-43)* und die 4.000 *(Markus 8,1-10)*, die ihm unbedenklich bis jenseits aller Sicherungen ihrer Existenz gefolgt waren.

In der Wüste werden Erfahrungen gesammelt, die hinterher reden machen. In der Wüste nämlich ist der Tod ganz nah, und da ist Rettung, was sie ist: Auferstehung, Metamorphose, Anfang nach dem Ende, Anfang aus dem Ende. In der Wüste gibt sich die Doppeldeutigkeit des Lebens zu erkennen: Da wird begreifbar, dass unser Wort »Zugrundegehen« auch einen Lebensprozess meint: zum Grunde kommen, um Grund unter den Füßen zu haben bei der Lebenswanderung. Es geht nicht abstrakt um Leben, wo es ums Leben

---

1. Als Heilsbotschaft z.B. Jesaja 35,1.6; vgl. 41,18; 43,20; Joel 2,11; als Unheilsbotschaft z.B. Jeremia 25,9; Klagelieder 1,13; Ezechiel 5,14; 35,4; Micha 6,16; Zephanja 1,13 u. ö.

geht, sondern um Leben zwischen Geborenwerden, Sterben und Auferstehen. Wüste ist Realität, kein »rein psychisches Phänomen«, sondern Leib und Seele, Innen und Außen umfassende Wirklichkeit. Biblisch ist Wüste eine Todeszone, überall zu finden, wo Unbehaustheit und Beziehungslosigkeit sind oder drohen. Rettung ist genauso real die (wieder-) gefundene Lebensmöglichkeit. Der sogenannte »verlorene Sohn«, der sich selbst erproben wollte und versucht hat, Leben durch Lebensverbrauch zu finden, ist in einer solchen Todeszone, »Wüste«, gewesen. Seine Rettung beginnt, als er sich seines Vaters erinnert, sich aufmacht und somit wieder real in die – vom Vater nie abgebrochene – Lebensbeziehung hineinbegibt. Und der Vater spricht in Jesu Gleichnis *(Lukas 15,11-32)* aus, weshalb Jesus diese Geschichte erzählt hat: Er sagt: »Dieser mein Sohn war tot und ist wieder lebendig geworden.« Da, wo es um Lebensbeziehungen geht, geht es um Tod oder Leben. Tod und Leben haben eine soziale Dimension.

Die Wüste ist die Worte-Treiberin. Und wer treibt in die Wüste? Nach Markus 1,12 f. ist es der Geist. Da heißt es:»Und alsbald (nach der Taufe) treibt ihn der Geist in die Wüste hinaus. Und er wurde in der Wüste vierzig Tage vom Satan versucht; und er war mit den Tieren, und die Engel dienten ihm.« Der Geist *Gottes* treibt Jesus in die Wüste, in die Todeszone. Und wie erscheint da Gott? *Wer* erscheint? Jesus begegnet Satan, dem Widersacher Gottes, »und wurde vierzig Tage vom Satan versucht«. Danach weiß er, wovon er redet, wenn er von Gott redet:»Der Kairos ist erfüllt, die Gottesherrschaft ist angekommen«, sagt er *(1,15)*. Nun geht es um Weichenstellung. »Kehrt um und glaubt an das Evangelium!« Jesus ruft dahin, die Kraft des Geistes zu erfahren, die er selber im Widerstand gegen Satan erfahren hat.

Es ist die klare Absicht des Geistes, den Jesus bei der Taufe bekommen hat, ihn in die Konfrontation mit dem Bösen zu führen. *Ekballein* sagt der griechische Text davon. Er »wirft« Jesus »heraus« aus einem Missverständnis von Wirklichkeit, das der Leser, zumal der moderne, nach der Geisttaufe sogleich gewinnen könnte: als lebte der Geist-Begabte fortan in einer in sich geschlossenen, eindeutigen Welt, die nur Gott kennt und von Widergöttlichem nicht betroffen ist. Solches Missverständnis von Wirklichkeit wird von Markus abgewehrt. Jesus, hier ganz und gar Gott vertretend, steht nicht außerhalb, sondern ganz innerhalb der menschlichen Welt. Und zu ihr gehört das Böse, das Chaos, das wir erleiden müssen, mit hinzu. Darum weicht er Satan, dem »Quertreiber«, nicht aus, sondern muss mit ihm ringen.

Der Satz, den Jesus im Ohr hat, als er vom Geist in die Wüste hinausgetrieben wird, ist die Zusage Gottes »Du bist mein geliebter Sohn, an dir habe ich Wohlgefallen« *(1,11)*. Der Geist führt, ja treibt Jesus über die Grenze positivistischer Wirklichkeitsverständnisse zur »tiefsten Kenntnis der Welt und unserer Menschlichkeit« (Dietrich Bonhoeffer) – nämlich in die Erkenntnis, von der Realität des Bösen betroffen zu sein und leiden zu müssen, auch als Gerechtfertigter, auch als geliebtes Kind Gottes. Und zwar unter der Welt, wie sie ist: voller Gewalt und Ungerechtigkeit und Irrwegen aufgrund unserer Versuchbarkeit. Und die gibt es, muss es geben, wegen der Offenheit menschlichen Lebens. Wären wir voll durchprogrammiert und die Welt determiniert, alles, was uns begegnet, vorab bewertet, eingestuft, auf Gegenmittel hin getestet, und würden wir instinkthaft in jeder Lebenslage »richtig« handeln, wie es den Konstruktionsplänen eines entsprechenden Schöpfers entsprechen würde – wir wären nicht »fein« heraus, sondern *aus dem Menschsein heraus:* Wir wüssten nichts vom Leben, wären funktionierende Roboter.

Viele haben sich gefragt, warum Jesus eine Taufe und diese Versuchung nötig hatte. Die eine Antwort können wir von V. 15 her geben. Dies war die entscheidende *Wende* in seinem Leben, in der der Dreißigjährige die Kraft des Geistes erfahren und sich ihr fortan überantwortet hat. Und es war die Erfahrung des *Kairos*, dass die Gottesherrschaft angebrochen ist. Eine andere Antwort geben *rabbinische* Quellen, die sagen, dass die *Anfechtung* gerade und nur den Gerechten treffe, also gewissermaßen als Würdigung zu verstehen sei. Zum einen halte der Schwache der Versuchung ohnehin nicht stand, und zum anderen sei der Glaube, der die Anfechtung durchgestanden hat, erst der erprobte und der gestärkte Glaube. Jesu Wort, dass seine Jünger ihm nachfolgen und dazu ihr Kreuz auf sich nehmen sollen, beinhaltet die Einsicht, dass wir in die Lebensstrukturen, wie sie sind, durch das eigene Handeln täglich verwickelt sind. Wir verantworten im Kleinen wie im Großen mit, worunter wir zugleich leiden. Wir sind Täter und Opfer des Lebensgeschehens. Da, im Schnittpunkt von Mitverantwortung und Mitleiden, da steht das Kreuz.

Jesus hatte für sich die Versuchung und die Geisttaufe nötig, um seine eigene Verwicklung in die menschlichen Strukturen erkennen und um sich selbst gegen das spezifische Böse wehren zu können, das auf ihn gerade deshalb lauerte, weil er sich vom Geist Gottes getrieben wusste. Wozu wird er die Kraft des Geistes Gottes nutzen? Das ist die Frage. Und davon reden die Versionen der Versuchungsgeschichte ausdrücklich, wie wir sie bei Matthäus und Lukas überliefert haben.

II. Gottes Geist führt Jesus in Versuchung, schlechte Mittel durch einen guten Zweck zu heiligen

Wir müssen uns ganz klar machen: Jesus hat nicht nur scheinbar am Kreuz gelitten, sondern wirklich; und er ist nicht nur scheinbar gestorben, sondern wirklich. Aber ebenso wenig ist er nur scheinbar versucht worden, sondern wirklich. Und er hat die Bitte im Unser-Vater, nicht in Versuchung geführt zu werden, wirklich und ernsthaft gebetet. All diese Überlieferungen zeigen uns, mit welchem Ernst Jesus Mensch gewesen ist. Und natürlich sollen die, die ihm nachfolgen, auch mit Zuversicht leben und beten und sterben können – wie er.

Diese Absicht, Jesu Weg als Wegweisung für diejenigen zu schreiben, die ihm nachfolgen wollen, zeigt sich augenfällig in einem kleinen Unterschied, der die lukanische Fassung von den Fassungen der Versuchung Jesu bei Matthäus *(4,1-11)* und Markus *(1,12-13)* abhebt. Während dort zu lesen ist, am Ende seien Engel erschienen, um Jesus zu dienen, lässt *Lukas diesen Engelsdienst weg.* Lukas wollte seiner Gemeinde keine *falschen* Hoffnungen machen. Christen sollten nicht angeleitet werden zu erwarten, dass ihnen nach jeder überstandenen Versuchung Engel dienen. Deshalb vermeidet er es, Jesus über die Gemeinde emporzuheben. Der stärkende Engel erscheint bei Lukas – und nur bei ihm – erst im Garten Gethsemane, als es um die *letzte* Entscheidung geht: ob er den Weg zur ungerechtfertigten Hinrichtung zu Ende gehen oder fliehen sollte. Als er dort selbst das Unser-Vater betet und sagt: »Vater, wenn du willst, so lass diesen Kelch an mir vorübergehen. Doch nicht, wie ich will, sondern wie du willst, geschehe!« – da stärkt ihn der vom Himmel kommende Engel für den Rest des Weges *(Lukas 22,41-43)*. Seine schlafenden Weggenossen aber ermahnt er: »Steht auf und betet, damit ihr nicht in Versuchung kommt« *(V. 46)*. Denn das Unser-Vater ist der Himmelsschlüssel und führt in den äußersten Entscheidungen unseres Lebens die Engel zu uns.

Allen Evangelien gemeinsam ist, dass die Versuchung Jesu nicht vom Teufel, sondern vom Heiligen Geist selbst inszeniert wird: Er treibt Jesus heraus in die Wüste. Darin hebt sich diese Versuchungsgeschichte deutlich von derjenigen ab, die wir im ersten Kapitel des Hiob-Buches erzählt finden. Denn da ist es Satan, der den Anstoß dazu gibt, Hiob – in einem heute makaber erscheinenden Spiel – auf die Probe zu stellen.

Wenn aber Gottes Geist in die Versuchung führt, dann kann keine zerstörerische, keine böse Absicht damit verbunden sein. In der Tat geht es um etwas anderes. Es geht darum, den Versucher vor der Gemeinde buchstäblich »vorzuführen« und zu entzaubern. Sie soll erkennen, was Versuchung ist, womit »der Versucher« arbeitet und wie ein Christ in der Versuchung standhalten kann. Und dabei geht es natürlich um den Glauben, d. h. um Nachfolge. Das erste, was wir an Jesu Beispiel ablesen können, hängt damit zusammen, dass bei allen Evangelisten die *Taufe* Jesu der Versuchung *vorangeht*. In der Taufe hat der Geist deutlich gemacht, dass er *mit* Jesus ist. Und das ist ein Hinweis auch für uns Christen. Auch wir haben in der Taufe den Geist Gottes bekommen. Auf ihn können wir uns berufen, mit ihm können wir uns wehren, wie Jesus sich gegen die Versuchung gewehrt hat. Wenn Martin Luther versucht worden ist, dann hat er darauf gepocht: »Ich bin getauft.«

Matthäus und Lukas wissen mehr über die Zeit in der Wüste als Markus. Die beiden blenden Versuchungen ein, die mit wichtigen Lebenserfahrungen zu tun haben. Und es sind solche, die uns davor warnen, Gott in Pläne einzuspannen, die *wir* mit der Welt haben. »Die« Versuchung Jesu besteht aus drei Versuchungen. In der ersten soll Jesus dazu verleitet werden, aus Steinen Brot zu machen. Dabei geht es *nicht* um eine Art Zauberkunststück. Damit wäre das Wesen der Versuchung völlig missverstanden. Es geht um das Mittel zu einem guten Zweck: Wo es so viel Hunger in der Welt gibt, da taucht doch irgendwann fast von selbst die versucherische Frage auf, die Jesus jetzt gestellt wird: »Bist du Gottes Sohn, so gebiete diesem Stein, dass er Brot werde!« Mit einem Schlag wären alle Hungerprobleme in der Welt gelöst! Das wäre doch etwas, das zu Jesus passt! Und trotzdem lehnt Jesus ab und sagt: »Nicht allein vom Brot wird der Mensch leben.« Wenn Jesus dieser Verlockung gefolgt wäre, wäre er ganz und gar in die Rubrik der Wundertäter einzuordnen gewesen. Aber damit hätte er seine Botschaft, seinen wahren Dienst an der Menschheit, verstellt. Was Jesus den Menschen entdecken wird, ist *nicht*, wie sie ihre leiblichen Bedürfnisse mit seiner göttlichen Hilfe stillen können. Auf *diese* Bedürfnisse antwortet das Gebot der Nächstenliebe in seinen unterschiedlichen Versionen. Es gehört zu unserer Menschenwürde, dass wir durch Arbeit, Politik und Diakonie dafür sorgen, dass alle zu essen haben. Würden wir an einen Dauertropf gehängt, aus dem himmlisches Manna fließt, wäre unsere Menschenwürde dahin. Leben ist nicht gleichzusetzen mit Essen, Verzehren, In-sich-Einverleiben. Das Leben, dem Jesus den Weg weist, schließt Verantwortung für andere ein, will Geschwisterlichkeit. Darauf weist Jesu Verkündigung in der Verbindung mit seinem beispielhaften Tun. Und so ergänzt er das zurückweisende Wort um eine Position: »Nicht vom Brot allein wird der Mensch leben, sondern von jedem Wort, das aus Gottes Mund hervorgeht.« Da ist schon die Predigt der Kirche im Blick. An ihrer Aufgabe hat sich bis heute nichts geändert.

Auch die zweite Versuchung (bei Matthäus ist das die dritte) will Gutes erreichen, will Gottes Sache voranbringen: Jesus soll Weltherrscher sein. So, wie wir singen »Jesus Christus herrscht als König!« Wieder wäre dieser Gedanke missverstanden, wollte man zuerst etwas Böses in ihm sehen. Jesus als Weltherrscher! Was für ein toller Gedanke! Auch dadurch könnten doch alle Probleme der Welt in *seinem* Sinne gelöst werden! Denn alle »Macht und Herrlichkeit« der Erde, »the power and the glory«, stünden ihm zur Verfügung. »In einem Augenblick« führt der Versucher Jesus dies alles vor Augen.

Lukas weiß als Einziger, der Versucher habe behauptet, ihm allein stünde es zu, diese Macht und Herrlichkeit zu vergeben, an wen *er* will. Wie können wir das verstehen? Wir müssen offenbar den menschlichen Wunsch, »alle Macht und Herrlichkeit« für Jesus haben zu wollen, und des Versuchers Vollmacht, darüber zu verfügen, zusammen sehen. Und in der Tat sind es nur zwei Seiten ein und derselben Medaille: Der Versucher hat nur deshalb diese Macht, weil unser menschlicher Wunsch, Jesus *alle* Reiche dieser Welt untertan zu machen und *alle* Probleme auf Erden durch einen Weltkönig Jesus Christus lösen zu lassen, die eigentliche Versuchung, das eigentliche Problem, darstellt. Denn ganz offenbar wollte Gott sein Reich *nicht* auf diese Weise ausbreiten, dass er alle irdische Macht in Jesu Händen gebündelt hätte, sodass dieser dann die Zehn Gebote samt der Bergpredigt mit Gewalt hätte durchsetzen können. Das ist unser menschliches Lösungsmodell, nicht Gottes. Denn in Gottes Reich soll ja gerade *nicht* wie in allen anderen Reichen auf Erden die Gewalt das ausschlaggebende Instrument sein – sondern die Liebe. Und darum ist dieses auf Gewalt setzende Lösungsmodell – widergöttlich. Es gibt vor, Gottes Sache durchsetzen zu wollen. Aber es benutzt im Zentrum ein widergöttliches Mittel zum Zweck. Und darum ist dieses Lösungsmodell versucherisch, d. h. gegen Gott gerichtet. Und zwar auch deshalb, weil ein Jesus, der das Gute als Weltherrscher erzwingen würde, die Menschen wiederum zu Marionetten machte, sie ihrer Verantwortung enthebt, aus der Menschheit einen wohl dressierten Zirkus machen würde. Dann aber ginge es nicht mehr um den als Gegenüber, als Ich und Du geschaffenen, mit der Fähigkeit zu Liebe und Mitleiden begabten Menschen. Es wäre eine andere Welt.

In der Sprache der Versuchungserzählung erscheint der Gedanke, Gottes Sache mit widergöttlicher Gewalt durchzusetzen, personifiziert in der mythischen Gestalt Satans. Man muss dazu erinnern, dass »Satan« nichts anderes heißt als »Durcheinanderbringer«, »Quertreiber«. In »Satan« bündeln sich gerade diejenigen unserer *guten* Gedanken, mit denen wir Gottes Vorhaben durchkreuzen, weil wir sie mit widergöttlichen Mitteln durchsetzen möchten. »Er« ist das Spiegelbild unserer geheimen Wünsche. Das ist seine ganze Realität und Macht. Und diese Macht endet folgerichtig da, wo wir unsere widergöttlichen Gedanken durchschauen und aufgeben. Denn eine andere, eine eigene Realität, hat er nicht. Der Kniefall, den »Satan« in der Versuchungsgeschichte fordert, gilt also letztlich der Macht, die unsere eigenen versucherischen Gedanken, durch den guten Zweck »geheiligte« Gewalt anzuwenden, über uns haben. Wer »Satan« anbetet, kann mit dieser Gewalt für eine Zeit sogar die Herrschaft erreichen – das wissen wir aus der Geschichte. Aber die Reiche, die dabei gegründet wurden, waren in keinem einzigen Fall »Reich Gottes«.

»Versucherisch« heißt also, Wünsche und Pläne zu verfolgen, die scheinbar den Menschen dienen und tatsächlich das Menschsein verzerren. Überall, wo wir die *Totale* als Dimension ansteuern, sind wir bereits dieser Versuchung erlegen. Das kann in dem Wunsch geschehen, unsere Kinder, unsere Partnerinnen und Partner total beherrschen, nach unserem Bild formen zu wollen. Auf der politischen Ebene kann Vergleichbares in der Dimension der angestrebten Weltherrschaft geschehen. Und es geschieht da, wo Recht durch Macht ersetzt wird. Aber weder »am deutschen« noch am amerikanischen »Wesen wird die Welt genesen«. Was für den politischen Bereich gilt, gilt für den religiösen auch. Und dennoch geschieht es im religiösen Bereich leider schon traurig lange, dass Religionen sich gegenseitig für minderwertig halten, sich die einen vor den anderen als von Gott erwählt verstehen, und so weiter. Doch die Geschichte lehrt, wie sich die Totale als Dimension in allen Lebensbereichen, in denen sie durchgesetzt werden soll, als »teuflisch«, also als lebensfeindlich erweist und alle Geschwisterlichkeit menschlichen Lebens zerstört. Sie hindert uns daran, anderen mit unseren Gaben zu dienen. Dass dieser Wunsch auch *gottesfeindlich* ist, können wir erkennen, wenn wir den Lobspruch am Ende des Unser-Vater ansehen: »Denn dein ist das Reich und die Kraft und die Herrlichkeit« – diese Machtfülle gehört Gott. Wenn wir Gott mit diesem Bekenntnis loben und preisen, ist kein Platz mehr für den Wunsch, Gottes Reich mit Gewalt durchsetzen zu wollen. Denn dann ist die Totale, die Dimension des Ganzen, für alle Zeit an Gott vergeben. Und deshalb antwortet Jesus den versucherischen Gedanken in ihm: »Du sollst den Herrn, deinen Gott, anbeten und ihn allein ehren.« Da liegt der Schlüssel zur Abwehr aller Versuchung auch für uns. »Ein Wörtlein kann ihn fällen« (M. Luther).

III. Du sollst nicht Gottes Teufel spielen!

Die dritte (bei Matthäus: zweite) Versuchung zeigt uns, wie lernfähig die Stimme der Versuchung in unserem Herzen arbeitet. Das Bibelzitat, mit dem Jesus sich bisher gewehrt hat, schickt »der Versucher« seinem versucherischen Vorschlag nun selbst schon voraus. Wie raffiniert! Also: »Da Gott seinem Sohn doch sicher nicht verwehren wird, was er dem Frommen verheißen hat – lass Dich, Du Gottessohn, von seinen Engeln tragen! Ja, gib doch Gott einmal eine Chance, seine Macht in einer öffentlich inszenierten Show zu demonstrieren! Stürze dich von der Zinne des Tempels! Lass dich zur Erde tragen! Das wird Eindruck machen, du wirst einen weltbewegenden Auftritt haben! Das würde Gottes Sache nützen!« Jesus antwortet auf diesen Gedanken knapp: »Du sollst den Herrn, deinen Gott, nicht versuchen.« Das heißt: »Du sollst nicht Gottes Teufel spielen, indem du Gott für deine Zwecke benutzen willst.« Und damit schlägt Jesus den Versucher aus dem Feld. Erst später *(Lukas 22,3)* versucht er es noch ein letztes Mal, Jesus aus der Bahn zu werfen – als er in Judas fährt und Judas Jesus verrät. Auch Judas war sich dann eine Zeit lang sicher, mit dem Verrat etwas Gutes für Gottes Sache zu tun. Aber das ist eben die Tragik einer jeden Versuchung.

Es gibt viele dramatische, tragische geschichtliche Beispiele dafür, dass Menschen Gottes Teufel gespielt haben, weil sie gute Ziele mit widergöttlichen Mitteln erreichen wollten. Aber wir dürfen nicht allein zurückschauen. Auch die Gegenwart hat ihre Versuchungen parat. So stehen wir heute beispielsweise durch all die technischen Möglichkeiten, die wir Menschen entwickelt haben, vor schweren Entscheidungen. Denn eine Versuchung unserer Tage rät uns, menschliche Stammzellen, die aus Embryonen gewonnen werden, in einer Forschung einzusetzen, in der sie, in der also wachsendes menschliches Leben, verbraucht, getötet wird. Wieder geht es um Gutes – »Leben retten« ist die Devise. Doch das Mittel, das dazu eingesetzt wird, ist nicht gut. Und damit sind wir mitten in der Versuchungsgeschichte. Für den *Zweck* kann man sich auf Gott berufen, für das *Mittel* zum Zweck nicht. Wenn das aber so ist, wenn also ein Vorhaben ethisch in sich gespalten ist, wird auch der beste Zweck vom unakzeptablen Mittel überschattet. Und blicken wir genau hin, wird der Wunsch, *alle* Krankheiten heilen zu wollen, wegen der darin angestrebten Totale auch wieder als ein lebensfeindlicher Wunsch erkennbar. Auch seine Realisierung brächte das Leben aus der Balance.

Das Wesen der Versuchung ist also, Gott zu versuchen, Gott in Dienst nehmen zu wollen für eine lebensfeindliche Totale – mythisch gesprochen: Gott gegenüber Teufel zu spielen. Darum hat Lukas die Tempelsturz-Versuchung an den Schluss gestellt. Nun können wir noch einmal fragen: Von wem ist dem Versucher alles übergeben worden, sodass *er* geben kann, wem er will? Antwort: Von denen, die den versucherischen, Gott instrumentalisierenden Gedanken in sich entwickeln! Denn »der Versucher« hält Jesus nichts anderes vor – als unsere tiefsten Wünsche. Der »Versucher« ist kein Anti-Gott, der Gott gleichrangig gegenüberstünde. »Satan«, »Teufel«, »Versucher« – das sind Personifizierungen, die deutlich machen, welche Gewalt solche Wünsche über uns haben können: sie können unser Denken und Handeln bestimmen. Und das gilt nicht nur für uns als Einzelne, sondern auch für ganze Völker. Eine Macht über uns *ist*, *hat* »der Versucher« nur, wenn wir ihm quasigöttlichen Rang einräumen. Und das tun wir auch dann, wenn wir die versucherischen Gedanken in uns auf einen personhaften »Versucher« als Subjekt projizieren. Die Attraktion dieses Gedankens besteht aber darin, dass dann, wenn es einen personifizierten Versucher gäbe, wir jemanden außerhalb von uns verantwortlich, haftbar machen könnten für die Wünsche, die aus uns selber kommen. Dann aber wäre das Böse, weil in seiner wahren Ursache verkannt, nicht mehr zu bekämpfen.

Nein, wir brauchen unsere ins Maßlose gehenden Wünsche, für die wir Gott so gerne in Dienst nehmen wollen, nicht mehr in mythischer Sprache auf einen Teufel zurückzuführen. Um des Lebens, um der Geschwisterlichkeit und der Gottheit Gottes willen können wir sie *in uns* als versucherisch aufdecken – indem wir auf Jesu Versuchungen und seine Abwehr sehen. Auch in ihm sind versucherische Gedanken aufgekommen. Wäre er ihnen gefolgt, hätte er seine Haut wohl noch für ein paar Jahre retten können. Aber er hätte vor »Satan«, der personifizierten Totale unserer Ideen, niederknien, ihn vergotten, ihm Macht über sich einräumen müssen. Dann aber hätte *uns* keiner den Weg zum Leben gewiesen, keiner »den Versucher« enttarnt und entmachtet.

IV. Der Geist Gottes bewahrt davor, von allen guten Geistern verlassen zu sein

Die Frage, warum Jesus in eine Versuchung hineingeführt werden musste, lässt sich also beantworten: Damit er erkannte und wir durch ihn erkennen können, dass Gott von uns Menschen immer wieder in versucherische, lebensfeindliche Pläne hineingezogen werden soll. Er soll durchsetzen, was wir für gut, ideal, gerecht, hilfreich, schön etc. halten. Wir brauchen nur unsere Gebete daraufhin anzuschauen. Jesus hatte insofern an diesen Gedanken selbst Anteil, als er auch gewünscht hat, dass Gott dafür sorgen sollte, ihm das Leiden zu ersparen: »Lass diesen Kelch des Kreuzes an mir vorübergehen.« Die Kraft des Geistes Gottes hat ihm dann aber geholfen, seinen Weg zu Ende zu gehen und nicht zu fliehen.

Die Geschichte von Jesu Versuchung kann uns zuversichtlich sein lassen, obwohl wir wissen, dass wir die letzte Versuchung unseres Lebens noch vor uns haben. Wenn wir selbst durch die Wüste der Versuchungen geführt werden, sollen wir Bilderfolgen wie die aus der Versuchungsgeschichte Markus 1 im Auge behalten. Wenn da am Ende gesagt wird, dass die Engel Gottes dem standhaften Jesus zu Tische aufwarten, dann drückt dieses schöne Bild die Gewissheit aus, dass es sich lohnt, solche Wüstenerfahrungen durchzustehen. Und die andere Hoffnung, die diese Geschichte vermittelt, ist die Aussicht darauf, dass Mensch und Tier und die ganze Natur noch Aussicht auf eine andere Zukunft haben. Das ganz und gar Unwahrscheinliche soll im Auge bleiben für den Gang in die Wüste: eine befriedete Schöpfung *(Römer 8,19ff.; Jesaja 11,1-10).* Daraus wächst die frohe Botschaft, dass wir uns mit geringerer Hoffnung auch nicht zufriedengeben sollen. Denn eine geringere Hoffnung befreite die Schöpfung von den Seufzern der Gegenwart nicht.

Jesus hat nicht nur am Jordan Versuchungen erlebt, sondern auch in Gethsemane und bei der Hinrichtung am Kreuz. Davon spricht die Verlassenheit, die er am Kreuz herausschreit: »Mein Gott, mein Gott, warum hast Du mich verlassen!«. Und weit und breit ist kein Engel zu sehen gewesen, jedenfalls nicht diesseits des Todes. Die byzantinische Theologie hat diese Realität nicht ausgehalten. Der Tod Jesu in seiner ganzen Erbärmlichkeit und Grausamkeit wird dort wegretuschiert. Davon sprechen auch die wunderbaren Mosaiken in den großen Kirchen Ravennas: da gibt es keine Kreuzestod-Darstellungen. Doch es ist wichtig, dass wir den Blick auf die Kreuzigung Jesu aushalten. Denn da ist Gott solidarisch, geschwisterlich mit den unendlich grausamen Toden, die Menschen – und Tiere übrigens auch – in unserer Welt sterben. Doch wir müssen das andere auch und zugleich tun: den Blick auf die Rückseite des Todes lenken, auf der Ostern geworden ist. Der Tod ist das schwarze Loch des Lebens, in das alles unweigerlich hineingezogen wird. Doch auf der Rückseite ist Neuschöpfung, Verwandlung, Überwindung alles Begrenzten, auch unseres begrenzten Denkens. Deshalb müssen wir uns fragen: Wollen *wir* wirklich das Leben, wenn wir alles *vor* dem Tod wollen?

Die Wüstenerfahrung treibt zum Reden, zum Reden von Einsamkeit und neuer Gemeinschaft der Geschöpfe, von Anfechtung und neuer Kraft. Da wächst auch die Sehnsucht nach anderen Menschen, die das Herz fest machen, oder die zum Angstausschütten und zum Anhören der Berichte unserer Wüstenerfahrungen Zeit und Nähe geben. Da wird verbindende Rede zwischen Zweien zur wichtigsten Predigt. Und da sind beide Subjekt, da ist Reden und Hören, da ist frohe Botschaft. Diese Form der Vergewisserung brauchen wir, denn »der Christus im eigenen Herzen ist schwächer als der Christus im Worte des Bruders (und der Schwester)« *(Bonhoeffer)*. In summa: Nicht die Wüste und nicht die Versuchung sollten wir fürchten, sondern dass wir von allen guten Geistern verlassen werden; denn dann erst sind wir dem rettungslos ausgeliefert, was uns von Gott und vom Leben wegtreibt, weil es uns beziehungslos macht.

Martin Luther hat den Weg in die Wüste als Weg zur Erfahrung der Geistesgegenwart Christi so beschrieben[2]: »Denn wer zu Christus kommen will, der findet ihn an keinem Ort, nicht bei den Menschen; sondern man muss dahin kommen, wo die Wüstenei ist, dass du nicht weißt, wo, wie und wann, wohin und durch wen – das ist eine geistliche Wüstenei; dahin führt Christus alle, die ihm glauben. Denn alle, die rechte Christen sein wollen, müssen also leben: allein im Glauben an den Herrn Christus, den sie nicht sehen. Es muss ganz wüste und leer da sein. Wo etwas ist, wo noch (für etwas anderes) Raum ist, da ist Christus nicht, und die nicht in die Wüste kommen, die mögen dem Herrn Christus nicht nachfolgen. Wir wollen für nichts achten und ganz fahren lassen, was wir sehen, und an dem hangen, was wir nicht greifen und nicht sehen. Wo man's so versteht, da ist ein Mensch in der Wüste und steht im Glauben. Alsdann ist Christus da und sieht sich nach ihm um mit freundlichen Augen und sorgt für ihn, hebt die Augen auf und kann uns nicht verlassen ...«.

V. Mit Jesus unterwegs sein – ja, aber ...

An dieser Stelle können wir an den Anfang des Weges Jesu zurückdenken, als er – in der Perspektive des Lukas – von Galiläa im Norden Palästinas nach Jerusalem aufgebrochen ist: »Und als sie wanderten, sagte einer auf dem Weg zu ihm: Ich will dir nachfolgen, wohin du auch gehst. Und Jesus sprach zu ihm: Die Füchse haben ihre Gruben und die Vögel des Himmels haben ihre Nester; der Sohn des Menschen dagegen hat nichts, wo er sein Haupt hinlegen kann.« *(Lukas 9,57 f.)*

In dem großen Kapitel Lukas 9 beginnt Jesu Weg zum Kreuz. Jesus ahnt, wie dieser Weg zum Passafest, nach Jerusalem, für ihn enden wird. Außerdem ist er, wie die meisten seiner Zeitgenossen,

---

2. WA 9, 610; *bei E. Mühlhaupt* (Hg.), D. Martin Luthers Evangelien-Auslegung. Vierter Teil. Das Johannes-Evangelium mit Ausnahme der Passionstexte, bearb. v. *Ed. Ellwein*, Göttingen 1977, S. 228.

davon überzeugt, dass die Welt vor einem Umsturz steht. Viel Zeit *ist*, viel Zeit *hat* er nicht mehr. Und so ordnet er seine Sendung. Er tut es, indem er seine Jünger, die bis hierher mit ihm gezogen sind, bevollmächtigt und beauftragt, in seine Sendung einzutreten und sie fortzusetzen. V. 1: »Er rief aber die Zwölf zusammen und gab ihnen Macht und Gewalt über alle Dämonen und zur Heilung von Krankheiten; und er sandte sie aus, das Reich Gottes zu predigen und zu heilen.« Das heißt: Er stellt sie in das Heilandsamt ein. Sie sollen Heil und Heilung verbreiten, Seele und Leib heilen und so den Anbruch des Gottesreiches in der Welt erkennbar, fassbar werden lassen. Die Menschen, die geglaubt hatten, Gott sei ihnen unendlich fern, sollen erkennen und am eigenen Leibe spüren: Gott, unser Schöpfer, sieht das Elend der Menschen und greift helfend ein!

Aber Leib und Seele zu heilen, den Himmel zu revolutionieren und den liebenden Gott zu bezeugen, das ist keine Arbeit, die man sonntags zwischen zehn und elf Uhr oder nach Feierabend macht. Hier geht es um den Umsturz der gewohnten religiösen Welt. Hier wird die Ordnung von Himmel und Erde geändert: Aus dem Herrscher im Himmel wird der unbedingt liebende Gott. Herunter aus der Himmelsferne steigt er, geht hinein in die Lebensbezüge der Menschen. Da, wo Menschen leiden an Seelen- oder Leibesnöten, will er seinen eigenen Gottes-Dienst an den Menschen tun. Religion wird neu entworfen, und Jesu Jünger und Jüngerinnen sind Teil dieses Entwurfs.

Revolutionäre haben keinen anderen Auftrag als Revolution, schon gar nicht, wenn es um die Botschaft von der bedingungslosen Liebe Gottes geht. Als Jesus die Jünger aussendet, entlastet er sie darum von allem anderen, was sie belasten könnte: *(V. 3-5)* »Und er sprach zu ihnen: Nehmet nichts mit auf den Weg, weder Stab noch Tasche noch Brot noch Geld, noch soll einer zwei Röcke haben.« Ihr werdet im Herzen unsicher, wenn ihr euch absichern wollt. »Und in dem Haus, in das ihr hineingeht, da bleibet (über Nacht) … Und wo immer sie euch nicht aufnehmen, da ziehet aus jener Stadt weiter und schüttelt den Staub von euren Füßen …« Und so ziehen sie los.

Aber Jünger und Jüngerinnen sind Menschen. ›Ja, ja‹ sagten sie sich: ›So hat er gesagt. *Aber ...!*‹ Und dann, mit den kleinen und großen Aber kamen die Fragen.

Aber? ›Nichts zu essen sollen wir mitnehmen?‹ Die Antwort gibt die Erzählung von der wunderbaren Speisung der 5.000, die Lukas kurz nach der Aussendung der Jünger berichtet *(9,10-17)*. Ihr werdet unterwegs genug zu essen bekommen. Ihr, die ihr hungert und dürstet nach der Gerechtigkeit, werdet satt werden! *(vgl. Matthäus 5,6)*.

Aber: ›Wer bist Du eigentlich, dass Du uns zu Heilanden bevollmächtigen kannst?‹ Da spricht Petrus das Christusbekenntnis *(V. 20):* »Du bist der Gesalbte Gottes.« Und in der Geschichte von der Verklärung Jesu, die auch im 9. Kapitel steht *(V. 28-36)*, können sie die Stimme Gottes hören, die wie bei der Taufe Jesu sagt: »Dies ist mein geliebter Sohn, auf ihn hört!« Also: Gott mit Dir, Gott mit uns!

Aber: ›Wohin geht die Reise mit Dir?‹ Nun kommt das Bekenntnis Jesu zu seinem Weg: »Er sprach: Der Sohn des Menschen muss viel leiden ... und getötet werden.« Schon nachösterlich klingt der Zusatz: »Und am dritten Tag wird er auferstehen.« *(V. 22)*. Nun ist es heraus. Wenn sie Jesus jetzt noch weiter folgen, wissen sie, dass es kein Triumphzug wird. Sie werden am Ende allein sein, allein tun müssen, wozu er sie beauftragt hat. Er aber wird für sie alle den Tod durchbrechen. Sie werden sterben wie alle, aber der Tod wird für sie eine Rückseite haben, Tor zum Leben sein. Und das heißt auch: »Wer sein Leben selbst retten will, der wird es verlieren.« *(V. 24)*.

Aber: Die Jünger haben sich den Weg mit Jesus anders vorgestellt. Gar nichts von der Größe, die sie gesucht haben, werden sie mit ihm finden! Als sie sich untereinander streiten, wer der Größte sei, stellt er ein Kind in ihre Mitte und sagt: »Wer der Kleinste ist unter euch allen, der ist groß.« *(V. 46-48)*. Auch das wird er ihnen vormachen – wenn er sich ohne jeden Glorienschein aufs Kreuz nageln lassen wird, wenn er sich darauf festnageln lassen wird, dass Gott uns ohne Wenn und Aber liebt und durch den Tod hindurch in ein neues Leben verwandeln wird. Welch ein Ziel! *Aber* – welch ein ernüchternder Weg!

VI. Geisteskindschaft verbindet Menschen

Geisteskindschaft hat auch mit Spiritualität zu tun. Und in diesem Fremdwort gibt das lateinische *spiritus, »Geist«,* den Ton an. Deshalb können wir den Begriff *Spiritualität* so übersetzen: Es geht um *ein vom Geist bestimmtes und bewegtes Leben.* Was das heißt, sagt in aller Radikalität der johanneische Jesus im Gespräch mit Nikodemus *(Johannes 3,1ff.).* Der hatte Jesus als Lehrmeister für den Weg ins Reich Gottes befragen wollen. Ihm sagt Jesus: »Wahrlich, wahrlich, ich sage dir: Wenn jemand nicht von oben her geboren wird, kann er das Reich Gottes nicht sehen. … Wundere dich nicht, dass ich dir sagte: Ihr müsst von oben her geboren werden. Der Geist (gr. *pneuma;* Luther-Bibel und Zürcher Bibel übersetzen ›Wind‹) weht, wohin er will, und du hörst sein Wehen. Aber du weißt nicht, woher er kommt und wohin er geht. So ist jeder, der aus dem Geist (gr. *pneuma*) geboren ist.« *(Johannes 3,3-8)*

Bei Spiritualität geht es also um *Geisteskindschaft.* Und die lässt sich in den Kategorien der antiken Religionen nicht festmachen. Jesu Rede greift zurück auf seine Taufe, von der Johannes bezeugt: »Ich habe den Geist wie eine Taube aus dem Himmel herabschweben sehen, und er blieb auf ihm« *(Johannes 1,22).* Aber Jesu Antwort an Nikodemus ist in gewisser Weise auch eine Parallele zu der Erzählung, wonach Maria ihr Kind Jesus aus heiligem Geist (»von oben«) empfangen habe: dass *er, der Heilige Geist,* also in ihr den Jesus gezeugt habe *(Lukas 1,35).* Die Geschichte von der jungfräulichen Empfängnis ist dazu da, um im Rahmen einer verkündigenden Erzählung zu sagen, *dass* Jesus ein Kind des Geistes, und *wes* Geistes Kind Jesus ist: Aus *Gottes* Geist, der von oben her weht, ist er gezeugt worden. Dieser Geist ist es, der Jesus – und durch ihn auch uns – zu Gott »Abba, lieber Vater im Himmel« *(Römerbrief 8,15, vgl. Matthäus 6,9)* sagen lässt, der Jesus – und durch ihn auch uns – zu Kindern (»Söhnen«) Gottes macht *(Römerbrief 8,14-17).* Wo die Begriffe »Vater« und »Kinder« gewählt werden, geht es um die Intensität und Unmittelbarkeit der Beziehung zwischen Gott und uns. Da muss kein Pfarrer, keine Kirche vermitteln, nachdem der Geist Gottes einmal diese Beziehung hergestellt hat. Also ist die Geisteskindschaft keine, die die Menschenkindschaft verdrängte, sodass wir den eigenen Vater verleugnen müssten, wie es die Kirche lange genug mit Jesu Vater, Josef, getan hat. Der Rest der Rede von Gott, dem Vater, ist Metapher, stammt aus der menschlichen Erfahrung und darf *nicht* biologistisch auf Gott übertragen werden.

Darum geht es: »Denn alle, die vom Geist Gottes getrieben werden, die sind Söhne (und Töchter) Gottes« *(Römerbrief 8,14)*. Man erkennt sie an der Kraft der Liebe, die von ihnen ausgeht. Sie sind, sagt Jesus in den Seligpreisungen der Bergpredigt, »Friedensmacher«, Friedensstifter *(Matthäus 5,9)*. Wie hochrangig dieser Dienst an und in der Welt in Jesu Augen ist, kommt heraus, wenn wir ernst nehmen, dass er die Friedensstifter »Söhne (und Töchter) Gottes« nennt. Um diese Aussage machen zu können, setzt Jesus den Hoheitstitel »Sohn Gottes« in den Plural. Ursprünglich war er nur für einen einzigen Menschen mit göttlichem Rang verwendet worden: für den ägyptischen Pharao und später auch den jüdischen Messias. Nun aber überträgt Jesus ihn auf alle, die ihm nachfolgen. Deshalb sind sie nicht nur Gottessöhne und Gottestöchter, sondern auch »Messiasse«, »Christusse« und Erben des Reiches Gottes. Dieser ungeheure Vorgang bedeutet auch die Infragestellung der Hierarchisierung, wie sie sich bald nach Jesu Tod in der Kirche als neuer Heilsinstitution ausgebreitet hat. Denn wer tut, was dem Reich Gottes gemäß ist, der und die *sind* »Heilsbringer«. Eines Mittlers zwischen Gott und seinen Messiassen, Christussen, bedarf es nicht. Kirchen und Theologien haben dem Glauben zu dienen, nicht, ihn zu beherrschen. Kirchen brauchen gewiss Bürokratie, um ihre Verwaltungsdinge zu regeln. Aber sie dürfen nicht zur Heilsbürokratie entarten.

Noch einmal: Spiritualität als Geisteskindschaft heißt: *vom Geist bewegt zu leben.* Im Kontext unseres Glaubens meint das: vom Geist *Gottes* bewegt zu leben, sich von ihm auf Wegen bewegen zu lassen, wie sie Jesus gegangen ist. Darum müssen wir darauf achten, dass sich die Bewegung, die mit der Geisteskindschaft verbunden ist, nicht verselbstständigt. Es muss deutlich bleiben, dass sie aus der Beziehung zu Jesus, zum Geist Gottes, lebt. Diese Beziehung ist die Kraft der Liebe. »Gott ist Geist« *(Johannes 4,24)* ist deshalb eine Parallelaussage zu »Gott ist Liebe« *(1. Johannesbrief 4,8 u. 16)*. Liebe ist die personale Form von Geist, und zwar in einer besonderen Weise.

Wenn wir unseren heutigen, auf der Individualität beruhenden Personbegriff einmal kurz daneben stellen, dann ist die Bewegung, die von Gottes Geist auf uns ausgeht und wieder zu Gott zurückführt, die *transpersonale* Verbindung zwischen Gott und uns, aber auch zwischen uns Menschen. Das kann dann sogar ein Außenstehender sehen: »Daran wird jedermann erkennen, dass ihr meine Jünger seid, wenn ihr Liebe untereinander habt.« *(Johannes 13,35).*

VII. Auch Gott gibt sich als liebebedürftig zu erkennen

Aber Gott kann uns in diesem Leben noch ganz anders begegnen. In jenem Gleichnis, das wir das »Gleichnis vom Weltgericht« nennen *(Matthäus 25,31-45[3])*, hat Jesus nicht nur sich, sondern Gott in einer unglaublichen Direktheit mit denen identifiziert, die auf die Hilfe anderer Menschen angewiesen sind: »Was ihr getan habt einem dieser meiner geringsten Brüder, das habt ihr *mir* getan«, sagt der König *(V. 40, vgl. V. 45)*. Wenn man sich nun allerdings Predigten über dieses Gleichnis ansieht, wird dieser Identifikation die Spitze oft wieder abgebrochen. Denn in vielen Predigten wird die Unbedingtheit dieses ungeheuren Satzes wieder aufgehoben, indem sinngemäß gepredigt wird: »Was ihr einem meiner geringsten Brüder getan habt, das ist so, *als ob* ihr es mir getan hättet.« Weil sie sich wohl doch nicht vorstellen können, dass Gott sich wirklich, und wirklich ernst und rückhaltlos, mit denen identifiziert, die hilfsbedürftig sind, fügen viele Predigerinnen und Prediger das »als ob« ein. Denn Gott kann doch nicht bedürftig sein! Mit dem eingeschalteten »als ob« wird dieses Vorurteil bestätigt, wird das alte, *vor* Jesus gültige theologische Denken sanktioniert – obwohl das Gegenteil dasteht. Ich kann zwar verstehen, dass so gepredigt wird und dass das alte theologische Klischee gerettet werden soll. Denn: Gott – der Liebe bedürftig!? Gott – des Menschen bedürftig, der sich ihm zuwendet!?

---

3. Das Höllenszenario in V. 46 stellt eine spätere Zugabe dar und verwischt die zentrale Aussage des Gleichnisses wieder.

Ist es nicht doch besser, ein »als ob« davorzusetzen? Kirchlich besser vielleicht. Aber auf Jesus kann sich nur das ganz und gar radikalisierte Gottesbild der unbedingten Liebe berufen.

Reden wir nun allerdings von dieser *einen* Liebe zu Gott und Menschen, so sind wir dabei immer in der Gefahr, die anderen Geschöpfe Gottes aus den Augen zu verlieren. Das liegt an unserem Person-Begriff und verleitet uns dazu, zu übersehen, dass Gott am fünften Schöpfungstag *vor* uns Menschen *(Tiere)* gesegnet hat *(1. Buch Mose 1,22)*. Hier tut neues Nachdenken not. Es wird darauf ankommen, dass wir unser auf den Menschen verengtes Verständnis von *Seele* ändern, es ausweiten. Denn davon zu reden, dass Leben beseelt ist, heißt doch wohl zu sagen, dass Gott zu diesem Leben eine unaufgebbare Beziehung hat. Es wird zwar unser Selbstgefühl kränken, wenn wir andere in den Kreis derer aufnehmen müssen, zu denen Gott eine solche Beziehung hat. Aber gerade das könnte ja auch die Probe aufs Exempel sein: Ob wir daran genug haben, *dass* Gott uns liebt – oder ob wir diese Liebe nur wollen, wenn gilt, dass er *nur uns* liebt. Als kindlicher Gedanke ist der Wunsch ja verständlich, dass wir gerne *allein* auf Gottes Schoß sitzen wollen. Aber es entspricht nicht dem Wesen der Liebe Gottes, wenn wir sie anderen wegnehmen oder verweigern. Worum es geht, hat *Cordelia Heymann* in der angefügten Collage treffend dargestellt.

Was für die anderen Geschöpfe außer uns gilt, gilt auch für die *anderen Religionen*. Auch hier wollen wir bisher mit allen Mitteln daran festhalten, dass Gott zu uns und den Juden eine Sonderbeziehung hat. Und deshalb sind wir nicht in der Lage, ernsthaft etwas Theologisches dazu zu sagen, ob bzw. dass Gott es mit den anderen Religionen und den zu ihnen gehörenden Menschen von Anfang an genauso ernst gemeint hat wie mit den biblisch bezeugten Religionen und den zu ihnen gehörenden Menschen. Wir reden in unseren Predigten immer sehr schnell und gern von der »Welt«. Was aber die Schöpfungsrealität der *einen* Welt und die Pluriformität ihrer Kulturen und Religionen angeht, so sind wir noch lange, lange nicht in der Welt, wie Gott sie geschaffen hat, angekommen. Daran hindert uns die narzisstische Freude an Erwählungsideen, die uns auch die Bibel auf vielfältige Weise vermittelt. Wir haben also noch viele Abschiede vor uns, wenn wir ohne Wenn und Aber mit Jesus in der

Geisteskindschaft unterwegs sein wollen –, ›der keinen Ort hatte, wo er sein Haupt hinlegen konnte‹ *(Matthäus 8,20)*.

Cordelia Heymann: Collage, 2008, © bei Cordelia Heymann – Die Darstellung von Maria und dem Jesuskind stammt von Giovanni Battista Salvi, genannt »Il Sassoferrato« (1609-1685), National Gallery London

Palmsonntag

Jesus, der traurige Held zwischen
»Hosianna!« und »Kreuzige ihn!«

I. Die Karwoche beschreibt Jesu Einzug in unsere Sterblichkeit

Mit der Erzählung vom Einzug Jesu in Jerusalem am Palmsonntag[1] beginnt bei uns die Karwoche. Jesus kommt in Jerusalem an, geht dort seine letzten Wege und wird auf grausame Weise hingerichtet. Der Palmsonntag leitet eine Woche ein, in der es um Ereignisse geht, die eigentlich nur auszuhalten sind, weil diese Woche zugleich auf Ostern zuführt und wir alles im Licht von Ostern, im Licht des Lebens, anhören und bedenken können.

Die Geschichte vom Einzug Jesu in Jerusalem ist aber im Kalender des Kirchenjahres seit alters noch an einer anderen Stelle als Evangeliumslesung vorgesehen: am 1. Advent. Bedenken wir, dass Advent die Zeit ist, in der wir uns auf das Fest der Geburt Jesu, auf seine »Ankunft« im Leben, vorbereiten, und dass Jesus am Palmsonntag in seiner letzten Lebensstation angekommen ist, dann spannt sich zwischen beiden Orten der große Bogen: Vom Advent, von der Ankunft Jesu in unserem menschlichen Leben, bis zum Palmsonntag, der Ankunft Jesu in der Sterblichkeit. Der eine Advent, die eine Ankunft, legt dabei die andere aus. Das Leben Jesu umfasst wie unser aller Leben den großen Bogen zwischen Geborenwerden und Sterbenmüssen. Es hätte wenig Sinn gehabt, von der Ankunft Jesu in unserem Leben zu reden, wenn er nicht auch unsere Sterblichkeit geteilt hätte. Nur, weil er sterblich gewesen ist wie wir, ist er wirklich Mensch geworden. Karfreitag ist deshalb die letzte Station der Inkarnation, der »Fleischwerdung«.

---

1. Die Versionen finden sich Markus 11,1-11; Matthäus 21,1-11; Lukas 19,28-38 und Johannes 12,12-19.

II. Jesus setzt sich und Gott der Uneindeutigkeit aus

Der Einzug Jesu in Jerusalem wurde zu einem öffentlichen Ereignis. Jesus zog die Menschen an, und zwar sowohl die wirklichen und vermeintlichen Anhänger, die er in der Stadt schon hatte, als auch die Neugierigen – und diejenigen, die ihn beobachteten, weil sie ihn für gefährlich hielten. Mit seinem öffentlichen Auftritt setzte er sich dem Urteil der Menschen und Institutionen aus, gab er sich preis. Da war die Gruppe derer, die ihn begleiteten und ihm Jubelrufe, aber auch ihre ganzen Erwartungen zuschrien. »Hosianna!« riefen sie, auf Deutsch: »Hilf doch!« Die meisten werden dabei an all die Leiden und Missstände in ihrem Leben gedacht haben, für deren Überwindung ihnen die Hilfe Gottes nötig erschien. Denn den einen waren alte Prophezeiungen eingefallen, die die Ankunft des Messias ankündigten, und den anderen Prophetensprüche, die die Rettung von Krankheit, Armut und anderen Leiden verhießen. Eine eindeutige Erwartung ist es gewiss nicht gewesen, die Jesus empfangen hat, auch wenn die beiden Zitate im Abschnitt Matthäus 21,1-10 auf den Einzug des *Königs* hindeuten wollen, der als Nachfahre Davids kommen sollte: »Siehe, dein König kommt zu dir, sanftmütig und reitend auf einer Eselin ...« *(aus Sacharja 9,9)*, und: »Hosianna dem Sohne Davids! Gepriesen sei, der da kommt im Namen des Herrn!« *(aus Psalm 118)*. Aber dieser Zusammenhang ist schon theologische Auslegung, ist schon die Folge der literarischen Gestaltung der Evangelisten. Das alles heißt: Mit seinem Einzug in die Stadt hat sich Jesus nicht nur den Erwartungen und Urteilen der Menschen ausgesetzt, sondern auch der *Uneindeutigkeit*. Von ihm selbst ist in der Erzählung jedenfalls nicht zu hören, warum er kam.

Zu all dem müssen wir heute noch eine andere Ebene des Geschehens hinzufügen: die religionsgeschichtliche. Und auf der zeigt sich: *Religionsgeschichtlich* steht diese Woche, wie sie Jesu Zeugen aus unterschiedlichen Perspektiven schildern, für den Anfang und das vorläufige Ende einer religiösen Revolution.

III. Der traurige Held der Liebe Gottes will dem Leben dienen

Sehen wir auf das Volk, dem Jesus in der Karwoche in Jerusalem begegnete, so begann die Woche mit dem erwartungsgeladenen »Hosianna!« und endete am Karfreitag mit dem Vernichtungsruf »Kreuzige ihn!« *(Markus 15,13)* – und der Totenstille am Karsamstag. »Wer ist dieser?« hatten die Leute gefragt, als Jesus nach Jerusalem ging, und man nun endlich *den* zu Gesicht bekam, von dem so viele – teils wunderbare und teils ärgerliche – Geschichten erzählt wurden. Anzusehen war ihm auf dem Esel nicht, wer er war. Höchstens, dass er kein großer Herr war, sondern eher ein trauriger Held. Da er viel redete und Zeichen tat, meinten die meisten, er sei ein Prophet.

Herumgesprochen hatte sich, dass er anders vom Reich Gottes redete als gewohnt. Er wollte nicht in Gottes Namen ein *politisches* Reich aufbauen, wollte weg von der Hoffnung, die auf die Gewalt von Waffen setzte, und hin zu einem Frieden, der durch Gerechtigkeit und Liebe zu Gott und Menschen entsteht. Und was den Kult angeht, so verwarf er die blutigen Opfer, die überall in der Mittelmeerwelt zur Sühne für Sünden oder zum Dank für Hilfe geopfert wurden. »An Liebe habe ich Wohlgefallen und nicht an Schlachtopfern, an Gotteserkenntnis mehr als an Brandopfern«, hatte Gott Israel schon durch den Propheten Hosea ausrichten lassen *(6,6)*. Nichts Drittes sollte mehr stellvertretend zwischen Gott und den Menschen stehen. Von da an ging es um die unmittelbare Beziehung zwischen Gott und Menschen, die im Herzen ansetzt und sich im Handeln und in der Gotteserkenntnis zeigt *(vgl. Jeremia 31,31-34)*. Für diese Wende kämpfte Jesus mit allen Fasern seiner Existenz.

Programmatisch dafür sind die Seligpreisungen, sein Wertekanon, sein Tugendkatalog *(Matthäus 5,3-10)*:
Selig sind, die nicht am Geld hängen. Sie werden reich sein.
…
Selig sind die Sanftmütigen. Sie werden im Land den Ton angeben.
Selig sind, die nach Gerechtigkeit hungern. Sie sollen satt werden.
Selig sind die Barmherzigen. Sie werden Barmherzigkeit erfahren.
Selig sind die Herzlichen. Sie werden Gott schauen.
Selig sind, die Frieden stiften. Sie werden Söhne und Töchter Gottes
 heißen.

Die Seligpreisungen sagen: Religion, ja, Gottes Gebote, dienen dem Leben. Gott weiß, dass das Leben schwer ist, und dass der Preis der Freiheit, die er uns lässt, die lebenslange Mühe ist, gut und böse unterscheiden und die eigenen Entscheidungen vor Gott und den Mitgeschöpfen verantworten zu müssen. Gott ist kein Tyrann, sondern Gott ist Liebe, und zwar unbedingte Liebe. Das heißt, seine Liebe ist nicht von unserem Gehorsam abhängig. Jesus zeigte mit seinem Leben: Nicht Drohung, nicht Strafe, sondern Liebe ist auch Gottes einzige Pädagogik, mit der er uns zu liebevollem Handeln einladen, bitten, reizen, überwinden, ja, verführen will (vgl. das Gleichnis von der Liebe Gottes, *Lukas 15,11-32*). Was Jesus in den Seligpreisungen selig gepriesen hat, sind alles Verhaltensweisen, die dem Leben dienen und den Menschen helfen sollen, das schwere Leben zu bestehen. Die Devise, die hierfür gilt, hatte er selbst vorgelebt und so formuliert: »Des Menschen Sohn ist nicht gekommen, dass er sich dienen lasse, sondern dass er diene.« *(Markus 10,45)*.

IV. Jesu Revolution gipfelt in der Vollmacht für die Menschen, einander zu vergeben – nicht im Putsch

Jesus hat seine Sendung als Auftrag verstanden, Gottes unbedingte Liebe in der Bereitschaft zu leben, den Menschen zu dienen. Das bedeutete ein neues Verständnis von Religion und letztlich auch ein neues Gottes- und Menschenverständnis. Darum intervenierte Jesus überall da, wo er Vorstellungen antraf, nach denen die Menschen dem religiösen oder kultischen Gesetz oder theologischen Lehrmeinungen zu dienen hätten, wo vor allem das Gesetz zum Selbstzweck gemacht worden war. Er schritt – wie die sogenannte »Tempelreinigung« *(Markus 11,15-19)* zeigt – auch handgreiflich ein, wenn er sah, wie aus Glauben und Kult ein Geschäft gemacht worden war und aus dem Tempel eine »Räuberhöhle«. Mit all dem hat Jesus die religiösen Autoritäten herausgefordert und ihr Verständnis von Gott und Religion angegriffen. Verbündet hat er sich mit denen, die unter der Last gelitten haben, die ihnen vor allem der unbedingte Gesetzesgehorsam auferlegt hatte, also mit den »Mühseligen und Beladenen« *(Matthäus 11,28-30)*.

Jesus wusste, dass wir alle Gott und Menschen, aber auch unseren anderen Mitgeschöpfen vieles schuldig bleiben, so sehr wir uns auch mühen, nach Gottes Weisungen zu leben. Deshalb steht in der Mitte des Unser-Vater die Vergebungsbitte parallel zur Bereitschaft, selbst zu vergeben. Und nach Johannes gibt der Auferstandene den Jüngern nur *einen* Auftrag: Sünden zu vergeben, Menschen loszusprechen aus der Vergangenheit der Schuld, sie freizulassen *(20,23a)*. Jesus spricht denen, die sich von Gottes Liebe anstecken lassen, die Würde zu, Sohn und Tochter Gottes zu heißen, und gibt ihnen die göttliche Vollmacht, Sünden zu vergeben. Ganz ohne Priester und Blutvergießen, nur mit der Kraft des Geistes und der Liebe Gottes. Wenn aber trotzdem von Priestern geredet werden soll, dann sind wir *alle* Priesterinnen und Priester der Liebe Gottes. Darin steckt eine Anthropologie, die uns Menschen alles Gute zutraut, und uns nicht als von Grund auf böse versteht. Jesus wollte *mit* den Menschen, wie sie waren und sind, das Reich Gottes leben und durch sie für andere erfahrbar werden lassen – inmitten des Alltags der Welt *(Johannes 13,34-35)*.

Das ist die Revolution, die Jesus mit sich nach Jerusalem brachte. Doch viele, die ihm zugejubelt hatten, erwarteten etwas anderes von ihm: Heldentaten zur Befreiung der Juden von der römischen Besatzungsmacht. Aber nach allem, was wir wissen, wollte Jesus kein nationaler Befreiungsheld sein. Er ließ sich auch vom Jubel nicht dazu verleiten, das Heil in der Gewalttat zu suchen und die Liebe Gottes, von der er lebte, durch den Pakt mit Gewalt wieder entstellt werden zu lassen. Keines der uns wichtigen Güter wollte er um den Preis erreichen, dass mit Blutvergießen und Gewalt, mit Gott Widerwärtigem also, dafür bezahlt werden müsste. Weder Freiheit noch Ansehen noch Macht und Anhängerschaft wollte er so gewinnen *(Matthäus 4,1-11)*.

V. Karfreitag erhält Jesus die Antwort »nach Väter Art«

Doch da Jesus die Erwartungen der meisten nicht erfüllte, war die Begeisterung für den traurigen Helden bald verflogen. Der Zweifel trat auf: Sollte dieser wirklich mit Gott im Bunde sein? Warum denn tat Gott nichts für ihn? Gott ließ es ja zu, dass er gedemütigt und gefangen genommen wurde! Verspottet als tragikomischer Held mit einer Dornenkrone! Selbst die, die zu seinen Freunden gehörten, verloren den Boden unter ihren Füßen. Ihre Welt brach zusammen, Petrus verleugnete ihn drei Mal – aus Angst, bald auch verfolgt zu werden.

Und die Zuschauer forderten Jesus heraus, wenigstens angesichts des Todes seine Macht zu entfalten. Aber nichts geschah. Als dann dem Volk angeboten wurde, entweder den »Bar-Abbas«, übersetzt: den »Sohn des Vaters«, oder Jesus, in dem manche den neuen »König der Juden« oder den »Gottessohn« sahen, frei zu bekommen, da entschied sich die Mehrheit für den »Sohn des Vaters«. Denn Bar-Abbas war es, der nach Väterart, also als gewaltbereiter Freiheitskämpfer, die Römer zu vertreiben suchte. Das war das alte, auf Gewalt setzende Konzept, und dem traute man mehr zu als der Sanftmut Jesu. Der Aufstand wurde geprobt, und die Antwort der römischen Besatzer blieb nicht aus: 70 nach Christus ließ Titus den Tempel in Jerusalem niederreißen, und zwei weitere Generationen später wurde nach dem Bar-Kochba-Aufstand die ganze Stadt Jerusalem dem Erdboden gleichgemacht (132-135). Nach Väterart auch dies.

Verwandtes geschieht zurzeit[2] in Tibet, wo Mönche sich von der Lehre des Dalai Lama, der auf Gewaltlosigkeit setzt, losgesagt und einen Aufstand inszeniert haben. Sie haben die Geduld verloren, finden, die Gewaltlosigkeit helfe ihnen nicht zur Freiheit. Nun müsse doch die Gewalt her. Und die chinesischen Besatzer schlagen mit Härte zurück.

Und Gott sieht – jedenfalls mit unseren Augen betrachtet – zu, heute wie damals. Der gepeinigte Jesus am Kreuz schrie zu Gott: »Warum hast du mich verlassen?!« Und starb. Und starb wie alle

---

2. Der Text wurde im März 2008 geschrieben.

Menschen, die in ihrer Todesnot vergeblich nach Gottes Hilfe gerufen haben und rufen.

Und doch ist Karfreitag etwas höchst Wichtiges herausgekommen: Sein Tod ist nur das *vorläufige* Ende der religiösen Revolution Jesu gewesen. In Wahrheit ist er an diesem Tag den Weg Gottes in die Welt der sterblichen Menschen konsequent zu Ende gegangen – bis in den Tod hinein, den wir alle vor uns haben. Nur so konnte er uns Sterblichen helfen. Seine Botschaft von der unbedingten Liebe Gottes zu den Menschen hat er durchgehalten, nicht verraten. Und auch das ist herausgekommen: dass Gott in Wahrheit mit ihm gelitten hat. Aber das ist erst herausgekommen, als Gott Jesus auferweckt, also in ein neues Leben bei sich hineinverwandelt hat. Dieses Handeln Gottes hat sich auf der Rückseite und im Schatten des Sterbens vollzogen – und wird sich auch in unserem Sterben für menschliche Blicke unsichtbar vollziehen. Wie bei Jesus, wird auch nach unserem Tod eine Leiche zu sehen sein. Die Verwandlung sehen wir nicht.

VI. Doch der Tod behält nicht das letzte Wort

Dann kam Ostern. Und im Blick zurück, den die erste Christenheit auf das Leben Jesu richtete, quälte die Christen immer noch die am eigenen Selbstbewusstsein nagende Zweifelsfrage, wieso Jesus einen Verbrechertod gestorben war. Nichts hat vor allem rechtgläubige Juden und die auf das Recht achtenden Römer so beschäftigt wie diese Frage. Sie hat auch Paulus und andere offenbar so sehr bestimmt, dass sie sich nicht mit Jesu Leben, sondern fast ausschließlich mit seinem Tod und seiner Auferstehung beschäftigt haben. Sie wurden umgetrieben von der Frage, welchen *positiven* Sinn der Tod Jesu haben könnte. Das war für ihre Missionsarbeit die entscheidende Frage.

Und sie fanden die Antwort auf ihre Weise »nach Väter Art«: In ihren heiligen Schriften, die wir heute das Alte Testament nennen, fanden sie den Schlüssel zu einer Heilsbedeutung des Todes Jesu. In den Briefen des Paulus und in anderen neutestamentlichen Schriften können wir deshalb bis heute lesen: Jesus sei an unserer Statt gestorben, habe die Todesstrafe auf sich genommen, die wir für unseren Ungehorsam Gott gegenüber eigentlich erleiden müssten. Er habe mit seinem Blut bezahlt, damit Gott und Welt versöhnt werden konnten. Und das Abendmahl, das Jesus mit den Seinen nach *jüdischer* Praxis noch ohne Opfermahlcharakter gehalten hatte und das mehrfach schlicht als »Brotbrechen« bezeichnet wird *(z. B. Apostelgeschichte 2,42.46)*, wurde nun wieder nach Art eines Bundes- oder Sühnopfers verstanden. Und es wurde als Opfermahl gefeiert – zwar als unblutiges Opfermahl, aber eben doch nach derselben Logik, insofern aus einer blutigen Gewalttat eine Heilstat geworden war. Und das passte zu der kultischen Praxis, nach der überall in der hellenistischen Welt Opfermahlfeiern gehalten wurden, bei denen man Tiere – stellvertretend für Menschen – tötete, ihr Fleisch aß und oft auch Wein trank.

Doch damit rückte die von Jesus gerade zurückgewiesene Verbindung von Gott und Gewalt wieder ins Zentrum des Gottesdienstes und Gottesbildes ein. Gottes vergebende Liebe, die Jesus ohne jede Bedingung den Menschen geschenkt und verkündet hatte, wurde wieder an eine Bedingung gebunden: an Jesu Leiden und an die stellvertretende Heilkraft seines Blutes. Nun wurde der alten Lehre wieder Recht gegeben, dass es Sündenvergebung doch nicht ohne Blutvergießen geben könne *(Hebräerbrief 9,22)!* Als hätte nicht schon der *lebende* Jesus die Jünger mit der Vollmacht, Sünden zu vergeben, ausgestattet, völlig unabhängig von jedem Kult!

VII. Mehr Jesus, bitte, in der Theologie!

Nach 2.000 Jahren Christentumsgeschichte und dem Pakt auch der Kirchen mit heiliger Gewalt ist es Zeit, dass wir uns auf die Verkündigung Jesu zurückbesinnen – und erkennen, wie weit wir uns in vielem von ihm entfernt haben. Auch die Kirchen sind immer wieder, statt den Weg der Söhne und Töchter Gottes zu gehen, den Rezepten nach Väterart gefolgt. Bis in die Mitte des vergangenen Jahrhunderts hinein haben die deutschen Kirchen die von Deutschland ausgegangenen Kriege mit ihren Gebeten begleitet, haben Gott für sich in den Krieg geschickt, als wären nicht auch die Kriegsgegner Gottes Kinder gewesen, als hätten nicht auch sie zu demselben Gott gebetet. Die Kirchen haben als Institutionen nichts getan für die Ächtung des Krieges, sie haben keinen Streit mit den Staatsführungen riskiert. Und sie haben in Deutschland keine öffentlichen Proteste gegen die Zug um Zug voranschreitende Diskriminierung und Vernichtung der Juden organisiert. Aber auch zur Verständigung der Religionen untereinander, ohne die es keinen wirklichen Frieden auf der Erde geben wird, haben sie nichts Wesentliches beigetragen – von der Förderung des christlich-jüdischen Gesprächs abgesehen.

Den Grund dafür, dass es so hat kommen können, sehe ich darin, dass die Kirchen Jesus längst als ihr wirkliches Gegenüber verloren hatten. Sein Leben und seine Botschaft hatten keine die Kirchen herausfordernde Kraft mehr, denn sie waren durch die Fixierung von Dogma und Liturgie auf seinen Sühne wirkenden Tod am Kreuz und auf die Auferstehung längst in den Hintergrund geraten, entschärft worden. »Was nennt ihr mich Herr, Herr!, und tut nicht, was ich sage?« *(Lukas 6,46; vgl. Matthäus 7,21)* – diese Frage Jesu haben die Kirchen nicht mehr an sich gerichtet verstanden, sondern an andere. Ohne Jesu radikale Botschaft von der unbedingten Liebe Gottes, ohne seine Abkehr vom Gehorsamsglauben und ohne seine Hinkehr zu einem Glauben, in dem die vertrauensvolle Beziehung zu Gott das Entscheidende ist, sind alle Kirchen im Grunde herrenlos – nämlich ihren Herrn los. Aber ohne ihn können sie keinen Widerstand leisten gegen andere Herren, die sie in Dienst nehmen wollen für angeblich große Ziele – wie nicht nur die Kriegsgeschichte des 20. Jahrhunderts, sondern leider auch schon wieder die des 21. Jahrhunderts sehr beredt zeigt.

Darum gibt es angesichts des Gekreuzigten nur eins: umzukehren zu Jesus, dem »Anfänger und Vollender unseres Glaubens« *(Hebräerbrief 12,2)*, die Würde und Bürde der Gotteskindschaft mit Mut und Entschlossenheit zu ergreifen, die Schönheit der Gottesliebe in uns aufzunehmen, die Jesus stark gemacht hat, selbst der Todesdrohung standzuhalten. Sie wird auch uns helfen, leben zu können und nicht nur zu müssen.

Gründonnerstag

Was hat Jesus mit unserer Abendmahlsliturgie zu tun?

I. Warum die Frage überhaupt eine Frage ist

Auf den ersten Blick hat Jesus sehr viel mit unserer Liturgie und speziell mit der des Abendmahls bzw. der Eucharistie zu tun. Denn

- das Unser-Vater, das als Gebet Jesu überliefert ist, ist in den Liturgien aller Kirchen enthalten;
- in allen Liturgien werden regelmäßig Texte aus den Evangelien verlesen, die von ihm erzählen;
- das Kirchenjahr ist eine Folge von Sonn- und Feiertagen, die sich um Weihnachten und Ostern gruppieren, also um die Feste der Geburt und Auferstehung Jesu[1];
- in so gut wie jedem Gottesdienst wird Jesus Christus von der gottesdienstlichen Gemeinde sprechend oder singend als Gegenüber, als »Herr«, oder mit ähnlichen Anreden, angesprochen oder angebetet;
- vor allem: im Zentrum der Mahlfeier oder Eucharistie, die fast alle christlichen Kirchen kennen, werden die sogenannten »Mahlberichte« mit den »Einsetzungsworten« verlesen, wobei sich die Fassungen dieser Worte in den Liturgien der Kirchen zum Teil erheblich unterscheiden.

Mit der zuletzt genannten liturgischen Praxis bin ich beim Kern meiner Fragestellung angelangt. Denn bei *dieser* Frage geht es darum, ob sich die christlichen Mahlliturgien auf Jesus berufen können, und das heißt genauer, ob die Gestalt unserer Gottesdienste theologisch in der Verkündigung Jesu einen Rückhalt hat oder nicht. Indem ich *diese* Frage stelle, gehe ich davon aus, dass es eine innere Übereinstimmung zwischen der Verkündigung Jesu und dem geben muss, was die Liturgien der Kirchen von Jesus Christus aussagen.

---

1. Epiphanias gehört in den Weihnachtfestkreis, Pfingsten und Trinitatis bzw. Dreifaltigkeit sind an den Osterfestkreis angehängt worden.

Schließlich beginnt der Gottesdienst mit der für jedermann deutlichen Aussage, dass der Gottesdienst im Namen Gottes, des Vaters, des Sohnes und des Heiligen Geistes geschehe. Diese Formel beruft sich für das, was dann geschieht, ja ausdrücklich auch auf Jesus, der nach dem Dogma zugleich »Sohn Gottes« und Gott ist. Schwerwiegende Differenzen zwischen Jesu Verkündigung und der Liturgie können wir also nicht einfach auf sich beruhen lassen.

Dabei will ich natürlich nicht so tun, als hätte Jesus eine christliche Kirche als Institution gegründet und ihre Liturgie festgelegt. Kirche ist eine Erscheinung, der wir erst *nach* Ostern, also in apostolischer Zeit, begegnen. Ihre kultischen Versammlungen haben sich an Formen angelehnt, die schon *vor* Jesus, im jüdischen wie im nicht-jüdischen hellenistischen Bereich dagewesen sind. Und so, wie wir vier Evangelien nebeneinander im Neuen Testament haben, hat es nebeneinander auch sehr unterschiedliche Formen frühchristlicher Gottesdienste gegeben. Je nachdem, aus welcher vorchristlichen religiösen Heimat die Christen kamen, haben sie die ihnen vertrauten Liturgien oder Teile davon in den christlichen Gottesdienst eingebracht. Das galt für Judenchristen genauso wie für Christen aus dem griechischen, syrischen, ägyptischen oder römischen Bereich. Der neue christliche Glaube wurde auch in kultischer Hinsicht ein Schmelztiegel, in dem sich Althergebrachtes und originär Christliches miteinander verbunden haben. Theologie, die auf dogmatisch überprüfbarer Rechtgläubigkeit beharrt, verabscheut zwar gerne den sogenannten *Synkretismus*, also das Zusammenfließen von religiösen Vorstellungen unterschiedlicher Herkunft. Aber sie weiß dabei nicht, was sie tut. Denn trotz allen Eifers ist wahr, dass am Anfang des Christentums als einer sich verselbständigenden Religion allüberall der Synkretismus Pate gestanden hat. Keine Religion hat bei null angefangen, die christliche so wenig wie die jüdische oder römische. Sie alle haben, als sie ihren neuen Gotteserfahrungen gefolgt sind, Vorgängerreligionen aufgenommen und umgeformt. Das einzige, mit der Entstehung der christlichen Religion verbundene wirkliche Problem ist, ob und wie weit dabei das, was sich wirklich auf Jesus Christus berufen kann, noch erkennbar geblieben oder von dem Althergebrachten wieder verdeckt worden ist.

Dass ich diese Frage stelle, hat mit Erfahrungen zu tun, die wir beim Studium der Religions- und Liturgiegeschichte vielfältig machen können. Sie besagen nämlich, dass religiöse Revolutionen in der zweiten Generation, also dann, wenn die Anhänger bzw. Nachfolger der Revolutionäre die Leitung übernehmen, mit den alten Strukturen und Lehren wieder verschmelzen bzw. »versöhnt« werden. Dass dabei oft der eigentliche Impuls der neuen Religion verdeckt, ja, gelegentlich sogar ins Gegenteil verkehrt werden kann, hat sich schon bei der Revolution des Pharao Echnaton im 14. Jahrhundert vor Christi Geburt in Ägypten gezeigt: Seine auf einen Monotheismus hinauslaufende Revolution ist nach seinem Tod in vielem wieder in das polytheistische System zurückgewendet worden.

II. Zentrale Teile der Liturgie, die sich direkt oder indirekt auf Jesus berufen können

Wenden wir die genannte Frage nun auf die uns geläufigen Liturgien an, dann ist unter Theologen weitestgehend unstrittig, dass die Kirchen sich mit dem Gebrauch des *Unser-Vater* auf Jesus berufen können. Nun haben wir allerdings bei Matthäus *(6)* und Lukas *(11)* zwei – voneinander abweichende – Versionen dieses Gebetes in den Evangelien vorliegen. In der lukanischen Fassung fehlen gegenüber der matthäischen vor allem die Bitte, dass Gottes Wille auf Erden wie im Himmel geschehe, und am Ende die Bitte um Erlösung von dem Bösen. Da wir also nicht genau wissen können, wie Jesus das Unser-Vater gebetet hat, gilt die Berufung auf Jesus streng genommen nicht für die textliche Gestalt des Gebetes, die Katholiken und Protestanten in der ökumenischen Fassung heute verwenden. Aber dass es Kernpunkte der Verkündigung Jesu enthält, lässt sich als Aussage auch einer historisch-kritisch überprüften Theologie vertreten.

Ähnlich ist es mit den Jesus-Überlieferungen, die in den sonn- und festtäglichen *Evangeliumslesungen* vorgetragen werden. Weil wir aus Jesu eigener Hand keinerlei schriftliche Überlieferungen haben, kommen wir ihm nirgends so nahe wie in den Evangelien, die von ihm reden. Aber da die Evangelien Zeugnisse der Jünger Jesu *von* Jesus, dem geglaubten Christus, Menschen- oder Gottessohn, sind und vielfache theologische Überarbeitungen hinter sich haben, sind alle Evangelientexte bereits auch Zeugnisse frühchristlicher Theologie. Das heißt: In dem Wortlaut der überlieferten Jesus-Worte *spiegelt* sich zwar Jesu Verkündigung. Aber eine im modernen Sinn historische Dokumentation seiner Reden finden wir in den Evangelien nicht. Dagegen spricht schon die Tatsache, dass sich die im Neuen Testament nebeneinander enthaltenen *vier* Evangelien in einer Unmenge von Einzelheiten im Blick auf das Berichtete unterscheiden. In den Unterschieden drücken sie aus, dass die Gemeinden und ihre Theologen, die Evangelisten, unterschiedliche Vorstellungen vor allem davon gehabt haben, wer Jesus im Verhältnis zu Gott war.

Da die Evangelientexte als wichtigste *frühchristliche Zeugnisse von Jesus* den einzigen Zugang zu dem in ihnen bezeugten Jesus und seinem Leben eröffnen, sind Lesungen aus den Evangelien ein wichtiger Bestandteil christlicher Liturgien. Ihr Charakter als indirekte Jesus-Überlieferung macht es aber nötig, dass sie unter Einbeziehung des historischen Wissens denen, die an Gottesdiensten teilnehmen, ausgelegt werden. In der neutestamentlichen Briefliteratur finden wir solche Zugänge zu Jesu Leben und Verkündigung nicht. Die Apostel reden *über* Jesus, vor allem über seinen Tod und seine Auferstehung und deren Bedeutung für den Glauben, bringen aber keine Berichte aus seinem Leben.

Indem die Evangelien frühe Zeugnisse von Menschen überliefern, die an Jesus geglaubt haben, erweisen sie uns einen unersetzlichen Dienst. Denn neben dem Glaubens-Zeugnis *von* Jesus, das sie selbst geben, laden sie *uns* dazu ein, unser eigenes, *heutiges* Zeugnis von Jesus zu formulieren und neben das Zeugnis der Evangelien zu stellen. Nur so lässt sich glaubwürdig sagen, was der Glaube an den auferstandenen Jesus beinhaltet – nämlich, dass er sich damals wie heute als lebendig erweist, indem er das Gottesbild der Menschen prägt und ihrem Leben Sinn und Zuversicht gibt. Ich gehe jedenfalls nicht davon aus, dass sich ein christlicher Gottesdienst darin erschöpfen darf, allein *antike* Zeugnisse von Jesusgläubigen »auszustellen« und zu erinnern. Gottesdienste sind keine musealen Handlungen. Vielmehr müssen die überlieferten Zeugnisse mit heutigen Zeugnissen von der Gegenwart Jesu verbunden werden. Die Reformatoren haben immer wieder betont, dass nur das heute selbst bezeugte Wort Gottes wirklich Gottes Wort ist.

Die Darstellung des Abendmahls in dem »Plötzenseer Totentanz« von *Alfred Hrdlicka* sagt in einer Weise, die mich mitnimmt, aus, worum es geht:

Alfred Hrdlicka (* 1928): Emmaus, Schlussbild des Zyklusses »Plötzenseer Totentanz« (1970-1972). Hinrichtungsstätte in Berlin-Plötzensee

Hrdlicka identifiziert Christus mit den rund 3.000 in Plötzensee ermordeten Gegnern des Nazi-Regimes. In der Emmaus-Szene *(Lukas 24,28-31)* hat der auferstandene Jesus einen kahl geschorenen Schädel wie seine Mitgefangenen. Er ist einer von ihnen geworden. Das von ihm ausgehende Licht fällt selbst noch auf den Häftling, der gerade am linken Bildrand abgeführt wird. Jesus bricht den Männern in dieser Todeszone das Brot des Lebens. Der Auferstandene setzt damit fort, was er zu Lebzeiten auch getan hat: Er teilt mit den Leidenden, den »Mühseligen und Beladenen« *(Matthäus 11,28)*, das Leben, wie es geworden ist.

III. Die »Einsetzung« des Mahlsakramentes schaut schon auf Jesu Tod zurück und ist ein frühkirchlicher Text

Gehören also das Unser-Vater und die Evangeliumslesungen zu dem, wofür sich die Liturgien – wenn auch mit den erwähnten Einschränkungen – auf Jesus berufen können, so stehen die Dinge im Blick auf die Überlieferungen, die sich mit der *Eucharistie-* bzw. *Abendmahlsfeier* verbinden, ganz anders. Auch dabei handelt es sich zwar um Texte, die als Jesus-Worte überliefert sind und bei Paulus im 1. Korintherbrief *(11,23-25)* sowie in den drei Evangelien von Markus *(14,22-25)*, Matthäus *(26,26-29)* und Lukas *(22,14-20)* zitiert werden. Aber sie unterscheiden sich von den Überlieferungen außerhalb der Passionsgeschichte schon ganz deutlich dadurch, dass in ihnen der gewaltsame Tod Jesu und seine Bedeutung für den Glauben bereits theologisch reflektiert werden. Mehr noch. Die genannten Überlieferungen wollen die Vorstellung vermitteln, dass in jener letzten Mahlfeier Jesu mit seinen Jüngern am jüdischen Passafest von Jesus selbst ein Sakrament – also ein auf ständige Wiederholung angelegter Ritus – gestiftet worden sei. Durch die Teilnahme daran soll, ganz nach Art eines antiken Opferfestmahls, den Teilnehmenden die »Frucht« des Opfers als Speise sakramental vermittelt werden. Das jüdische Festmahl, wie Jesus es mit seinen Jüngern nach Art eines jüdischen Hausvaters vermutlich immer gefeiert hat, gibt dafür nur noch den Rahmen ab, weil es kein Opferfestmahl war. Johannes hat jene »Einsetzung« des Abendmahls als sakramentale Feier aus theologischen Gründen nicht in sein Evangelium aufgenommen und durch die Fußwaschung ersetzt *(Johannes 13)*.

In dem sogenannten »Mahlbericht« redet Jesus über die theologische und kirchliche Bedeutung seines Todes, als sei er schon tot bzw. als sei er sein eigener christlicher Theologe. Und in den sogenannten »Einsetzungsworten« des Abendmahls stiftet er eine Mahlfeier für die frühe Kirche, die seinen Tod teils als Bundesopfer, teils als sühnewirkenden Märtyrertod gedeutet hat. Und dies, obwohl in seinen letzten Tagen in Jerusalem niemand – weder der historische Jesus selbst noch seine Jünger – an eine Kirche gedacht haben. Im Garten Gethsemane, lesen wir bei Lukas, ist Jesus von Angst gepeinigt und von einem Engel gestärkt worden; und er hat seinen Vater gebeten, den Kelch des Leidens an ihm vorübergehen zu lassen *(Lukas 22,39-46)*. Ja, wie die Stimmung im Jüngerkreis selbst *nach* Jesu erzählter Auferstehung gewesen ist, berichtet Markus sehr drastisch, wenn er am Ende seines Evangeliums schreibt: »Und sie gingen hinaus und flohen von der Gruft, denn Zittern und Furcht hatte sie ergriffen.« *(Markus 16,8a)*.

Dafür, dass die Abendmahlsszene erst deutlich nach Jesu Tod gestaltet worden und bereits das Produkt christlicher Theologie ist, spricht auch, dass die erwähnten Einsetzungsworte bereits in der *Vergangenheitsform* gehalten sind: Wörtlich heißt es bei Lukas: »Das ist mein Leib, der für euch gegeben wurde« bzw. »Dieser Kelch ist der neue Bund durch mein Blut, das vergossen wurde für euch.« *(Lukas 22,19-20)*. Davon allerdings bekommen Christen heute in der Liturgie nichts mehr mit, weil die Kirchen aus der Vergangenheitsform im Deutschen eine grammatische Form gemacht haben, die sowohl von einem zukünftigen als auch von einem gegenwärtig ablaufenden Ereignis sprechen kann. So wird beim Brotwort gesagt: »Das ist mein Leib, der für euch gegeben *wird*«, und beim Kelchwort: »Dieser Kelch ist der neue Bund in meinem Blut, das für euch vergossen *wird* zur Vergebung der Sünden.« Innerhalb der Szene des letzten Mahles Jesu mit seinen Jüngern kann das als eine auf den Tod vorausweisende Rede verstanden werden. Beim Zitieren der Worte im Gottesdienst heute aber können die Gläubigen auch meinen, Jesus rede – als Auferstandener – von einem Ereignis, das sich im Kirchenraum bei der sakramentalen Mahlfeier in Erinnerung an das Kreuzigungsgeschehen im jeweiligen *Jetzt* vollziehe. Beide Assoziationen sind wenig sinnvoll, zumal sie sich gegenseitig ausschließen. Im Blick auf den letzten Abend Jesu sind sie auch nicht glaubwürdig.

IV. Insbesondere die Rede vom »Blut des Bundes« passt nicht zur Verkündigung Jesu

Dafür, dass die von den Kirchen benutzten »Einsetzungsworte« nicht auf Jesus zurückgeführt werden können, spricht auch die Tatsache, dass das Wort »Bund« außerhalb der Abendmahlsszene bei Jesus nirgends vorkommt. Dieser theologische Begriff stammt, wie das Wort vom vergossenen Blut zeigt, aus der Feier des Bundesschlusses zwischen Gott Jahwe und Israel im Rahmen der Sinai-Überlieferung im 2. Buch Mose 24,3-8. Als oberster Priester nahm Mose dabei das Blut von geopferten Tieren, goss es zur Hälfte in ein Becken und zur anderen Hälfte auf den Altar. Nach dem Verlesen des Bundesbuches, in dem auch die Zehn Gebote standen, besprengte er mit dem Blut aus der Schüssel das Volk und sagte: »Seht, das ist das Blut des Bundes, den der Herr ... mit euch geschlossen hat.« Die Ähnlichkeit dieser Geste und der sie begleitenden Worte mit dem Blut- bzw. Kelchwort, wie es Lukas und Paulus überliefern, kann kein Zufall sein[2]. Denn bei Lukas lesen wir aus Jesu Mund: »Dieser Kelch ist der neue Bund durch mein Blut, das für euch vergossen wurde« *(22,20)*.

Der Anspruch dahinter ist klar: Das Opfer, das die Christen feiern, übertrifft das durch Mose vollzogene, denn es stiftet den verheißenen *neuen Bund (Jeremia 31,31-34)*. Diejenigen in der frühen Kirche, die hinter diesem Anspruch standen, wollten als neues

---

2.   Manche, die die Sühne- und Opfervorstellungen Israels christlich fortführen wollen, betonen, es sei damals nicht ums Töten, sondern ums Blut gegangen. Das ist wohl wahr. Aber, dass man das kultisch benutzte, magisch wirkende Blut nicht ohne das Töten von (unschuldigen) Mitgeschöpfen und also nicht ohne neues Unrecht haben konnte, wird übersehen. Außerdem besteht das eigentliche Problem heute darin, dass sich keine auf Stellvertretung setzende Sühnetheologie mit der Gottesverkündigung Jesu vereinbaren lässt.

Bundesvolk aber auch das »wahre Israel« sein und deshalb Anteil behalten an jenem ersten Bund, den Mose vermittelt hatte. Für diesen Bund war das Blut der Opfertiere sichtbares und unverzichtbares Medium. So übertrugen die Anhänger der Bundestheologie den Bundes- bzw. Bundesopfergedanken auf den gewaltsamen Tod Jesu, den sie damit *positiv* – als Heilsgeschehen – deuten konnten. Dabei ist allerdings völlig übersehen worden, dass der von Jeremia verheißene »neue Bund« gar nichts mehr mit einem blutigen Opfer zu tun hatte; er sollte ganz allein dadurch zustande kommen, dass Gott den Menschen sein Gesetz »in ihr Inneres legen und ins Herz schreiben« werde *(31,33)* – und durch eine Vergebung der Sünden, die nicht mehr an Opferhandlungen gebunden ist, sondern frei gewährt wird *(31,34)!*

Wie wenig diese Opfertoddeutung mit dem tatsächlichen Ereignis seines Todes übereinstimmt, zeigt sich außerdem daran, dass die Rede vom »vergossenen« Blut zwar zum Opfer des Mose passte, nicht aber zu Jesu Sterben: Er ist als Gekreuzigter nicht verblutet, sondern (wahrscheinlich) an einem Kreislaufschock gestorben.

Bei Matthäus, einem (vermutlich) konvertierten jüdischen Schriftgelehrten, wird noch ein zweiter Gedanke mit dem Blut-Opfer verbunden: Weil *Sündenvergebung* – so lesen wir auch noch im Hebräerbrief *(9,22)* – für jüdische Tempeltheologie nicht ohne das Blutvergießen beim Sühnopfer denkbar war, fügt Matthäus in seiner Version der Einsetzungsworte an das Kelchwort das Stichwort Sündenvergebung an: »Denn dies ist mein Blut des Bundes, das für viele vergossen wurde *zur Vergebung der Sünden.*« *(Matthäus 26,28).*

Nun hatte allerdings das jüdische Bundesopfer keine unmittelbar sühnewirkende Funktion. Wahrscheinlich hat Matthäus bereits einen Gedanken integriert, der aus der Märtyrerverehrung der Freiheitskämpfe unter den Makkabäern stammt. Man glaubte nämlich, dass diejenigen, die wegen ihres unbeugsamen Toragehorsams getötet worden waren, durch ihr Blut eine sühnewirkende und »reinigende« Kraft auf das jüdische Volk ausüben konnten. Nachdem der jüdische Tempelkult in Jerusalem 70 n. Chr. beendet worden war, konnten die Judenchristen mit der Deutung und Erinnerung des Todes Jesu als Opfer bzw. als Sühne bewirkendes Martyrium vorweisen, was den Juden genommen worden war: ein *Sühneritual.*

Entfaltet hat den theologischen Gedanken schon vor 70 n. Chr. vor allem Paulus *(z. B. im Römerbrief 5,8-9):* Jesus Christus sei für uns gestorben, als wir noch Sünder waren. »Umso viel mehr werden wir nun, da wir gerechtgesprochen worden sind durch sein Blut, durch ihn vor dem Zorn Gottes gerettet werden.« Und im selben Brief heißt es schon vorher: »Ihn (Jesus Christus) hat Gott hingestellt als ein Sühnopfer durch den Glauben in seinem Blut, zur Erweisung seiner Gerechtigkeit, weil die vorher geschehenen Sünden unter der Langmut Gottes ungestraft geblieben waren« *(3,25).* Es ist falsch, für die Sühnetheologie immer nur *Anselm von Canterbury* und seine Satisfaktionslehre verantwortlich zu machen, wie es häufig von kirchlicher Seite aus geschieht, um Paulus nicht kritisieren zu müssen. Anselms Theologie wäre ohne Paulus und den Hebräerbrief gar nicht denkbar gewesen.

Auch Paulus hat den Glauben an die Sühne wirkende Kraft des Märtyrerblutes mit Jesu Tod verknüpft. Das zeigt sich im Philipperbrief 2,5-11. Da bezeichnet Paulus den absoluten Gehorsam Jesu »bis zum Tode, ja, zum Tode am Kreuz« als Ursache dafür, dass Gott ihn zum Kyrios erhöht hat. Aber auch in dem von Paulus und Lukas benutzten Mahl»bericht« spielt er eine zentrale Rolle.

V. Woran zu erkennen ist, dass sich die Mahlpraxis der Kirchen nicht auf Jesus berufen kann

Paulus und die drei ersten Evangelien haben, jeder auf seine Weise, mit ihrer bundes- und opfertheologischen Deutung des Todes Jesu aber nicht nur an jüdische Theologie und Opferpraxis, sondern auch an die in der damaligen hellenistischen Welt alltäglichen Opferfeiern bei Ägyptern, Griechen und Römern angeknüpft. Das war eine Missions- und Predigtpraxis, die wir von heute aus gut verstehen können. Denn Predigt muss, um verstanden werden zu können, bei den Hörerinnen und Hörern an Bekanntes und für sie Bedeutendes anknüpfen. Das Problem ist, dass diese neue Opfermahlfeier nicht mehr abgedeckt war durch eine entsprechende Praxis und Verkündigung Jesu. Denn:

- Jesus hat ja schon vor seinem Tod die *Sündenvergebung* völlig vom Tempelkult abgekoppelt und in die Vollmacht der Gläubigen gegeben. Das Unser-Vater belegt diese Revolution: Christen vergeben einander, weil Gott ihnen vergibt. Und das heißt: Die Bitte um Gottes Vergebung setzt die Bereitschaft der Christen voraus, auch einander zu vergeben. Vergeben ist die neue Würde derer, die durch Sündenvergebung Frieden stiften *(Matthäus 5,9)*. Das aber heißt für uns: Wegen der Parallelität von göttlicher und menschlicher Vergebung bei Jesus muss in unsere Liturgien eine wechselseitige Vergebung derer eingefügt werden, die am Gottesdienst teilnehmen. Vergebung darf nicht länger an das Priester- oder Pfarramt gebunden werden. Von einer solchen Amts- und Kultbindung der Vergebung kann bei Jesus keine Rede sein. Die jetzige Praxis bindet die Christen in eine Unmündigkeit zurück, aus der Jesus seine Jüngerschar längst befreit hatte.

- Basis des neuen Gottesverhältnisses ist bei Jesus der Glaube an die *Unbedingtheit* der Liebe Gottes, die keine Vorleistungen, geschweige denn Opfer von Tieren oder gar Menschen, braucht. Sie kommt ganz aus sich selbst *(vgl. Lukas 15,11-32)*. Die immer wieder als »Beweise« für einen Opfertod Jesu herangezogenen Stellen Johannes 1,29 und 3,16 meinen etwas ganz anderes. Beide reden von der Inkarnation *(Johannes 1,1-18)*, von dem Hineinkommen Jesu in unsere irdische Existenz. *Da* hinein hat ihn Gott »gegeben«, und in dieser irdischen Existenz hat er »die Sünde der Welt«, das heißt: die Ablehnung der Menschen *(1,10-11), ertragen*, aushalten müssen. Mit der Vergebung der Sünd*en* der einzelnen Mensch*en* (doppelter Plural!) hat dieses Tragen der *einen* »Sünde der Welt« (doppelter Singular!) unmittelbar gar nichts zu tun.

- Bei Jesus gibt es keine Zustimmung mehr zur kultischen *Opferpraxis*. Im Gegenteil. Er knüpft an die kultkritischen Propheten wie Hosea an, wenn er sagt: »Barmherzigkeit will ich und keine Opfer« *(Matthäus 9,13; 12,7)*. Er will das Herz der Menschen mit Gott verbinden, nichts Drittes als Ersatz zwischen Gott und Menschen mehr haben. Wo es um die Gottesbeziehung geht, gibt es für Jesus keine Stellvertretung und braucht es kein stellvertretendes Leiden. Gottes Liebe meint jeden Menschen unmittelbar und um seiner selbst willen.

- Das heißt, dass es in der Verkündigung Jesu keine Rechtfertigung mehr für »*heilige Gewalt*« inmitten der Liturgie gibt. Und natürlich auch keine Rechtfertigung für eine Theologie, die im Menschenopfer eine *ultima ratio salutis* (»einen äußersten Heilsratschluss«), ja, die eigentliche christliche Heilsgeschichte in einem Sühnopfer oder Märtyrertod, findet. Ich gehe davon aus, dass die »Tempelreinigung« *(Markus 11,15-19)* eine Demonstration Jesu gegen die Verquickung von Gottesglauben und heiliger Gewalt im blutigen Opferkult gewesen ist.

- Das letzte Mahl Jesu mit seinen Jüngern war ein *jüdisches Festmahl*, bei dem (Licht und) Brot und Wein und ein Kapitel der Heilsgeschichte als Lebensgaben Gottes, als Zeichen seiner schenkenden Liebe, gefeiert und bedankt worden sind. Und zwar in dem Bewusstsein: Nicht das Drohen mit Strafen, nicht Gewalt verändern Menschen und Welt, sondern nur die Liebe, weil sie von innen wirkt und mich mit den Nächsten, die von Gott geliebt sind wie ich, verbindet.

- Aus der Verkündigung Jesu kann nicht abgeleitet werden, dass die Sterblichkeit der Menschen eine Folge der Sünde wäre *(Römerbrief 6,23)*. Sondern es ist umgekehrt: Die Sünde ist eine Folge unseres Wissens um unsere *Endlichkeit*. Dieses Wissen verführt uns dazu, egoistisch und nicht geschwisterlich miteinander umzugehen. Als Adamskinder, »Erdlinge« *(1. Buch Mose 2,7)*, sind wir *sterblich geschaffen* wie die Tiere auch. Kohelet *(3,19-21)* wusste das noch sehr gut. Folglich müssen wir auch nicht von der Sterblichkeit als vermeintlichem Fluch erlöst werden. Erlösung brauchen wir inzwischen eher von der Idee, unsere Sterblichkeit sei Strafe. Denn dadurch ist der Tod in unserer Kultur diskriminiert – und verdrängt worden.

- Zukunft über den Tod hinaus haben wir – wie Jesus – durch die Kraft des Geistes und der Liebe Gottes. Der Tod ist keine Strafe, sondern das Tor zu einer neuen Gestalt von Leben. Er ändert an unserer Beziehung zu Gott, dem Grund des Lebens, nichts. Die traditionelle Abendmahlstheologie führt uns also an der Verkündigung Jesu vorbei und vermittelt uns ein Todesverständnis und eine Erlösungslehre, die sich nicht mit Jesu Verkündigung verbinden lassen können.

VI. Mahlfeiern ohne Opfervorstellungen aus der frühen Christenheit helfen uns, das Abendmahl als Feier der Lebensgaben Gottes zu gestalten

Das Abendmahl bzw. die Eucharistie sind nun aber leider als *Opfermahl- und Sühnerituale* in die Liturgien der Kirchen eingegangen. Und so verkündet jede Mahlfeier, die in unseren Kirchen gehalten wird, der gewaltsame Tod Jesu sei ein Sühnopfer bzw. ein Sühne wirkender Märtyrertod gewesen und in Gottes Namen, als Heilsereignis also, »für uns« geschehen. Die katholische wie die evangelische Frömmigkeit sind davon geprägt worden, letztere vor allem auch durch die (sprachlich und musikalisch so innigen) Lieder von *Paul Gerhardt*. Und der gegenwärtige Papst setzt alles daran, den Opfercharakter der Eucharistie zu betonen. *Deshalb* hat er die Wiederzulassung der tridentinischen Messform verordnet: In ihr wird nämlich vom Priester das Opfer Christi erinnernd vollzogen und nicht nur erinnert, wie es das Vaticanum II als Konzil entschieden hatte. Es geht nicht ums Latein, sondern um das Opfer.

Und doch führt kein Weg an der Einsicht vorbei, dass die Deutung des Todes Jesu als Sühnegeschehen mit der Verkündigung Jesu nicht zu verbinden ist, sondern ihr ganz und gar widerspricht. Bei der Feier zu Eugen Bisers 90. Geburtstag am 12. Januar 2008[3] hat auch der bayerische evangelisch-lutherische Landesbischof, *Johannes Friedrich*, der Position Bisers in dieser Frage zugestimmt. Er zitierte dazu *Richard Heinzmann*s Zusammenfassung der Biser'schen Argumente: »Der Gedanke, dass Gott als Sühne den grausamen Tod des eigenen Sohnes fordere, damit ihm selbst Genugtuung für die Sünde und Schuld der Menschen geschehe, steht in diametralem Gegensatz zu dem Gott der Liebe, den Jesus verkündigt hat, und verstärkt die Meinung, das Christentum sei eine auf den Opfer-

---

3. Der eigentliche Geburtstag war am 6. Januar 2008.

gedanken gegründete asketische Religion. Dieses Theologumenon, das in popularisierter Form eine Überlegung des Mittelalters aufnahm, war einmal ein soziokulturell bedingter, schon lange aber überholter Versuch, Erlösung zu deuten, und hat entscheidend dazu beigetragen, die eigentliche Botschaft des Christentums zu verdunkeln.« Nach Friedrich helfen diese Antworten Bisers auch der evangelischen Theologie und den evangelischen Theologen »an dieser Stelle wesentlich weiter.«[4]

Doch solche Einsichten wollen Konsequenzen haben, und zwar vor allem in der Liturgie[5]. Denn bisher hat die Liturgie alle neue theologische Einsicht an diesem Punkt zurückgewiesen. Theologen und Theologinnen nutzen ihr Privileg, durch die Erkenntnisse der historisch-kritischen Forschung auch liturgische Texte für sich relativieren zu können. Sie schauen gewissermaßen durch die Abendmahlsliturgie »hindurch« und halten sich an das, was sie mit ihrem Jesus-(Christus-)Bild theologisch verbinden können. Aber so geht es den nicht-theologischen Gläubigen nicht. Wenn *sie* die Einleitung der Abendmahlsworte hören (»Unser Herr Jesus Christus, in der Nacht, da er verraten ward, nahm er das Brot …«), dann meinen sie, einen quasi-historischen Bericht zu hören. Dass die Texte gerade das ganz und gar *nicht* sind, können sie nicht wissen. Aber die Pfarrerschaft muss es wissen. Und sie müsste dieses Wissen entsprechend deutlich den Gläubigen zu erkennen geben – und die liturgischen Texte ändern. Leider geschieht das vorläufig nur selten. Aber wo Gemeinden den Mut dazu finden, machen sie neue und befreiende Erfahrungen.

Die Verantwortung, die die Kirchen für ihre Gläubigen haben, und das Gebot der Aufrichtigkeit gebieten es, nicht nur den Anschein von Historizität zu vermeiden, wo die überlieferten Texte keine Gewähr dafür bieten. Es geht auch darum, die Abendmahlsliturgien von dem Einfluss zu befreien, der immer noch von den antiken Opfer- und Sühnevorstellungen ausgeht. Es ist zwar sehr erfreulich, dass eine deutsche evangelische Landeskirche in einer Stellungnah-

---

4.   Dokumentation der Feier in der Homepage der Eugen-Biser-Stiftung.
5.   Darauf hat Richard Heinzmann bei derselben Gelegenheit hingewiesen.

me zur Sühnopfertheologie[6] erklärt hat: »Niemand muss die Heilsbedeutung des Todes Jesu mithilfe der Metaphorik des Sühnopfers auslegen.« Ob diese Aussage aber wirklich ernst gemeint ist, wird sich an den Vorgaben dieser Landeskirche für die liturgische Praxis in den Gemeinden überprüfen lassen. Denn aufgrund der Stellungnahme ist zu erwarten, dass die Landeskirche den Gemeinden eine alternative Abendmahlsliturgie anbietet, die frei von jeder Sühnetheologie ist. Nur so kann verhindert werden, dass die nun endlich zur austauschbaren *Metapher* herabgestufte Sühnopfertheologie den Kirchenmitgliedern und der Pfarrerschaft nicht mehr auf dem Weg über die Liturgie aufgezwungen wird.

Kein Wort verliert die Stellungnahme aus Hessen-Nassau allerdings zu der Frage, warum die Hinrichtung Jesu überhaupt ein, ja, *das* Heilsereignis sein soll. Auch zu der Tatsache gibt es kein kritisches Wort, dass die Gemeindemitglieder durch den beim Abendmahl zitierten und fälschlich so genannten »Einsetzungsbericht« dazu verleitet werden, etwas auf Jesus zurückzuführen, was sich nicht auf ihn zurückführen lässt. Das ist ein ärgerlicher Umgang mit historischer Kritik, wie er leider häufig anzutreffen ist: Wo die historischen Erkenntnisse dem Dogma in die Quere kommen, dürfen sie keine Bedeutung mehr haben.

Den notwendigen Abschied vom – letztlich hellenistischen – Sühnopfermahl erleichtern uns dagegen frühe christliche Überlieferungen. Sie erinnern uns daran, dass es am Anfang auch andere Mahlfeiern gegeben hat. An diese können wir heute wieder anknüpfen. »Andere« heißt: *Mahlfeiern ohne Sühnetheologie.* Wir finden sie in der sogenannten »Didaché« oder »Zwölfapostellehre« und im Johannesevangelium. Beide Schriften sind an der Wende vom 1. zum 2. Jahrhundert geschrieben worden.

Bei *Johannes* wird die als Sakrament gemeinte Opfermahlfeier aus der Mahlszene gestrichen und durch eine *Fußwaschung* ersetzt, die Jesus an den Jüngern als »Beispiel« seiner dienenden Liebe *(13,15.31-35)* vollzieht, »damit ihr tut, wie ich euch getan habe« *(13,15)*. Die Fußwaschung bringt als sinnbildliche Handlung Jesu Leben noch einmal auf den Punkt *(13,1)*. Eine Verbindung mit

6. S. o. S. 25, Anmerkung 1.

dem Tod Jesu als eigenem Heilsgeschehen wird nicht hergestellt. Das Beispiel, das er mit seinem *ganzen Leben* gegeben hat, sagt seinen Jüngern, dass es keine Heilung der Beziehung zwischen einzelnen Menschen und Gott geben kann, ohne dass die Beziehung zu den Mitmenschen einbezogen würde. Es ist wie bei der Vergebung auch.

In der *Didaché* finden wir eine Mahlfeier, die sich eng an das Ritual des jüdischen Festmahls anlehnt. Sie kann als die Ur-Eucharistie bezeichnet werden, weil sie im Wesentlichen aus *eucharistischen*, also lobpreisenden Dank-Gebeten, besteht, die über Wein und Brot gesprochen werden. Ein Bezug zu Jesu Sterben und Tod oder gar von Brot und Wein zu »Leib« und »Blut Christi« wird nicht hergestellt. Die Mahlfeier ist mit einer richtigen Mahlzeit verbunden. Aber es gibt keinen »Einsetzungsbericht«. Brot und Wein werden – wie bei Johannes – mit dem *Leben,* nicht mit dem Tod Jesu, in Verbindung gebracht. Er ist mit seinem Leben der »Knecht« und Offenbarer Gottes, der in der Tradition *Davids*, des anderen Knechtes Gottes, gesehen wird.

Zum Mosebund und dessen ritueller Begründung im blutigen Opfer gibt es keine Beziehung. Inhaltlich geht es um die Heilsgüter, die beim Propheten Jeremia *(31,31-34)* als Zeichen des neuen Bundes verheißen worden waren. Allerdings wird der Begriff *Bund* dabei – wie schon bei Jesus – nicht verwendet. Im Zentrum geht es neben dem Dank an Gott für die Schöpfungsgaben um Lob und Dank »für deinen heiligen Namen, den du hast wohnen lassen in unseren Herzen, und für die Erkenntnis und den Glauben und die Unsterblichkeit, die du uns offenbart hast durch Jesus, deinen Knecht.« *(10,3 und 2).* Mit Sündenvergebung hat diese Mahlfeier nur sehr indirekt zu tun. Die damalige Gemeinde hatte vielmehr ausdrücklich erwartet, dass alle, die an der Eucharistie teilnahmen, sich *vorher* untereinander vergeben hatten, was sie sich gegenseitig schuldig geblieben waren. Wollen wir unsere Abendmahls- bzw. Eucharistieliturgien mit dem von Jesus vermittelten Gottesbild und mit seiner jüdischen Mahlpraxis in Einklang bringen, so können wir uns in vielem an die Eucharistieliturgie der Didaché anlehnen – zumal sie die erste ist, die sich ausdrücklich als »Eucharistie« bezeichnet hat. Wegweiserin für unsere Liturgien kann die Didaché heute auch deswegen sein, weil sie eine starke eschatologische Ausrichtung hat. Die feministische Theologie sieht in den Mahlgebeten der Didaché deshalb eine »Lehrmeisterin einer Erneuerung des Abendmahls …, die die Freude an der Schöpfung, am Essen als Gabe Gottes und an den Körpern der Menschen einbezieht. So wird Kirche zum Ort eschatologischer Hoffnung und bleibt nicht eingesperrt in das Gefängnis eines längst gescheiterten kirchlichen Imperialismus.«[7] Vor allem die Arbeiten von *Teresa Berger* können belegen, wie vielfältig und zahlreich die Impulse sind, die die feministische Theologie der liturgischen Praxis gegeben hat und wie stark der Lebensbezug in den dabei entstandenen Liturgien ist.

Wichtig ist auch, dem Unser-Vater und der dort im Mittelpunkt stehenden Vergebung einen gewichtigeren Platz in unseren Gottesdiensten zu geben als bisher. Folgen wir diesen beiden Vorgaben, so befreien wir die Liturgie von der fatalen Verquickung von Gott und angeblich heiliger Gewalt und geben der Botschaft Jesu von der freien Liebe Gottes den ihr gebührenden Platz. Und wir machen die Liturgie zu einem Ort, an dem wir das von der Reformation wiederentdeckte allgemeine Priestertum aller Gläubigen einüben können. Dazu habe ich in meinem eigenen Liturgieentwurf[8] ein Ritual entwickelt, in dem sich diejenigen, die am Gottesdienst teilnehmen, völlig unabhängig von einer Eucharistie eingestehen, Gott und Menschen und anderen Mitgeschöpfen die ihnen gebührende Liebe schuldig geblieben zu sein, und sich dann im Namen Gottes wechselseitig ihre Sünden vergeben.

---

7.   A. Bieler / L. Schottroff, Das Abendmahl, S. 102. Die beiden Autorinnen führen allerdings auch die *Bundestheologie* fort, die in den von den Kirchen übernommenen Abendmahlsworten enthalten ist (S. 94 f.). Da sie in der Verkündigung Jesu nicht verankert ist und auch in der Eucharistie der Didaché (deshalb) nicht vorkommt, gehe ich an diesem Punkt einen anderen Weg.
8.   Lebensgaben Gottes feiern. Abschied vom Sühnopfermahl: eine neue Liturgie, S. 156-184.

Karfreitag

Jesu Sterben: der letzte Akt der Menschwerdung Gottes

I. Musste Jesus stellvertretend für uns leiden?

Von Paul Gerhardt stammt die Liedzeile »Nun, was du, Herr, erduldet, ist alles meine Last; ich hab es selbst verschuldet, was du getragen hast.« Sein Lied »O Haupt voll Blut und Wunden«[1] besingt den Tod Jesu als Heilsgeschehen, seine Hinrichtung als etwas, was Gott »für uns« gewollt hat. Das passt zum alten Glauben, dass die »Früchte« des Todes Jesu im Abendmahl, in der Eucharistie, leiblich-zeichenhaft an die Gläubigen ausgeteilt werden: »Christi Leib, (der) für dich gegeben – Christi Blut, (das) für dich vergossen (worden ist)« – am Kreuz, zur Vergebung der Sünden, zur Herstellung von Gemeinschaft. Für diesen Glauben gibt es gewichtige Argumente in der antiken jüdischen und außerjüdischen Opferkulttradition, aber auch schon in frühen christlichen Überlieferungen, die an die vorchristlichen angeknüpft haben.

Vor allem vom Apostel Paulus, im Hebräerbrief und in der darauf aufbauenden kirchlichen Kreuzestheologie wird Jesu Hinrichtung als blutiges Heilsdrama verstanden: Jesus *musste* leiden – um Heil und Erlösung zu schaffen. Stellvertretend sei er »für uns« gestorben, um Gott und Menschheit zu versöhnen. So hat Paulus an die Römer geschrieben: »Ihn hat Gott hingestellt als ein Sühnopfer durch den Glauben in seinem Blut, zur Erweisung seiner Gerechtigkeit, weil die vorher geschehenen Sünden durch die Langmut Gottes ungestraft geblieben waren« *(3,25)*. *Gesühnt* werden aber *mussten* sie nach des Paulus Meinung offenbar, wenn auch auf dem Weg über die Hinrichtung des unschuldigen Jesus. Denn Paulus ist davon ausgegangen, dass Gott den Menschen nur dann als gerecht erscheinen könne, wenn er den Gehorsam gegen seine Tora auch wirklich ein-

---

1. Paul Gerhardt (1656), in: »Evangelisches Gesangbuch« Nr. 85, Str. 4, im katholischen »Gotteslob« Nr. 179, Str. 4.

fordere. Und alle wirkliche Sünde musste deshalb gesühnt werden – direkt am Täter oder stellvertretend durch das Töten eines Opfertieres im Kult oder eine andere Sühneleistung. In Anlehnung an antike Religionen verbindet diese Kreuzestheologie Versöhnung mit einem Opfer, leitet Erlösung von einer stellvertretenden Sühne- und Gehorsamsleistung ab *(Philipperbrief 2)* oder von dem durch den Kreuzestod bezahlten Loskauf. Vor allem das *Blut* Jesu »reinigt uns von aller Sünde«, heißt es im 1. Johannesbrief 1,7. Paul Gerhardt hat die zu dieser Blutfrömmigkeit gehörende *Gottes*vorstellung drastisch in dem Lied »Ein Lämmlein geht und trägt die Schuld der Welt und ihrer Kinder« formuliert: »Das Lämmlein ist der große Freund und Heiland meiner Seelen; den, den hat Gott zum Sündenfeind und Sühner wollen wählen: »Geh hin, mein Kind, und nimm dich an der Kinder, die ich ausgetan zur Straf und Zornesruten; die Straf ist schwer, der Zorn ist groß, du kannst und sollst sie machen los durch Sterben und durch Bluten.«[2] Das Gotteskind Jesus muss die wegen ihrer Sünden unter dem Zorn Gottes lebenden Menschenkinder durch seinen Tod befreien. Einen anderen Weg der Vergebung als durch dieses stellvertretende »Sterben und ... Bluten« gibt es für diesen Gott nicht. Denn die Sünden sind nun einmal des Todes würdig: »Ich bin's, ich sollte büßen an Händen und an Füßen gebunden in der Höll'; die Geißeln und die Bande und was du ausgestanden, das hat verdienet meine Seel'.«[3] Ist das aber unsere Vorstellung von Gott, dass er die Übertretung von seinen Geboten auf diese Weise gebüßt haben will? Ja, dass *solches* Büßen sein *musste?* Und weiter gefragt: Ist das eine Gottesvorstellung, die zu der Verkündigung Jesu passt?

---

2. Paul Gerhardt (1647), in: Evangelisches Gesangbuch Nr. 83, Strophe 2.
3. Paul Gerhardt (1647), in: Evangelisches Gesangbuch Nr. 84, Strophe 4.

II. Die an der römischen Messe orientierten Liturgien prägen uns problematisch gewordene Gottes- und Menschenbilder ein

Liturgien müssen von Kirchen nicht nur theologisch, sondern auch im Blick auf ihre Wirkung in Menschen verantwortet werden. Denn Liturgien transportieren auf subtilste Weise Gottes- und Menschenbilder. Sie prägen die Konturen des Glaubens, ja, sie können in der Seele der Menschen, die mit ihnen aufwachsen, – bildlich gesprochen – den Himmel öffnen oder ihn zur angstbesetzten Hölle machen. Mit der Deutung der Hinrichtung Jesu als eines Gott wohlgefälligen Opfers wird ein Gott verkündet, der seine Gebote und Verbote durchgesetzt haben will, der absoluten Gehorsam fordert: Menschlicher Ungehorsam habe seit Adam und Eva als die Ursünde dafür gesorgt, dass die Menschen sterblich sind. Er dürfe nicht ungesühnt bleiben, denn ohne Sühne gebe es keine Aussicht auf Erlösung von den Folgen des sündigen Ungehorsams – Folgen, wie sie in dem zweiten zitierten Lied beschrieben worden sind. Deshalb habe Gott mit Jesu Hinrichtung ein Heilsdrama inszeniert, in dessen Zentrum ein stellvertretendes Menschenopfer steht. Das Äußerste, was Gott seinen menschlichen Geschöpfen geben kann, ist dann eine Liebe, die sich als *Gnade* äußert. Jahrhundertelang war Gottes Gnade viel bedeutender als Gottes Liebe. Doch gnädig war Gott dabei nicht aus sich selbst, sondern nur, weil Jesus den sündigen Ungehorsam der Menschen stellvertretend auf sich genommen und mit seinem Tod als Lösegeld *(Markus 10,45b, vgl. Hebräerbrief 9,12)* bezahlt hatte. Gott blieb und bleibt nach dieser Theologie an das alte Gesetz gebunden, wonach es »ohne Blutvergießen keine Vergebung gibt« *(Hebräerbrief 9,22)*. Wegen dieses auch für ihn gültigen Grund-Satzes konnte Paulus formulieren: »Durch sein Blut sind wir gerechtgesprochen worden, durch Jesus vor dem Zorn Gottes gerettet.« *(Römerbrief 5,9)*.

Das ist die Sprache der Texte, die vor allem in der Passionszeit verlesen und – in Kirchenlieder transformiert – gesungen werden, das ist der Tenor der *Abendmahlsüberlieferung*, die im Gottesdienst nach kirchlichen Formularen zitiert wird. Scheinbar unausrottbar wird dabei die Verbindung von Sündenvergebung und Sühnopfertod Jesu vermittelt, obwohl nur Matthäus sie, aufgrund seiner eigenen religiösen Sozialisation, hergestellt *(26,28)* – und dadurch das Zentrum der Verkündigung Jesu zugedeckt hat. Für Jesus ist Gottes Liebe nämlich an keinerlei Sühneleistung gebunden, sondern aus sich selbst heraus *un*-bedingt.

III. Gott hat Jesu Verkündigung von seiner freien und unbedingten Liebe an Karfreitag nicht widerrufen

Bis heute wird das wirkliche Evangelium, wird der von Jesus offenbarte Gott, dadurch entstellt, dass in der Eucharistie Sündenvergebung und Versöhnung von Jesu Tod als einem angeblich heilsnotwendigen Sühnegeschehen abhängig erscheinen – was ich, wie viele andere, nicht mehr glauben kann. So lange das so bleibt, hilft es nichts, den angeblich von Gott selbst erzwungenen Weg zum Kreuz als »Hingabe« zu beschreiben[4] und so das angebliche »Opfer« annehmbar machen zu wollen. Da hilft nur eine klare theologische Umkehr, die die Deutung der Hinrichtung Jesu als Opfer und stellvertretendes Leiden (»für uns«) aufgibt. Dies umso mehr, als die Opfertheologie verdeckt, wie sehr sich Jesus gegen diesen Tod gesträubt und seinen Vater gebeten hat, ihn zu verschonen. Er hat sich zwar wehrlos töten lassen, aber von Gott verlassen gefühlt, sagen die Evangelien. Es ging ihm damit wie unendlich vielen, die zu Tode gequält wurden und vergeblich auf Gottes Hilfe warteten. *Gott* hat sich erst an Ostern zu erkennen gegeben, indem er dem Tod nicht das letzte Wort gelassen hat. Diese Antwort Gottes auf die grausame Hinrichtung Jesu ist für mich die Botschaft, die ich angesichts der Welt, wie sie immer noch ist, glauben kann, und die mich hoffen lässt, wo so oft und sinnlos getötet und gestorben wird – unter Menschen und Tieren.

Wie bei Paulus werden im apostolischen Glaubensbekenntnis Jesu Leben und seine Gottesverkündigung im Grunde übergangen. Gott nimmt nach dieser Theologie die sündige Menschheit gnädig

---

4. Vgl. aber S. 134 f., 142 die Deutung des Todes Jesu durch Eugen Biser.

an, nur weil Jesus »dahingegeben wurde um unserer Übertretungen willen und auferweckt wurde um unserer Gerechtsprechung willen« (*Römerbrief 4,25*). Von einer freien, wirklichen – und das heißt: *un*bedingten – Liebe Gottes zu seinen Geschöpfen, wie Jesus sie verkündet und gelebt hat, kann in solchen theologischen Konstruktionen keine Rede sein[5]. Dieser Gott, dem dann auch die kirchliche Theologie huldigt, ist zu einem armen Gott gemacht geworden, zu einem Gefangenen seiner eigenen Gehorsamsforderungen, der Jesu Evangelium letztlich widerrufen hat. Denn der von den Christen verlangte Glaube, Gott habe in der Hinrichtung Jesu selbst – so oder so – mit Gewalt paktiert, hat bis heute immer wieder das Gottesbild verdunkelt und Gewalt als angeblich »heilige Gewalt« legitimiert, wenn sie zu gutem Zweck notwendig erschien. Dieses heilsstrategische Verhältnis Gottes zur Gewalt ist die »mitlaufende«, also dem Unterbewusstsein vermittelte »Gegenbotschaft« zum Evangelium, die jeder traditionelle Abendmahlsgottesdienst und jede Messe in den Gemeinden verbreitet. Durch sie wird das Evangelium Jesu de facto paralysiert und erreicht, dass die Gewaltlosigkeit Jesu als eine Art Marotte erscheint, die von den Christen als Auftrag für ihr Handeln nicht ernst genommen werden muss. An dieser Verkehrung der Botschaft Jesu möchte ich mich nicht mehr beteiligen. Schon gar nicht angesichts der Lehren, die die Geschichte bereithält. Denn sie hat gezeigt, dass Christen und ihre Kirchen immer wieder Menschen (und Tiere sowieso) zu Opfern ihrer Machtansprüche gemacht haben. Die Aufforderung Jesu, ihm auf seinem gewaltfreien Weg nachzufolgen und bereit zu sein, dafür auch zu leiden, hat die Kirchen nie zu einer prinzipiellen Absage an (tödliche) Gewalt gebracht.

Darum kann auch keine Rede davon sein, dass die Idee, den Tod Jesu als Sühnopfer zu verstehen, wirklich dazu gedient hätte, alle weiteren Opfer überflüssig zu machen (*Hebräerbrief 9,11-10,18*). Die Kirchengeschichte lehrt vielmehr, dass die großen Kirchen nie darauf verzichtet haben, Gott weiterhin mit dem tödlichen System von Gewalt und Gegengewalt zu verbinden. Sie haben ihre eigene Bereitschaft, körperliche und seelische Gewalt gegen Menschen ein-

---

5. Außerhalb dieses Sühnezusammenhanges hat Paulus uns allerdings die schönste Lobpreisung der Liebe hinterlassen: 1. Korintherbrief 13.

zusetzen, letztlich durch diesen unseligen Pakt rechtfertigen können, in den die *Theologie* Gott – entgegen der Botschaft Jesu – verwickelt hatte und bis heute verwickelt. Dass die sogenannten protestantischen »Friedenskirchen« entschieden anders gehandelt und sich zur Nachfolge Jesu auch im Blick auf die Gewaltfreiheit entschieden haben, muss allerdings mit großer Bewunderung an dieser Stelle vermerkt werden[6]. Eine Licht- und Leidensgestalt zugleich ist dabei der große Pädagoge *Johan Amos Comenius* (1592-1670), der letzte Bischof der Böhmischen Brüder, gewesen[7].

IV. Die Theologie vom Sühne wirkenden Opfer- oder Märtyrertod stellt Jesu Evangelium auf den Kopf

Für mich ist es nicht mehr möglich, wie Bischof Huber (Karfreitag 2008) zu sagen:»Denn als Christen bekennen wir: Gott hat das sühnende Leiden seines Knechtes Jesus anerkannt und bejaht. In ihm spricht er uns Vergebung zu. In ihm macht er unser Leben heil. Im Tod Jesu gibt sich Gott selbst zu erkennen. Er macht diesen Tod zu einem einzigartigen Geschehen. Niemand muss fortan um unserer Missetat willen verwundet und um unserer Sünde willen zerschlagen werden.« Nicht einmal das (gemeinsam gesprochene) Apostolikum sagt davon etwas. Und wie ich, glauben viele, viele andere nicht (mehr), dass jemals irgendein Wesen ersatzweise habe leiden oder gar sterben müssen, weil wir Mensch oder Tier und natürlich in allem Gott die geschuldete Liebe schuldig geblieben sind. Ich habe durch Jesus eine andere Vorstellung von Gott und seiner Vergebungsbereitschaft vermittelt bekommen: Gottes Vergebung wird nicht durch

6. Zu den Friedenskirchen werden gerechnet die Mennoniten (auch Amish und Hutterer), die Kirche der Brüder (Brüderunität) und die Quäker. Sie betonen die Kreuzesnachfolge, also die Bereitschaft, für das Evangelium das Kreuz des Leidens auf sich zu nehmen. Die Mennoniten verweigern den Eid und meist auch den Kriegsdienst.
7. Lesenswert sind bis heute aus meiner Sicht vor allem: Das Labyrinth der Welt und das Paradies des Herzens (1631), Luzern / Frankfurt a. M. 1970, und der Orbis sensualium pictus, Nürnberg 1658 = Dortmund 1979.

einen von ihm ›anerkannten und bejahten‹ Akt gegen das Leben begründet, sondern kommt allein aus seiner Liebe. In Jesu *Leben* hat sich Gott zu erkennen gegeben – und in der Antwort auf Jesu Hinrichtung zu Ostern. Was sollte *dieser* Gott noch mit einer blutigen Sühne anfangen?! Und was ist heute mit der Rede vom »einzigartigen« Tod Jesu angesichts der Shoa – zumal Gott sich doch nach Jesu Gleichnis mit *jedem* Leidenden *identifiziert (Matthäus 25,40.45)*?

Es gibt einen weitreichenden Konsens unter Christen unterschiedlichster Herkunft und Frömmigkeit auch heute. Er läuft darauf hinaus, dass Jesus Gott mit sich gebracht hat[8]. Aber dieser Konsens schließt inzwischen für viele gerade keine Aussagen mehr ein wie die oben zur Sühnewirkung des Leidens Jesu zitierte. Den darin formulierten Erlösungsglauben deckt das Bekenntnis »der Christen« schon lange nicht mehr ab. Religionssoziologisch wird es nur noch von einer immer kleiner werdenden Minderheit in den Kirchen geteilt.

Christlich kann man nennen, was sich wirklich auf Jesu Christi ganzes Leben, auf seine in Wort und Tat ausgesprochene »gute Botschaft« berufen kann. Zum Evangelium gehört, dass er nicht auf Gewalt gesetzt hat, als ihm Gewalt angetan worden ist. Er war (schweren Herzens) bereit, für seine Gottesverkündigung und für ein Reich Gottes, das von dienender Liebe geprägt wird, zu sterben. Um *diese* Liebe geht es. Hinter *sie*, hinter Jesu Gottesverkündigung und -praxis, muss deshalb die kirchliche, an der Forderung nach absolutem Gehorsam und am stellvertretenden Opfer orientierte Deutung seiner Hinrichtung wieder zurücktreten. Heute – nicht zuletzt aufgrund der vielen Arbeiten von *Eugen Biser* – sehen wir immer klarer, dass im Zentrum der Botschaft Jesu das Zeugnis von der *bedingungslosen* Liebe Gottes steht. Und dass auch die Gebote Gottes dieser Liebe dienen. Sie wollen uns helfen, unsere Freiheit zu gestalten und nicht zu verzweifeln, obwohl wir Gott und Menschen und unseren Mitgeschöpfen so vieles schuldig bleiben. Gebote Gottes sind keine Gesetze um ihrer selbst willen. Mit ihrer Nichtbefolgung schaden wir uns zwar, aber wir »verwirken« dadurch nicht unser Leben, haben *nicht* »den Tod verdient«, wie es christliche Dogmatik immer

---

8. Wolfgang Huber, Der christliche Glaube, S. 97.

noch lehrt[9]. Doch wenn einer gewusst hat, wie schwer es ist, gut zu sein, dann ist es Jesus gewesen. Darum hat er das Beispiel der dienenden Liebe gegeben *(Johannes 13)* und den antiken Opferkult in die Vergangenheit verwiesen. Und er hat Vorstellungen von einem therapeutischen Gott, wie sie im Mittelmeerraum der griechische Heilgott Asklepios vorgelebt hatte, für sich und seine Jüngerschaft – in den »Aussendungsreden« der Evangelien[10] – zum »Programm« des Reiches Gottes gemacht. Denn Heil und Heilung gehörten auch für Jesus zusammen.

V. Das Revolutionäre an Jesu Botschaft: Vergebung und Versöhnung werden durch Blut weder begründet noch beglaubigt, sondern allein durch Liebe möglich

Damit hat Jesus eine religiöse und theologische Revolution vollzogen. Er hat den (von der Theologie) durch sein eigenes Recht begrenzten Gott durch einen Gott ersetzt, der einer neuen Logik folgt. Sie besagt: Gott liebt nicht nur, sondern »Gott *ist* Liebe« *(1. Johannesbrief 4,16)*. Wir können Gott also daran als Gott erkennen, dass er uns bedingungslos liebt und jedem Menschen – auch dem sündigen – ein *unbedingtes* Lebensrecht zusteht. Dieses Lebensrecht fordert Jesus gerade für die Rechtlosen und Entwürdigten, aber auch für Schuldiggewordene ein. Selbst Kain, der Brudermörder, wurde von Gott durch das »Kainszeichen« vor der – damals offenbar noch üblichen – Blutrache geschützt *(1. Buch Mose 4,9-16)*. Die Beachtung dieses unbedingten Lebensrechtes ist die Grundregel des Reiches Gottes. Mehr noch: Jesus bevollmächtigt und beauftragt alle Gläubigen, Söhne und Töchter Gottes zu sein und das Gottesrecht, Sünden zu vergeben, selbst auszuüben. »Wie im Himmel, so auf Erden« – soll Gottes Liebe Wirklichkeit sein. Damit fängt die neue Würde und Bürde der Christenmenschen an. Erst zu ihr passt auch

9. So wörtlich in der Stellungnahme der EKHN zur Sühnopfertheologie, Abschnitt 19.
10. Markus 6,7-13; Matthäus 10,1-8; Lukas 9,1-2.

die Ethik der Seligpreisungen, mit denen Jesus den Menschen ein Handeln zugetraut und zugemutet hat, das der unbedingten Liebe Gottes antwortet. Auch davon muss ein christlicher Gottesdienst seine Themen nehmen.

Jesus zu folgen, macht es mir unmöglich, die alten Kreuzes- und Abendmahlslieder zu singen – trotz aller ihrer Innigkeit. Denn sie widerrufen die freie Gottesliebe, binden sie zurück in alte Opfermahlfeiern, in denen Menschen Anteil an göttlichen Wohltaten bekamen, indem sie das Fleisch der Opfertiere gemeinschaftlich aßen. Blut wurde dabei allerdings in der Antike nirgends getrunken, sodass die Aufforderung in unseren Abendmahls- und Eucharistiefeiern, Christi Blut zu trinken[11], singulär in der Religionsgeschichte ist. Den Juden war jeder Blutgenuss ein Gräuel und durch die Tora verboten; auch Griechen und Römer tranken beim Opfermahl kein Blut, sondern schütteten es auf bzw. in die Erde am Altar.

Trotzdem hat das Blut Christi in der christlichen Erlösungslehre, in der Eucharistie und auch in einer bestimmten Frömmigkeit größte Bedeutung gewonnen. Die immer wieder in biblischen Lesungen auftauchende Aussage, dass das Blut des hingerichteten Jesus eine von Sünden reinigende Wirkung habe, empfinden viele – auch Pfarrerinnen und Pfarrer – inzwischen als belastendes Relikt aus der Vergangenheit. Und viele leiden unter der Qual, aus den für die Passionszeit vorgesehenen Liedern und biblischen Lesungen etwas für die Gottesdienste auswählen zu müssen. Sie wollen aus der Geschichte lernen und keine Sühne- und Opfertheologie mehr liturgisch reproduzieren. Denn so lange die traditionellen Einsetzungsworte beim Abendmahl und die Spendeformeln »Christi Leib, für dich gegeben« und »Christi Blut, für dich vergossen« verwendet werden, bleibt auch jenes »für euch« von der Logik der Opferkulte und der darauf aufbauenden Erlösungstheologie bestimmt, wird auch Hingabe mit Sühnopfer gleichgesetzt. Wenn es in den Abendmahls-

---

11. »Wer mein Blut trinkt, der hat das ewige Leben«, heißt es in dem späteren Eintrag in die »Brotrede« des Johannesevangeliums (6,53-56). Da Johannes das als Opfermahlfeier gestaltete Abendmahl nicht von den drei anderen Evangelien übernommen hat (s. Johannes 13), ist das Gedankengut in die Brotrede später eingefügt worden, um das Evangelium dennoch als rechtgläubig erscheinen zu lassen.

worten heißt: »Dieser Kelch ist der neue Bund bzw. das neue Testament in meinem Blut«, dann wird auch dieser Bundesschluss nun einmal durch das Vergießen von Blut begründet. Und dann führt die mosaische Bundestheologie *(vgl. 2. Buch Mose 24,3-8)* letztlich auch im Abendmahl Regie[12] und nicht jene Verheißung des neuen Bundes, wie wir sie beim Propheten Jeremia *(31,31-34)* finden.

VI. Jesu Hinrichtung wurde als Opfer ausgelegt, weil Opfer in der hellenistischen Kultur geläufig waren – *unser* Glaubensmodell kann das nicht mehr sein

Natürlich verstehen Pfarrer und Pfarrerinnen und zum Glück auch immer mehr sogenannte Laien, dass Paulus und andere Apostel versucht haben, dem sinnlosen – und in der römisch-hellenistischen Welt sicher auch entwürdigenden – Tod Jesu mit dem Gedanken vom stellvertretenden Opfer bzw. vom Sühnopfer einen positiven Sinn zu geben. Schließlich waren ihre Zuhörer und Leser ja – wie die Apostel selbst – in diesen Vorstellungen religiös verankert. Solche Überlieferungen sind glaubensgeschichtliche Dokumente, Predigt von und für Menschen damals. Ein für immer verbindliches Glaubensgesetz stellen sie nicht dar. Dasselbe gilt für den Sühnegedanken. Er hatte Bedeutung nur in einem religiösen System, in dem die Gerechtigkeit Gottes auf dem Spiel stand, wenn Ungehorsam gegen göttliche Gebote nicht wenigstens durch stellvertretende Opfer oder andere Leistungen gesühnt wurden. Nachdem Jesus eine solche Bedingung für den Frieden der Menschen mit Gott aufgehoben hatte, ist auch die Notwendigkeit der (stellvertretenden) Sühne weggefallen. Es reicht, Gott zu glauben, dass er uns liebt und leiden kann, und dann den Weg Jesu zu gehen. In Jesu Reden – das hat *Eugen Biser* immer wieder betont – gibt es keine auf seinen Tod vo-

12. Darum ist es wichtig, dass die Vereinigte Evangelisch-Lutherische Kirche in Deutschland (VELKD) in einer Handreichung (»Was meinem Leben gut tut. Eine Einladung zum heiligen Abendmahl«), zum Abendmahl den Gemeinden freigestellt hat, welche sogenannten Spendeformeln sie beim Austeilen von Brot und Wein benutzen (S. 11).

rausblickende Äußerung, mit der er diesen Tod als Sühneleistung bezeichnet oder sonst nach Sühne gerufen hätte. Auch deswegen »fehlt der Opfer- und Sühnetheorie jede Basis«[13].

Wir heute müssen unsere eigenen Deutungen des Lebens Jesu finden, wollen wir es den Aposteln der Sache nach gleichtun und zugleich verhindern, dass Gottes Heilshandeln weiterhin mit tödlicher Gewalt verbunden werden kann. Ich gehe davon aus, dass der Schlüssel zu Jesu Bedeutung nicht in seiner Hinrichtung und Auferstehung, sondern in seinem *Leben* liegt. In seinem Leben scheint das Licht auf, das mich auch heute an Gott glauben lässt. In diesem Zusammenhang kann ich gerne von Jesu Hingabe reden. Aber diese Hingabe hat nichts mit einem Sühnetod zu tun, sondern mit der unbedingten Liebe Gottes zu seinen Geschöpfen und seiner Hingabe an das Leben – die daran erkennbar geworden ist, dass er unser Leben einschließlich unserer Sterblichkeit geteilt hat. »Deshalb verschmolz in seiner Todeshingabe das, was er war, mit dem, wofür er lebte.«[14] Im Bild seiner Auferstehung glaube ich Gottes Antwort auf den Missbrauch der tödlichen Gewalt als angeblich »heiliger Gewalt« zu finden: Gott hat der tödlichen Gewalt nicht das letzte Wort gelassen. *Das* macht mir Lebensmut, und nicht eine wie auch immer geartete Verherrlichung des Leidens und Sterbens Jesu als Sühne für die Sünden der Welt.

Geschehenes Unrecht wird durch ein als Sühne interpretiertes unschuldiges Leiden Dritter weder ungeschehen noch gar wiedergutgemacht – zumal dann nicht, wenn die Sühne in der Hinrichtung eines zu Unrecht Beschuldigten besteht, wie die Sühnopfertheologie unterstellt. Ein Glaube, der Heil durch das Instrument eines neuen Unrechts begründet sieht, ist mir angesichts von zweitausend Jahren Kirchengeschichte unglaubwürdig geworden. Der Verkündigung Jesu widerspricht auch moderne kirchliche Lehre, die behauptet: »Der

---

13. E. Biser, Theologie der Zukunft, S. 74. – Markus 10,45b par. Matthäus 20,28b stellt der Zusatz »und gebe sein Leben als Lösegeld für viele« einen späteren Zusatz zu dem eigentlichen Spruch Jesu dar: »Des Menschen Sohn ist nicht gekommen, dass er sich dienen lasse, sondern dass er diene.« Der Zusatz spiegelt schon die kirchliche Erlösungslehre.
14. E. Biser, Die Entdeckung des Christentums, S. 260 f.

liebende Gott vergilt mittels seiner Macht das Unrecht ...«[15]. Nur zwei Wege führen aus dem Dilemma heraus, in das wir geraten, wenn wir Gott und Menschen Liebe und Achtsamkeit schuldig bleiben und ihr Leben leiblich oder seelisch verletzen: Wir können Gott und diese Menschen um Vergebung bitten; und zweitens können und müssen wir zugleich alles tun, was eine Wiederholung solcher Lieblosigkeiten und Verletzungen möglichst verhindert, und den Geschädigten Gutes tun. Das schließt eine individual- und sozialethische Verantwortung mit politischem Engagement zusammen[16]. Was die Sünden der Väter und Mütter – und dazu gehört die Shoah – angeht, können wir die Opfer auch stellvertretend um Vergebung bitten und nach dem »Gesetz Christi« *(Galaterbrief 6,2)* versuchen, ihre Lasten mitzutragen – getrieben von der Liebe Gottes. Ich würde mich aber schämen, die Leiden Jesu den Opfern der Shoah oder anderer Verbrechen als Sühnezeichen anzubieten. Etwas anderes ist es, wenn Menschen heute ein Zeichen geben wollen, dass sie für die Schuld der Nazizeit einstehen, wie es die »Aktion Sühnezeichen« tut. Denn da wird nicht auf einen Stellvertreter ausgewichen, sondern stellen sich Menschen selbst den Problemen.

VII. Jesu Hinrichtung ist nicht das zentrale Heilsgeschehen, sondern war die letzte Station seines Lebens für die Liebe Gottes

Jesu Tod war der Endpunkt eines konsequenten, unbeirrbaren Lebensweges, der die bedingungslose Liebe Gottes zur Welt ausstrahlt. Für sich genommen, ist dieser Tod kein Heilsgeschehen und hat keinen Heilsschatz geschaffen, von dem die Kirche austeilen könnte. Er hat Jesu irdischem Leben nichts Größeres hinzugefügt, als es bis zu seiner Hinrichtung an sich hatte. Jesu Tod ist vielmehr der letzte

15. Stellungnahme der EKHN zur Sühnopfertheologie, Abschnitt 11.
16. Im Gespräch über dieses Karfreitagskapitel hat Gerhart Herold den Gedanken eingebracht, dass die in der Sühnopfertheologie steckende Lehre von dem in seinem Wesen bösen Menschen als eine »mitlaufende Gegeninformation« auch zur Ethik Jesu gewirkt hat.

Ausdruck der aus Liebe geborenen Entscheidung Gottes, sich mit unserem Leben zu verbinden und dabei um den Tod herum keinen Bogen zu machen. Der Begriff der Inkarnation, der »Fleischwerdung« Gottes, spricht von demselben Geschehen. Aber Gott hat Jesu Sterben weder verursacht noch verhindert oder gar als Heilsgeschehen instrumentalisiert. Er hat es mit Jesus *erlitten.* Was Gott mit Jesu Tod zu tun hat, kommt erst auf der Rückseite des Sterbens, an Ostern, zur Sprache, als Jesus sich durch den Geist als lebendig erweist.

Die christlich-byzantinische Theologie und später der Islam haben diese ungeschminkte Sicht des Todes Jesu nicht mehr verstehen können und bestritten, dass Jesus wirklich am Kreuz gestorben sei. Statt seiner sei ein anderer gekreuzigt worden, sagt der Koran. Doch was könnte Auferstehung uns Sterblichen bedeuten, wenn Jesus selbst am Tod vorbeigekommen wäre? Liturgie will Mut zum Leben machen und mitten im Leben helfen, den Tod als Tor zu neuem Leben zu sehen. Sie will von Angst befreien, indem sie den Tod entkriminalisiert und in das Licht von Ostern stellt. Liturgie(reform) darf heute nicht mehr der Rekonstruktion alter Mess(opfer)formulare dienen. Nach allem, was wir exegetisch wissen, hat Jesus diese Opfermahlfeier weder »eingesetzt« noch im Sinn gehabt. Für ihre Abendmahlsliturgien kann sich keine der Kirchen mit gutem Gewissen auf Jesus berufen. Genauso deutlich muss aber der neuen römisch-katholischen Betonung der Messe als erinnernder Opferhandlung widersprochen werden, die ein dazu geweihter (zölibatär lebender) Priester vollziehen müsse. Wenn irgendetwas die Ökumene belastet und ein gemeinsames Abendmahl in weite Ferne schiebt, dann ist es diese Theologie, mit der wichtige Weichenstellungen revidiert werden, die von Johannes XXIII. und dem Zweiten Vatikanischen Konzil vollzogen worden waren.

Gottesdienst will den Glauben stärken, im Leben wie im Sterben in der Liebe Gottes geborgen zu sein. Die Botschaft, diese Liebe gründe in dem um Gottes willen stellvertretend »für uns« geschehenen Kreuzestod, bewirkt das Gegenteil. Das spüren schon Kinder, wenn sie sagen, dass sie wegen des Gekreuzigten ungern in eine Kirche gehen. Sie wehren sich heftig gegen den Gedanken, dieser Jesus habe *ihretwegen* so erbärmlich sterben müssen. Auch die im Gottesdienst erteilte Zusage der Vergebung macht weder sie noch Erwachsene wirklich froh, wenn sie auf den Schmerzensmann sehen und glauben sollen, sein Tod sei für Gott und unser »Heil« notwendig gewesen, weil wir alle eigentlich diesen Tod für unsere Sünden verdient hätten. Solch ein Glaube schafft keinen Frieden mit Gott, sondern tiefes Misstrauen ihm gegenüber. Der christliche Glaube gründet nicht darauf, dass Jesus für uns gestorben ist, sondern darauf, dass er unser Leben und Sterben geteilt hat, dass er einen liebenden Gott – also einen, der uns leiden kann – bezeugt hat und nicht im Tod verschwunden ist. Das ist die Botschaft, die wir und Außenstehende eigentlich an unseren Gottesdiensten ablesen können sollten.

Es stellt eine Verzerrung der Probleme dar, wenn gelegentlich behauptet wird, die Sühnopfertheologie werde abgelehnt, weil sie dem modernen Menschen zu »sperrig« wäre. Sie passe nicht zu einem aufgeklärten Menschenbild, das von Autonomie und Selbstbewusstsein bestimmt sei und die Realität des Bösen in der erlösungsbedürftigen Welt nicht wahrhaben wolle. Selbst Hitlers krankhafte Grausamkeit kann dann als Nothelfer zitiert werden, um die ungeheure Macht des menschlichen Bösen zu beweisen und den grausamen, aber Sühne wirkenden Tod Jesu als homöopathische Medizin dagegensetzen zu können[17]. Merkwürdig klingen solche Reden, die dazu dienen, dem antiken Modell göttlicher Gewalt und Gnade und der daran orientierten eigenen Theologie so viel Größe einzureden. Ziel ist dabei, dass sich der »moderne Mensch« möglichst klein fühlen soll, wenn er diese Theologie ablehnt, weil er – wie ich – nicht zuletzt aus den Gewalttaten und Versäumnissen der eigenen Religion in der Geschichte lernen möchte.

Auch diese Form von Versuchen, die Sühnopfertheologie zu ret-

17. Ich beziehe mich auf einen Vortrag, den der sächsische Landesbischof Bohl bei den Pfarrertagen 2008 in Sachsen gehalten hat. Mir scheint, es hätte einem Bischof heute besser zu Gesicht gestanden einzugestehen, dass es den Kirchen in Deutschland während des Dritten Reiches ganz offenbar an einer entschiedenen Bindung an Jesus und seine Verkündigung gefehlt hat und dass sie es versäumt haben, rechtzeitig und öffentlich gegen die gewalttätige Doktrin und Praxis der Nazis vorzugehen. Indem das Desaster jetzt auf die Sündhaftigkeit des Menschen abgeschoben wird, wäscht sich die Kirche, jedenfalls von der Verkündigung Jesu her betrachtet, zu Unrecht rein.

ten, kann sich keinesfalls auf jenes Gottes- und Menschenbild berufen, das zur »frohen Botschaft« Jesu gehört. Sie stellt allenfalls einen misslungenen Verriss dar. Letztlich geht es darum, Jesus und seine Botschaft klein zu halten und weiterhin ihrer radikalen Kraft zu berauben, damit sich nichts ändern muss – weder in der Theologie noch in der Liturgie oder in den Herrschaftsstrukturen. Viele Befürworter der Sühnopfertheologie können offenbar nicht wahrnehmen, dass und warum einige von Israels großen Propheten den blutigen Opferkult strikt abgelehnt haben und Jesus entschieden in ihre Fußstapfen getreten ist: »Barmherzigkeit will ich und keine Opfer« *(Hosea 6,6; Matthäus 9,13; 12,7)* – das war das Motiv, dem sie folgten, aber es war schon damals ein offenbar von der herrschenden Theologie *nicht geliebtes* Motiv[18]. Weder die Propheten noch Jesus haben sich damit durchsetzen können. Denn es ist ja auch viel leichter, sich Stellvertreter zu nehmen und sie zu opfern, als sich selbst zu ändern. Und wenn Gott meine Sünde so wichtig ist, dass er seinen eigenen Sohn dafür opfert, damit Versöhnung zwischen ihm und uns geschieht, dann entspringt daraus für mich sogar noch ein ungeheurer narzisstischer Gewinn: Meine Sünde macht mich bedeutend, ja, sie zwingt Gott, den guten Gott, sogar, eine Untat zu vollbringen und seinen Heiligenschein zu verlieren. Und so beherrscht meine Sünde letztlich die Welt – und Gott ist geworden wie unsereiner *(vgl. 1. Buch Mose 3,22)*. Das ist gewiss eine ungewohnte Sicht der Dinge. Aber sie muss zur Sprache kommen, wenn es *ernsthaft* um Aufklärung gehen soll. Denn dann muss auch die tiefenpsychologische Ebene theologischer Denkfiguren behandelt werden.

In der prophetischen und in Jesu Kritik am Konzept des stellvertretenden Leidens und Sühnopfers wird die Vorstellung des total von der Sünde bestimmten Menschen nicht mehr akzeptiert. Wir Menschen werden dabei aber keinesfalls idealisiert. Doch es wird davon ausgegangen, dass das Leben schwer ist, und uns trotzdem die Möglichkeit zugestanden, Jesus auf dem Weg des Lebens nach-

---

18. Es ist schon deshalb eine böse Farce, wenn Hans-Martin Gutmann mir »Antijudaismus« (in: ZeitZeichen 11/2007) und die EKHN »eine theologisch äußerst gefährliche Israel-Ferne« (in Abschnitt 11) vorwerfen, weil ich die Deutung des Todes Jesu als Sühnopfer ablehne.

folgen zu *können*. Seine sogenannte »Seligpreisung der Kinder«, denen er das Reich Gottes zugesprochen hat *(Matthäus 19,13-15, vgl. 18,3)*, ist die deutliche Bestreitung einer Anthropologie, die den Menschen als »böse von Jugend auf« *(1. Buch Mose 8,21)* bezeichnet und ihm nur auf dem Gnadenweg ein Lebensrecht zugesteht. Jesus hätte diese Anthropologie auch kaum als Rechtfertigung der Sintflut gelten lassen *(vgl. 1. Buch Mose 6,5-7)*. Der Kern des Evangeliums ist nicht eine unerfüllbare Gehorsamsforderung, die das Leben noch schwerer macht, als es schon ist, und das Leben zur Gesetzeserfüllung verzweckt. Sondern es geht im Evangelium um jene Liebe Gottes, die dazu da ist, das schwere Leben der Menschen zu erleichtern, und um einen Gott, der sich ganz in ihren Dienst stellt *(Markus 2,27)*. Das ist die Art, in der Jesus »Herr« über die göttlichen Gebote geworden ist *(Markus 2,28)*: Er hat sie wieder radikal in den Dienst am Leben gestellt. Beglaubigt hat er das Paradox einer ›dienenden Herrschaft‹ dadurch, dass er sich dem Gott der unbedingten Liebe mit seinem ganzen Leben, also bedingungslos, hingegeben hat.

Titelthema :

VIII. Es ist Zeit für Theologie und Kirche, sich an Jesu Leben zu orientieren: Mehr Leben, bitte! Und mehr Selbstkritik!

Deshalb ist es Zeit, den christlichen Glauben wieder entschieden auf *den* Grund zu stellen, der die ersten Christen dazu bewogen hatte, Gott neu zu verstehen: auf die *Auferstehung Jesu*. Und das heißt: auf den Aufstand Gottes gegen seelische und körperliche Gewalt, gegen Religion als Mittel, Abhängigkeit und unbedingten Gehorsam zu erzwingen und unsere Sterblichkeit als Sündenfolge zu diskriminieren. Christlicher Glaube heißt, sich auf Jesus und den mit allem Ernst liebenden Gott zu gründen und uns endlich von antiken Gottes- und Menschenbildern zu lösen, sofern sie Jesu Botschaft widersprechen. Das geht aber nur, wenn sich auch unsere Gottesdienste, insbesondere das Abendmahl, in Ritus, Sprache und Theologie von antiken Opfer-, Tauschhandels- und Mysterienritualen lösen und zu Festen werden, die – wie das auch von Jesus mit seinen Jüngern gefeierte jüdische Festmahl – Gott für die Fülle der Lebensgaben danken. Zugleich geht es darum, die Leiden der ganzen Schöpfung solidarisch zur Sprache zu bringen. Christlicher Gottesdienst lädt zur Ehrfurcht vor und Verantwortung für das Leben aller Geschöpfe ein und lehrt, den Tod als Transformation in ein anderes Leben zu verstehen.

Zu den Lebensgaben Gottes gehören die Schöpfung genauso wie das Leben Jesu, gehören Liebe und Geist, die uns im Leben halten und Kraft geben, notwendige Abschiede zu vollziehen. Zu den Lebensgaben Gottes rechne ich aber auch die uns von Jesus gegebene Vollmacht, einander Sünden zu vergeben. *Sie* muss im Gottesdienst lebendige Praxis werden und die antike Rollenverteilung zwischen Priestern am Altar und Gläubigen als Empfängern in den Bänken endlich überwinden. Das Kreuz wird dann zum Ausdruck von Gottes Mitleiden mit allen Gequälten und Erniedrigten – kann also im Osterlicht seiner Lebensantwort verstanden werden. Sie setzt sich im Alltag als Caritas bzw. Diakonie fort. Weil es um den Glauben an den mitleidenden und mitlebenden Gott geht, können auch Elemente wie der Tanz wieder in den Gottesdienst Einzug halten und zu einer Antwort an Gott als den Liebhaber des Lebens werden – auch unter dem Kreuz.

Ein Letztes: Die meisten Menschen glauben, dass Gott – wenn er denn überhaupt nach Art menschlicher Personalität gedacht werden darf[19] – (theo-)logischerweise nur *Einer* bzw. *Eine* sein kann. Und sie haben Recht damit. Das nötigt dazu, in unseren Gottesdiensten Spuren dieses Gottes zu bedenken, die in anderen Religionen wahrgenommen worden sind und aufbewahrt werden. Neben den eigenen müssen deshalb auch bislang fremde Texte gelesen und ausgelegt und fremde Bräuche und Riten interpretiert werden. Alle beziehen sich auf »Ihn« bzw. »Sie« – auch wenn sie durch unterschiedliche kulturelle Prägungen differente Gottes- und Glaubensvorstellungen zum Ausdruck gebracht haben.

Aber wir müssen uns selbst und die anderen Religionen auch selbstkritisch fragen lernen, mit welchen Lehren und Riten wir le-

---

19. Vgl. dazu die Bemühungen von Willigis Jäger und Matthias Kroeger, die anthropomorphe Rede von Gott zu überwinden, und unten S. 157f. zur Anrede im Unser-Vater-Gebet Jesu.

bensfeindliche Vorstellungen eingeübt haben. Die in den Traditionen der Juden, Christen und Muslime verankerte Opfertheologie eignet sich hervorragend dazu, mit der Selbstkritik zu beginnen. Denn von der darin enthaltenen Idee, dass es *eine* Form tödlicher Gewalt gäbe, die Gott gefällt, führt eine direkte Verbindung auch zur Heiligung der Gewalt in Kriegen. In diese Geschichte sind alle Religionen verwickelt, die eine »heilige« tödliche Gewalt kennen. Denn wer glaubt, dass Gott tödliche Gewalt als Mittel zum Heil benutzt hat, wird selbst immer wieder der Gewalt als letztem Mittel zustimmen, wenn er meint, nur so einem »heiligen« Zweck dienen zu können. Die Bereitschaft zu einem selbstkritischen Gespräch mit anderen Religionen, die eine Opfertheologie haben, können wir jedenfalls zu erkennen geben, indem wir die eigene Liturgie an den Stellen verändern, in denen die Opfertheologie immer noch verankert ist. Sie muss ersetzt werden durch einen Glauben, wie ihn *Eugen Biser* formuliert hat: »In seinem Tod gibt sich Jesus als Individuum auf, um als Gegenwärtiger in den Seinen auf- und fortzuleben.«[20] So könnte Jesus dann doch noch von dem Kreuz herabsteigen, an das er genagelt wurde, um den Menschen nicht zu nahezukommen mit den Zumutungen seiner Predigt.

20. E. Biser, Theologie der Zukunft, S. 78 f., und Gotteskindschaft, S. 272.

Kreuzesmeditation

George Grosz: »Maul halten – und weiter dienen«

George Grosz: »Christus mit Gasmakse, Maul halten – und weiter dienen«, 1927, Kreide, 44 × 55 cm, © VG Bild-Kunst, Bonn 2011

George Grosz (1893-1959) hat, als nach dem Ersten Weltkrieg schon wieder Bestrebungen zu erkennen waren, einen zweiten Weltkrieg zu beginnen, in mehreren Karikaturen den Gekreuzigten als Instrument von Interessen dargestellt, die Jesu Botschaft nach seiner Auffassung ganz und gar zuwiderliefen. Das zeigen vor allem die Soldatenstiefel, in die seine Füße gesteckt worden sind. Die Gasmaske ist zugleich der Maulkorb, der seinen Protest erstickt. So bleibt ihm nur, seinen Unterdrückern mit der Linken ein kleines Kreuz entgegenzuhalten. In einer Version von 1924 steht unter der Karikatur zu lesen: »Maul halten – und weiter dienen«.

Grosz wurde in einem aufwendigen Prozess, der zwischen 1928 und 1931 durch mehrere Instanzen lief, wegen Gotteslästerung angeklagt. In diesem Prozess wirkten die neuen Propagandisten der arischen Kunst, die aus Jesus einen arischen Helden machen wollten, und die evangelische Kirche (der Grosz »formell«, wie er sagte, angehörte) auf seine Verurteilung hin. Kirchliche Verbände organisierten gegen ihn und andere Künstler Demonstrationen der Empörung gegen solche »entartete« Kunst. Grosz ist dann zwar letztinstanzlich vom Vorwurf der Gotteslästerung freigesprochen worden. Seine Grafik aber musste auf Gerichtsbeschluss in den greifbaren Exemplaren vernichtet werden.

Es ist an der Zeit, ihm öffentlich Dank zu sagen dafür, dass er an einem Punkt der Geschichte überdeutlich herausgestellt hat, wie wenig sich diejenigen, die Jesus für ihre Zwecke benutzen wollen, darum kümmern, was er gesagt und getan hat. Aber auch dafür gilt ihm Dank, dass er ausgesprochen hat, dass die als Heilsgeschehen gedeutete Hinrichtung Jesu auf Menschen als Vergewaltigung wirken kann, wenn sich die Kirchen nicht mit der Liebespredigt Jesu, sondern mit der Heiligung von tödlicher Gewalt identifizieren. Am 10.12.1928 hat Grosz die Grafik mit dem zitierten Befehl für das Gericht folgendermaßen beschrieben: »Das Bild stellt einen Christus dar, der von der kriegerischen Idee vergewaltigt wird ... Ich stelle mir Christus als einen Prediger der Liebe vor und dachte mir die Situation, wenn er wieder auf die Erde käme so, wie auf dem Bild dargestellt. Die unter dem Bild stehenden Worte (›Maul halten und weiter dienen‹) sollen an Christus gerichtet, nicht aber von ihm gesagt sein.«[1]

1. Zitiert aus einer Sendung des Deutschlandfunks vom 22.10.1992 »Vom ›entarteten‹ Christus zur ›entarteten‹ Kunst«.

Die Karikatur von George Grosz kann heute zum Beispiel dazu helfen, dass wir das immer wieder geäußerte Entsetzen von Kindern ernstnehmen, die in eine Kirche kommen, den gequälten Gekreuzigten sehen und als Legende zu diesem Schmerzensmann hören müssen, auch ihre Sünden hätten diesen Tod verursacht; denn um seiner Gerechtigkeit willen habe Gott (ein für alle Mal) diese blutige Sühne gewollt.

Wir haben heute zu entscheiden, ob wir Jesus mit unserer theologischen und liturgischen Praxis weiter für ein Gottes- und Menschenbild in Dienst nehmen wollen, das sein Leben außer Acht lässt und seine Verkündigung der Liebe Gottes widerruft. George Grosz' Karikatur verstehe ich als eine fromme Warnung. Ihre Requisiten wären leicht auszuwechseln, um deutlich zu machen, dass Jesus nicht nur durch die Indienstnahme für den Krieg, sondern heute auch von der Idee vergewaltigt wird, seine Hinrichtung sei eine um Gottes Willen geschehene Sühneleistung für uns gewesen. Sie war die Strafe für seine radikale Veränderung des Gottesbildes und für den Verzicht auf jede Form von seelischer und körperlicher Gewalt. Doch dieser Antwort hat Gott nicht das letzte Wort gelassen.

Ostern

Jesus ist gestorben und hat neue Gestalten angenommen

I. Der Osterglaube bringt das Leben ins Zentrum des Glaubens zurück

»Er ist auferstanden! Er ist wahrhaftig auferstanden!« So lautet der Ruf am Ostermorgen, am Ende der Osternachtliturgie der Kirchen, und er wird in der ganzen österlichen Zeit wiederholt. Es spricht viel dafür, dass die mit diesem Ruf ausgesprochene Ostererfahrung den christlichen Glauben begründet hat und trägt.

Denn dieser Ruf strahlt die Freude darüber aus, dass Jesus durch die brutale Hinrichtung am Kreuz nicht aus der Welt geschafft werden konnte. Und so ist uns das Wissen um sein Leben und die revolutionäre Art, wie er von Gott geredet hat, erhalten geblieben. Dass Gott uns Menschen ohne jede Bedingung und Vorleistung liebt, das hat Jesus uns vorgelebt. Gott weiß offenbar, dass das Leben unter den nun einmal herrschenden Bedingungen schwer ist und wir Hilfe zum Leben, also Liebe, brauchen. Erst diese unhinterfragbare Liebe macht uns fähig, die Rechte der anderen anzuerkennen und mit anderen mitzuleiden, auch ohne Gegenleistung. Das ist der Kern der »guten Botschaft«, des Evangeliums, und weit entfernt von aller Verharmlosungstheologie, die das Heil ins Dogma verlegt und an der Lebensrealität vorbeiredet. Vielmehr gilt: Selbst der ungeschminkte Tod, der ja nicht nur in den Darstellungen des Gekreuzigten, sondern auch in all unseren Sterbebetten und Leichenschauhäusern und täglich an Millionen von Unglücksorten auf der Welt zu besichtigen ist und uns Angst einflößt, – selbst der nackte Tod hat *nicht* das letzte Wort, wenn es ums Leben geht.

Der Osterglaube setzt auf die Erfahrung, dass auch Jesus zwar umgebracht werden konnte, sich aber trotzdem durch den Geist und die unbändige Liebe Gottes zum Leben als lebendig erwiesen hat. Doch Osterglaube glaubt auch, dass alle, die sich von Gottes Geist und Liebe anstecken lassen, wie Jesus an dem lebendigen Gott

Anteil haben und behalten. Das heißt konkret: Auferstehung ist ein bildhaftes Geschehen. Es markiert den Übergang von Menschen, die durch ihre begrenzte Lebenszeit und den unterschiedlichen Zeitpunkt ihrer Geburt *ungleichzeitig zueinander* sind, in die Gleichzeitigkeit mit Gott.

II. Liebe kann nicht verloren gehen

Hinter dieser Aussage steht keine Flucht in eine religiöse Sonderwelt, sondern ein Wissen, das der Glaube und die moderne Naturwissenschaft teilen. Denn selbst aus »naturwissenschaftlicher Sicht kann nichts«, kein Wassermolekül und auch keine Quanteninformation, »den Kosmos verlassen«.[1] Theologisch gesprochen: Geist und Liebe sind das, was die Welt, den Kosmos, im Innersten zusammenhält und was nicht verloren geht, wenn die sichtbare Leiblichkeit der Geschöpfe endet. Sie sind der Lebensodem Gottes, von dem und aus dem alles lebt.

Der Glaube, dass Jesus »auferstanden« ist, formuliert dasselbe Grundwissen zwar in antiken Denkmustern, enthält aber denselben großen Trost: Liebe, die in diesem Leben gelebt worden ist, bleibt auch nach dem Tod der Individuen erhalten und sucht sich eine neue Gestalt, in der sie lebendig ist. Das hat Gott mit der Schöpfung schon so entschieden und mit den Ostererfahrungen verständlich machen wollen, als es an der Zeit war. Deshalb ist der Auferstandene in den Ostererzählungen nicht an seiner *Gestalt* als auferstandener *Jesus* zu erkennen gewesen. Dass er es trotzdem – also »wahrhaftig« – war, vermittelten den Jüngerinnen und Jüngern Erfahrungen, die sie im gemeinsamen Leben mit Jesus gemacht hatten. Nur sie. Das ist das Geheimnis der Liebe: Sie schafft, was Motte, Rost und Tod

---

1.   Thomas Görnitz / Brigitte Görnitz, Die Evolution des Geistigen, S. 351. Autor und Autorin fahren fort: »Selbstverständlich ist die Struktur dieser Information nach dem Tode jedenfalls verschieden von der des Lebendigen, aber sie existiert weiterhin.«

nicht zerstören können, und »höret nimmer auf« *(1. Korintherbrief 13,8).*

Das gilt auch für uns und die Kraft, die uns im Leben hält. Denn wo Liebe ist, da ist Gott. Die Vielfalt und Vielgestalt der Religionen zeigt, dass Gott wegen eben dieser Liebe zu allen seinen Geschöpfen in den unterschiedlichsten Kulturen auf unserer Erde auch selbst sehr vielgestaltig sein konnte und kann. Wir mindern nicht, sondern respektieren die Hoheit Gottes erst recht, wenn wir unsere Ansprüche auf den Besitz *der* (absoluten) Wahrheit zurücknehmen und anerkennen, dass keine Religion über den perspektivisch gebrochenen Zugang zur Wahrheit hinauskommt. *Ganz* ist Gott in unserem Leben, wo wir ganz im Leben angekommen sind: als Mensch mit Menschen und Tieren und Pflanzen, dankbar und demütig. Demütig heißt: dass wir das Leben genießen und schützen, statt es in ungezügelter Gier zu verbrauchen. Über diese Gotteserfahrung im Leben geht nichts hinaus. Osterglaube ist also nicht im Museum der Religionsgeschichte zu bestaunen, sondern lebendiger Glaube, der sich von den wandelnden Formen des Lebens überraschen lässt.

Es ist dem Zweiten Vatikanischen Konzil und seinem geistigen und geistlichen Vater, Papst Johannes XXIII., zu danken, dass Ostern theologisch und liturgisch wieder in das Ganze der christlichen Passafeier eingefügt worden ist. Dadurch war es endlich wieder gelungen, Ostern als Gottes Antwort auf die Gewalttat am Karfreitag zu verstehen. Und dadurch können wir Gott wieder als denjenigen feiern, der Jesus als den Liebhaber des Lebens bestätigt hat – und das heißt: auch in unserem Leben lebendig sein lässt. Dieses Konzil hat letztlich auch uns Protestanten einen starken Impuls vermittelt, unsere alte Fixiertheit auf den Tod Jesu am Kreuz – als wäre es die eigentliche und einzig wahre Heilstat – zu lösen. Wir können das ganze Geschehen aus Karfreitag und Ostern wieder mit dem Leben Jesu verbinden und den *ganzen* Jesus – den irdischen und den auferstandenen – als Gottes Lebensgabe an uns feiern. Das heißt auch: Keinesfalls darf der »Christus der Kirche«, der im Hellenismus entstanden ist, gegen das gestellt werden, was wir als Botschaft Jesu aus den Evangelien erkennen. Wir leben zum Glück nicht mehr in einer hellenistischen Kultur.

Katholiken und Protestanten haben also allen Grund, Johannes

XXIII. zu erinnern und dafür einzutreten, dass die großen Weichenstellungen des Zweiten Vatikanischen Konzils nicht wieder verwischt
oder gar rückgängig gemacht werden. Wer glaubt, dass Jesus Christus der auferstandene – und das heißt: der gegenwärtige – Herr der
Kirche ist, muss auch bereit sein, Theologie und Praxis der Kirchen
der Kritik durch die Verkündigung Jesu auszusetzen. Es ist Zeit, dass
die Kirchen sich dieser theologischen Aufklärung in ihren Gemeinden von sich aus widmen und nicht warten, bis neue atheistische
Attacken sie in die Enge treiben.

Diese notwendige theologische Kritik setzt fort, was die theologische Forschung beider großen Kirchen im Westen die *historische
Kritik der Bibel* nennt. Diese untersucht, wie die biblischen Bücher
als Literatur entstanden sind, ihre Verbindung zur jeweiligen Um-
welt und so weiter. Worum es geht, mag die neutestamentliche Erzählung vom »leeren Grab« und seine kritische Deutung erläutern.
Doch zuerst sei noch einmal gesagt: Der Glaube, dass Jesus Christus
nicht im Tod verschwunden, sondern in Geist und Liebe gegenwärtig ist, ist der Kern des Osterglaubens damals wie heute. Dieser
Glaube schließt ein, dass auch *unser* leiblicher Tod unseren individuellen Anteil an Gottes Geist und Liebe, unsere Gottesbeziehung
also, nicht zerstören wird.

III. Auferstehung bezeugt als bildliche Rede die auf der Rück-
seite des Sterbens geschehende Verwandlung des Lebens

Um das auszudrücken, benutzen wir heute aber keine antiken religiösen Bilder mehr wie das vom leeren Grab. Denn trotz unserer
eigenen Hoffnung auf Auferstehung glauben wir nicht, dass unser
Grab irgendwann schlagartig leer sein wird. Unser Glaube setzt
nichts außer Kraft, was wir von Sterben und Verwesung wissen.
Glaube hebt nicht auf, dass Gott alles Leben sterblich geschaffen hat.
Er verbindet sich vielmehr mit unserem Wissen von Gottes Welt
und den großen Vorgängen von Geborenwerden und Sterben –
und seit es die Quantenphysik gibt, auch mit dem Wissen um Neuschöpfung auf der Rückseite des Sterbens im All. Denn auch die

»schwarzen Löcher«, die alle Materie verschlingen, die in ihre Nähe kommt, sind keine Endstationen, sondern Tore zu neuer Lebensgestalt, Transformatoren von Energie.

Wir Christen haben uns – jedenfalls in Europa – sehr lange mit Fragen beschäftigt, die den Leib des Auferstandenen und das sogenannte »leere Grab« betreffen – und dann natürlich auch mit der Frage, wie *wir* denn einmal auferstehen werden. Die Wie-Frage meint die Leiblichkeit, gewissermaßen den physikalischen und biologischen Aspekt des Lebens. Auch Paulus kannte sie schon und ist im 1. Korintherbrief 15 ausführlich auf sie eingegangen. Die Wie-Frage entsteht für Menschen in unserer Kultur, weil wir Glaubensvorstellungen zusammen denken möchten mit dem, was wir von der Welt, in der wir leben, wissen. Das ist ein legitimer Wunsch. Und darum müssen wir auch auf sie antworten.

Die Probleme mit der Auferstehung sind im Grunde entstanden, weil wir Christen lange Zeit Auferstehung als einen Vorgang gedacht hatten, durch den Gestorbene leiblich wiederhergestellt würden. Man hatte also den Tod und die unausweichliche Verwesung alles Leiblichen nicht ernst genommen. Schuld daran ist, dass Markus 16,1-8 und die Parallelen bei Matthäus und Lukas bekanntlich erzählen, dass das Grab Jesu am Ostermorgen leer gewesen sei. Und daraus hat man geschlossen, dass Auferstehung in der alten Leiblichkeit geschehe, gewissermaßen an allen Menschheitserfahrungen vorbei. Dabei ist Auferstehung mit der Vorstellung von der leiblichen Himmelfahrt verbunden worden, die es in antiken Mythen vielfältig gab. Außerdem haben die Christen mit der Geschichte vom leeren Grab angeknüpft an die altägyptische Bezeichnung für »Grab«. Im Ägyptischen hatte »Grab« nämlich, wie ich gelernt habe, nichts mit Graben und Grube zu tun, sondern bedeutete, übersetzt: »der Ort, an dem man (von den Toten) aufersteht«. Denkt man dies alles mit dem Interesse an der Wie-Frage zusammen, dann lag es nahe, aus dem »Ort, an dem man aufersteht«, ein leeres Grab zu machen und aus der Auferstehung eine leibliche Himmelfahrt – obwohl niemand sagen konnte, wohin denn diese Auffahrt Jesus selbst und die in der Nachfolge Jesu Gestorbenen und Auferstandenen geführt habe und führe. Mit anderen Worten: »das leere Grab« ist ein Bildwort, mehr nicht.

Paulus hat dagegen auf die Frage, was in der Auferstehung der Toten geschieht, eine überzeugende Antwort gefunden. Er setzt ohne Umschweife bei der Tatsache an, dass Menschen – wie andere Geschöpfe auch – nach dem Tod verwesen. Und er fährt fort, dass die Auferstehenden zwar auch eine Art Leib haben, dass dieser Leib aber kein fleischlicher und verweslicher sei, sondern ein »pneumatischer« Leib, ein geistiger, unverweslicher Leib. In einem modernen Bild gesprochen, sagt er, dass in der dem Tod folgenden Auferstehung der verwesliche Leib in einen Leib »verwandelt« werde, dessen »Stoff« Geist ist. Diese Verwandlung ändert nichts am Fortgang der Verwesung, sondern findet gewissermaßen auf der Rückseite dieses mit dem leiblichen Tod eingeleiteten Verfalls statt. Geist ist Energie und in der Lage, sich neue Gestalt zu suchen. Von ihr können wir nur so viel sagen, dass sie nicht mehr identisch ist mit der irdischen Leiblichkeit, in der wir sterben werden, und dass es trotzdem ein Kontinuum gibt. Da die neue »Leiblichkeit« eine geistige ist, kann dieses Kontinuum wieder nur etwas sein, dessen »Stoff« Geist ist.

Es ist also wichtig, dass wir die Fragen, die mit der Leiblichkeit zu tun haben, nicht durch die Anknüpfung an Himmelfahrtsvorstellungen auf das falsche Gleis schieben, das an Tod und Verwesung vorbeiführt. Angemessen ist es, Auferstehung mit Paulus als Verwandlung, als Metamorphose, als Gestaltwandel, zu beschreiben und so den Blick frei zu behalten für die veränderte Wirklichkeit, die Ostern geschaffen hat. Was ist dabei verändert worden? Wie schon am Anfang gesagt, dies: Gott hat mit der Auferstehung Jesu dem Tod nicht das letzte Wort gelassen, sondern es dem Leben gegeben. Denn der Getötete hat sich im Leben der Seinen als der Lebendige, als ihre Lebenskraft, erwiesen.

Davon reden die Ostererzählungen auf ihre logisch in sich widersprüchliche Art und Weise. So sagt die Erzählung Johannes 20,19-23, dass der Auferstandene zwar eine Gestalt hatte, als er zu den Jüngern kam. Aber sie sagt auch, dass er von seiner Gestalt her nicht als der Jesus zu erkennen gewesen ist, den man von Angesicht kannte. Indem diese Gestalt den Raum, in dem die Jünger saßen, bei geschlossener Tür betreten konnte, ist ferner gesagt, dass seine Leiblichkeit nicht mehr mit der irdischen, sterblichen Leiblichkeit der Jünger identisch gewesen ist. Der Auferstandene hat offenbar einen neuen, anderen Leib, als ihn der Irdische hatte. Und das heißt: Er ist nicht einfach ins Leben zurückgekehrt. Was wie ein Verwirrspiel anmutet, sagt den Lesern erzählerisch, dass die Osterbotschaft in der Erfahrung wurzelt, dass der am Kreuz Hingerichtete durch diesen Gewaltakt nicht aus der Welt heraus zu schaffen gewesen ist, sondern in den Gläubigen seine Gottessohnschaft und Geisteskindschaft entfaltet hat. Der Auferstandene ist lebendig durch das, was er mit den und durch die Menschen tut, die – wie es heißt – ihm »nachfolgen«, »an ihn glauben«, »in ihm bleiben«: Er nimmt sie in seinen Christusdienst am Leben hinein. Und so lenkt er die Blicke der Jesus Nachtrauernden ins Leben zurück und sendet sie aus: »Wie mich der Vater gesandt hat, so sende ich euch.« *(Johannes 20,21)*. Jesus ist also gestorben, um in den Seinen »als ihr Identitätsgrund und ihre wahre Ich-Mitte« aufzuleben[2]. Ziel ist dabei die »Einwohnung ... im Herzen der Seinen«[3].

IV. Das Geheimnis von Ostern: Jesus entfaltet seine Sendung in der schöpferischen Kraft des Geistes und der Vergebung

Das also ist das Geheimnis der Auferstehung: Obwohl Jesus gestorben und leiblich verwest ist, geht seine Gesandtschaft, sein Dienst am Leben, weiter – durch die von ihm gesandten Jünger und Jüngerinnen. Als Vollmacht für diese Gesandtschaft gibt er ihnen den Heiligen Geist. Das Evangelium, heißt das, ist kein Modell, das mit Jesu Tod ausgelaufen wäre, sondern es bleibt das Lebensmodell mit Zukunft. Der Erzählung vom leeren Grab können wir, obwohl sie dem Gedanken der Verwandlung im Wege steht, trotzdem auch heute noch etwas Gutes abgewinnen: Durch sie sollte wohl verhindert werden, dass es um Jesu vermeintliches Grab einen Kult geben würde wie bei anderen großen religiösen Gestalten. Doch diese Warnung ist, wie wir wissen, in der Kirche leider nicht verstanden worden.

2. E. Biser, Die Entdeckung des Christentums, S. 27.
3. E. Biser, Gotteskindschaft, S. 281-284; Jesus, S. 72. 84.

Zurück zum Zentrum: Worin zeigt sich die Gesandtschaft zu allererst, zu der der Auferstandene die Seinen bevollmächtigt hat? Worin wird sie wirksam? In der Vergebung der Sünden. In nicht mehr und in nicht weniger als in dieser ungeheuren Vollmacht, die in den Vorläuferreligionen des Christentums Gott allein oder einzelnen Bevollmächtigten vorbehalten geblieben war. Diese Vollmacht, Menschen Sünden zu vergeben, hat Gott auf Jesus übertragen; und der hat sie als den großen Dienst am Leben inszeniert. Das ist die Jesus-Revolution. Denn nur, wenn Vergebung das Mit- und Gegeneinander der Menschen verändern kann, kann sie ihre Kraft entfalten. Also hat er selbst davon reichlich Gebrauch gemacht, auch gegenüber Berufsbetrügern und notorischen Sündern und Huren. Nach Gottes Willen und Liebe sollen sie leben. Sie sollen von Gottes *Liebe* bekehrt werden und nicht durch Zorn und Drohung. So wirkt das Heilandswerk der Vergebung. Darum durfte dieses Heilandswerk mit Jesu Tod auch nicht enden. Vergebung wird jeden Tag gebraucht, weil wir immer wieder schuldig werden. Und also schickt Jesus Christus auch die Christen aus, Sünden zu vergeben. Er macht uns mit dem Lebenshauch des Heiligen Geistes zu *Christussen*, wie Luther einmal kühn gesagt hat. Vergeben – das ist Heilandsarbeit, Liebesdienst, Lebensgeschenk. Vergebung macht ein von der Liebe geprägtes Handeln erst möglich.

Darin gehören der Glaube und das, was wir vom Leben wissen können, zusammen. Osterglaube bringt Gott in das Verständnis der Wirklichkeit ein und schafft damit einen Rahmen, in dem Leben nicht nur funktioniert. Das ist der Sinn des Glaubenssatzes, den wir im 1. Johannesbrief finden: »Gott ist Liebe, und wer in der Liebe bleibt, der bleibt in Gott und Gott in ihm.« *(4,16).* Liebe und Geist sind der Schlüssel zum Leben, das sich wandelt, aber nicht vergeht. Man kann diese herrliche Glaubenszuversicht gar nicht oft genug zitieren. Denn sie sagt am besten, worum es in dem alten Bild von der Auferstehung geht.

In der Antike, in der das Neue Testament entstanden ist, waren »Berichte« wie der vom leeren Grab ganz offenbar glaubwürdige Zeugnisreden. Denn Glaubensaussagen wurden damals noch oft mit Mythen aus vorchristlicher Zeit verwoben, die jedermann geläufig waren. Dasselbe gilt für die – später bildlich vielfach dargestellte –

Himmelfahrt Christi. Konflikte mit einer Naturwissenschaft wie heute gab es nicht, weil auch das Weltbild von mythischen Vorstellungen durchzogen war. Heute, wo unsere Schulen das Weltbild der Quantenphysik vermitteln und jeder Aufnahmen von fremden Galaxien kennt, findet die Begegnung von Glaube und Naturwissenschaft auf einem anderen Niveau statt. Ostern kann uns Wegweiser sein in eine neue Verständigung von Glaube und Physik, wenn wir Auferstehung als Symbol des Lebens verstehen, das sterben muss, um nicht zu vergreisen und um Frucht zu bringen in neuer Lebensgestalt *(Johannes 12,24)*. In ihr sind Gott und Mensch in *einer* Wirklichkeit und in der Gestaltung des Lebens verbunden. Wenn auch auf andere Weise, so gilt heute wieder, dass Glauben und Wissen nicht (mehr) durch unterschiedliche Weltbilder getrennt sind. Der von mir gern zitierte Ausspruch des Physikers und Philosophen *Carl Friedrich von Weizsäcker*, dass »das Eigentliche des Wirklichen, das uns begegnet, Geist« ist, benennt die neue Perspektive, in der auch Physik als Geisteswissenschaft erkennbar wird. Und dadurch können wir auch wieder frohen Herzens nachsprechen, was von einigen Kirchenliedern zwar als Weihnachtswunder beschrieben worden ist, was im Grunde aber das *Wunder des Lebens* aussagt: »Gott wird Mensch dir Mensch zugute« (Paul Gerhardt), beziehungsweise und an uns adressiert: »dass Gott mit euch ist worden ein(s)«, denn »ihr seid nun worden Gotts Geschlecht« (Martin Luther)[4]. Das ist zugleich die österliche Antwort des Glaubens auf alle Leiden, die wir durch unser Leben in sterblicher Gestalt haben.

---

4. Das Lied von Paul Gerhardt hat im »Evangelischen Gesangbuch« die Nr. 36, das Luther-Lied die Nr. 25. Vgl. zur Rede davon, dass wir Menschen zu »Gottes Geschlecht« gehören: Apostelgeschichte 17,24-29.

Betet! Rogate!

Das Gebet Jesu

I. Es geht um Himmel und Erde, ums Leben

Das Unser-Vater-Gebet hat eine ganz einfache und klare Gliederung. Da ist zuerst die Anrede »Unser Vater im Himmel«. Sie spricht das neue Gottesverhältnis aus, das durch den Vater-Namen bestimmt wird. Wir sollen Gott anreden »wie die lieben Kinder ihren lieben Vater«, hat *Martin Luther* im »Kleinen Katechismus« dazu geschrieben – wobei heute zu ergänzen wäre: »und wie die lieben Kinder ihre liebe Mutter«. Durch die von Jesus in seiner aramäischen Muttersprache benutzte Anrede »Abba« wird jedenfalls ausgedrückt, dass er ein Gottesverhältnis hatte, das von Liebe und Vertrauen geprägt war und ihm erlaubte, Gott zu sagen, was Menschen Mutter und Vater anvertrauen, sofern das Verhältnis ein solches Vertrauen erlaubt. Wenn Jesus dieses Gebet seinen Jüngern empfohlen hat, heißt das: Nicht Angst, nicht blinder Gehorsam, nicht das Nachbeten von Dogmen sollen das Verhältnis zu Gott bestimmen, sondern Vertrauen in die Liebe Gottes. In eine Liebe, die nicht errungen werden muss und der gegenüber es auch keiner Fürsprecher bedarf. Denn sie kommt aus sich selbst heraus, ist frei und groß und stark und schön genug. Eine Liebe also, die uns wirklich leiden kann, weil sie erträgt, dass wir oft genug nicht so sind, wie wir gerne wären. Es ist eine himmlische Liebe, und gerade darum kann sie wahrnehmen, wie wir Irdischen sind und wie schwer das wirkliche Leben ist – also: wie sehr wir Liebe *brauchen*.

Diese Gottesanrede und alles, was wir erklärend zu ihr sagen können, geht von der Vorstellung aus, dass Gott ein Gegenüber ist. Und dieses Gegenüber haben wir gelernt, nach Art der Ich-Du-Beziehung zu denken, in der sich Menschen gegenüberstehen. Wir folgen damit menschlichen Beziehungs-Strukturen und können uns dabei auf die sogenannte »Gottebenbildlichkeit« des Menschen berufen, von der die Schöpfungsgeschichte nach Meinung der christlichen Dogmatik zu reden scheint *(1. Buch Mose 1,27)*. Bei näherem Hinsehen zeigt sich aber, dass auch das »Bild Gottes«, zu dem wir »Ebenbild« sind, eine menschliche Vorstellung von Gott meint, wie die menschengestaltigen Götterbilder überall zeigen. Die Neuzeit hat dann noch das Prädikat der Personalität damit verbunden. Alles zusammen heißt: Solange wir beim Beten überhaupt Vorstellungen von Gott behalten wollen, bleiben wir an diejenigen gebunden, die wir uns aufgrund eigener Erfahrungen und Wahrnehmungen machen. Wenn wir solche Vorstellungen aber aufgeben wollen und der johanneischen Theologie folgen, nach der Gott Geist ist, kommen wir von dem Zwang zur anthropomorphen Gestaltgebung für Gott weg und können sagen: »Gott ist Geist, und die ihn anbeten, müssen (ihn) in Geist und Wahrheit anbeten.« *(Johannes 4,24)*. Damit wird Gott herausgeholt aus der scheinbar darstellbaren Objektivität einer göttlichen Person, die uns gegenüber steht, ohne mit uns verbunden zu sein. Das Anbeten, also das bewusste Sich-in-Beziehung-Setzen zu Gott, kann dann nur dadurch geschehen, dass wir uns der Kraft anvertrauen, die von ihm ausgeht und zugleich in uns ist: dem *Geist* (dem Geist Gottes, Geist des Lebens, dem Geist, der Wahrheit ist etc.). Wo es um die personale Dimension unserer Existenz geht, also um das, was uns als einmalige Wesen zu Gott, Mitmenschen und anderen Mitgeschöpfen in Beziehung bringt, ist es durchaus sinnvoll, im »Anbeten in Geist und Wahrheit« auch die Liebe sprechen zu lassen, sofern sie uns zum Beten bewegt. Auf diese Weise geht nichts von dem im ersten Abschnitt zur vertrauensvollen Gottesanrede Jesu Gesagten verloren. Denn wir wissen, was wir meinen, wenn wir Du und Vater sagen: den Geist Gottes, der uns im Leben hält – von innen und außen.

Nach der Anrede, die Gott mit dem Himmel verbindet, geht es in den drei ersten Bitten um Gott: »dein« ist das Stichwort: *dein* Name werde geheiligt, *dein* Reich komme, *dein* Wille geschehe. Und dann kommen vier Bitten, in denen es um »uns« auf der Erde geht: um *unser* tägliches Brot, um *unsere* Schuld und ihre Vergebung, um das Standhalten in *unseren* Versuchungen und um *unsere* Erlösung von dem Bösen, das uns nicht nach Gottes Willen leben lässt, sondern unglücklich macht.

Um Himmel und Erde, um Gott und Menschen geht es im Unser-Vater also. Es geht ums Leben. Und Leben ist die *eine* Wirklichkeit, zu der Gott *und* Menschen gehören und in der sie durch den Geist mit allen anderen Geschöpfen verbunden sind. Es ist kein Zufall, dass das Gebet Jesu unseren Blick auf beide, auf Gott *und* Menschen, lenkt. Denn Jesus selbst ist es ja, in dessen Leben sich nach unserem Glauben Gott- und Menschsein verbunden haben. Dazu, dass wir wirklich *menschlich* leben können, muss Gott nicht nur im Himmel, sondern auch bei *uns* wirklich Gott sein können. Die Verbindung zwischen Himmel und Erde aber, zwischen dem Gottsein Gottes und dem Menschsein der Menschen, ist – *Liebe*. Denn »Gott ist Liebe, und wer in der Liebe bleibt, der bleibt in Gott und Gott in ihm« *(1. Johannes 4,16)*. Liebe ist der uns zugewandte Geist Gottes.

»Himmel« gehört zur religiösen Bildersprache. Im Indogermanischen wie auch im semitischen und arabischen Sprachbereich bedeuten das Wort *Himmel* und seine Äquivalente so viel wie »Decke«, »Mantel« und »Kleid«. Dass Gott nach der Schöpfungsgeschichte am ersten Tag »Himmel und Erde« *gemeinsam* geschaffen hat, heißt, dass die Erde nicht nackt und bloß, nicht für sich, sondern – wie das Bild vom Himmelsgewölbe ja sagt – *geborgen* geschaffen worden ist. Erde hat ein Gegenüber, mit dem sie zusammengehört und gemeinsam verstanden werden muss. Wie *Ich* und *Du* Grundworte des Lebens sind (Martin Buber), sind es *Himmel* und *Erde* und also *Gott* und *Mensch* auch. Denn Grundworte des Lebens verbinden komplementär miteinander, was der einfachen Logik unverbindbar erscheint und was doch zusammengehört.

II. Durch Jesus wissen wir: Unser Leben hat Gott in sich

Diese Bilder müssen wir heute natürlich verbinden mit all dem, was wir aus Physik und Biologie, aber auch aus der Religionsgeschichte wissen. Nur dann ist Glaube glaubwürdig, wenn er das kann. Wissenschaft gehört zum Leben, denn sie redet vom Leben und seinen vielfältigen Gestalten. Deshalb dürfen wir zum Beispiel nicht nur von uns *Menschen* als Gegenüber Gottes reden, sondern müssen von *allen* seinen Geschöpfen sprechen. Alle Geschöpfe sind gemeinsam das Gegenüber Gottes. Und was Gott angeht, so muss Theologie heute das, was Juden und Christen von Gott wahrgenommen haben, mit dem verbinden können, was uns andere Religionen von Gott erschließen. So, wie wir inzwischen im irdischen Leben unsere Mitgeschöpfe achtsamer wahrnehmen, muss die Rede von Gott heute weiter ansetzen und Gottes wahre Schönheit, seine vielfältige Gestalt, auch in anderen Religionen erkennen lernen. Und natürlich in dem, was uns die Physik über das Leben, Sterben und Neuerstehen von Sternen im All und über all die anderen Galaxien sagen kann.

Nichts geändert hat sich aber an unserem Glauben, dass in Jesus Himmel und Erde, Gott und Mensch, exemplarisch verbunden sind. Das Leben Jesu ist in besonderer Weise durchlässig, transparent für Gott. »Wer mich gesehen hat, hat den Vater gesehen« *(14,9)*, sagt Jesus im Johannesevangelium. In ihm ist Gott Mensch geworden. Darum rühren uns die Jesusgeschichte und seine Gleichnisse von Gott bis heute an. Aus ihnen leuchtet eine große Liebe und Klarheit hervor, nach der wir uns sehnen. Bei Lukas hat Jesus gesagt, dass das Reich Gottes nicht irgendwo außerhalb von uns ist, sondern »mitten unter euch« *(17,21)*. Es ist *dieses* Leben, wo wir Gott begegnen: in Geist und Liebe. Sie sind die Energie, die alles Lebendige miteinander verbindet. Jesus hat das Leben, hat unser irdisches Leben, als etwas erscheinen lassen, was den Himmel nicht nur *über* sich hat, sondern *in* sich. Das Leben hat Gott in sich. Und zwar nicht nur in den Tagen, die frei sind von Schmerz und Leiden. Das Leben hat Gott auch in sich, wenn es uns schmerzt und plagt und zu Ende geht. Mit jeder Lebensgestalt, sei es Mensch oder Tier oder Pflanze, die geboren wird, wird Gott mit geboren. Und in jedem Sterben, das von einem seiner Geschöpfe auf dieser Erde gestorben wird, schafft Gottes Geisteskraft verborgen eine neue Lebensgestalt. Nur so können wir glauben, dass der Tod keine Endstation, sondern das Tor zu neuem Leben ist. Auferstehung, Verwandlung des Lebens in neue Gestalt, gibt es nur, weil Gott selbst *im* Leben ist. »Ich bin der Weg und die Wahrheit und das Leben« sagt Jesus im Johannesevangelium *(14,6)*. Die Jesusgeschichte ist Geschichte Gottes in unserem Leben. Und das heißt auch: Die Geschichte des Lebens ist und bleibt Gottes Geschichte, ist nicht von ihm zu trennen. Das eine ist für das andere durchlässig, das eine legt das andere aus. Und das brauchen wir auch. Denn dadurch, dass Gott *in* unserem Leben ist, hat er jede Eindeutigkeit verloren, wie sie die Dogmatik früher sah. Das ist der Preis seiner Nähe zu uns. Aber auch unser Glück.

Wenn das Neue Testament von der *Himmelfahrt Jesu* redet, meint sie den Weg Jesu zum damals außerweltlich geglaubten Gott. Nehmen wir diese Geschichte, ohne das darin dem Weltbild Geschuldete zu beachten, geht es um eine Erfahrung, die die ersten Christen und wir gemeinsam haben: Jesus ist nicht mehr leibhaftig unter uns. Und Himmelfahrt sagt auch: Wie Jesus den Himmel in sich trug und unter uns das Angesicht des liebenden und leidensfähigen Gottes anschaubar gemacht hat, so hat der Himmel, hat Gott, nun auch Jesus in sich – und das Osterlicht als Hoffnungszeichen. »Himmel« hat nach Jesu Bild Kontur bekommen, denn Jesus ist das Bild vom Leben geworden, auf das wir zugehen. »Himmel« birgt das Leben durch all seine Verwandlungen, Geburten und Tode hindurch in sich. »Himmel« ist das Bild für Gott, wie Jesus ihn offenbart hat. Damit ist alles gesagt.

III. Auch Gemeinden haben »Himmel« über sich und in sich

Denn damit ist auch gesagt, wozu eine christliche Gemeinde da ist. »Wie mich der Vater gesandt hat, so sende ich euch«, sagt der Auferstandene *(Johannes 20,21)*. Wo damals Jesus mit dem Jüngerkreis war, ist heute Gemeinde. Und wie damals Jesus, soll Gemeinde heute transparent sein für Gott, der in ihr ist: Verwickelt in das Leben, lachend mit Glücklichen und traurig mit Trauernden, aber auch mitleidend mit Gequälten, Liebhaberin des Lebens und Anwältin aller Geschöpfe. Gemeinde soll mit den einzelnen Menschen und Gruppen in ihr Himmel sein: bergend und umgebend, mitgehend und tröstend, oder einfach nur da seiend, ein Ort, wohin man sich flüchten kann. Wenn Gemeinde diese dienende Liebe versäumt, scheint der Himmel vielen Menschen leer zu sein.

Gepredigt wird, damit der Glaube an Gottes verwandelnde Kraft und Liebe auch dem größten Elend immer eine Hoffnung voraus ist, niemanden aufgibt. Und gemeinsam *gebetet* wird, weil unsere eigenen Kräfte ohne die Kraft, die von Gott ausgeht, dem Leben nicht standhalten können. Gebetet wird vor allem das Unser-Vater-Gebet.

Darin bitten wir, dass Gott wirklich Gott ist, seinen Namen, sein Reich und seinen Willen, seinen Geist und seine Liebe mit und durch uns entfaltet. Und wir beten, dass wir gemeinsam mit unseren Mitmenschen und Mitgeschöpfen in Frieden leben können. Das geht nicht, wenn Kapital und Wirtschaft das Leben beherrschen und dadurch die Kluft zwischen Armen und Reichen immer größer wird, wenn Menschenleben nur noch als Arbeitskräfte interessant sind und zugleich so niedrig wie möglich bewertet werden müssen, damit der Wert der Firma an der Börse umso größer wird. Das ist nicht nur menschenfeindlich, sondern lebensfeindlich gedacht. Damit *alle* ihr tägliches Brot haben, können wir aus demselben Grund auch nicht länger die Nahrungsmittelreserven der Erde so extensiv wie bisher in der Tierzucht verfüttern, um *unseren* stetig wachsenden Hunger auf Fleisch stillen zu können. Und genauso wenig dürfen wir Menschen und Tieren das Getreide wegnehmen, um Biosprit für die Autos herzustellen. Wenn Gott *im* Leben, *in* seinen Geschöpfen ist, heißt die Bitte um das tägliche Brot heute: Befreie uns, Gott, von der Gier, unser Leben zu ernähren, indem wir immer mehr Leben verbrauchen. Lehre uns Verantwortung zu übernehmen, damit *alle* Zugang zu den Lebensmitteln haben. Lehre uns Ehrfurcht vor dem Leben.

IV. In der Gemeinde Jesu dürfen Menschen Schuld haben und sich gegenseitig vergeben

In der Mitte des Unser-Vater-Gebetes geht es um Schuld. Um das, was wir Gott, Menschen und anderen Geschöpfen an Achtung und Liebe schuldig bleiben. Während sonst im Leben keiner Schuld haben will, keiner etwas schuldig geblieben sein möchte und darf, geht das Gebet Jesu nüchtern davon aus, dass alle Menschen anderen etwas schuldig bleiben. Das hat nichts mit einer vermeintlichen Boshaftigkeit der menschlichen Natur zu tun, sondern damit, dass es schwer zu erkennen ist, ob das, was wir als gut für uns empfinden, auch für andere oder gar für das Leben auf der Erde gut ist – ob es also wirklich gut ist und nicht nur so aussieht. Und weil das so ist, weil wir immer wieder an der subjektiven Beurteilung und auch an der Lust am eigenen Vorteil hängen bleiben, bleiben wir Gott und unseren Mitgeschöpfen immer wieder schuldig, was wir ihnen an Liebe schulden. Und daraus folgt: Wir bedürfen alle der Vergebung. Nur so können wir freikommen aus der Vergangenheit unserer uneingelösten Schuldigkeiten. Vergeben ist oft nicht leicht. Wir müssen es lernen, indem wir begreifen: Vergeben heißt, Gottes Liebe an andere weiterzugeben.

Wir beten auch darum, dass wir bewahrt werden vor Katastrophen und anderen Versuchungen, die unsere Kräfte übersteigen. Wir beten um Kraft, uns gegenseitig zu stärken, um dem Lieblosen gemeinsam widerstehen zu können. Wir beten darum, Menschen zu sein, die auf Jesus weisen, wenn die Frage nach dem Sinn des Lebens aufkommt.

Wir beten vertrauensvoll zu Gott, unserem Vater und unserer Mutter »im Himmel«, weil wir durch Jesus wissen, dass Gott ein Gott für das Leben ist. Indem wir als Gemeinde öffentlich beten, halten wir den Himmel für alle Menschen offen. Aber indem wir öffentlich beten, wie Jesus uns beten gelehrt hat, halten wir auch die Erde für Gott offen. Darum »muss die Kirche im Dorf bleiben« – um unserer Nöte und um der himmlischen Liebe Gottes willen, die sich gegenseitig suchen und brauchen und finden wollen.

Pfingsten

Gott ist die Wahrheit. Aber die Wahrheit ist um des Lebens willen uneindeutig

I. Neue Religionen entstehen, wenn sich das Gottes-, Welt- und Selbstverständnis in den Kulturen ändert

Keine Religion, mit der wir es heute zu tun haben, ist an einem geschichtlichen Punkt »null« entstanden, auch wenn die Zeitrechnungen der Religionen einen solchen Gedanken nahelegen könnten. Neue Religionen entstehen vielmehr aus großen kulturellen Umbrüchen inmitten von Vorgängerreligionen. In diesen Umbrüchen drückt sich ein verändertes Gottes-, Welt- und Selbstverständnis aus, das die Religionsgründer und ihre Protagonisten auszusprechen wagen und aus dem sie Folgerungen ziehen.

Das *Neue* aber macht das, was davor war, zum *Alten*. Es knüpft an das Vorhergegangene an, glaubt es aber in ganz bestimmter Weise weiterzuführen und zu überbieten. Ohne das geläufige »Alte« wäre das »Neue« weder zu vermitteln noch zu verstehen. Bestes Beispiel dafür ist die Bibel, der interreligiöse Kanon der Christen. Denn in ihm verbinden sich – jedenfalls aus christlicher Perspektive – Schriften aus dem Bund Gottes mit den Juden (»Altes Testament«) und Schriften, die von einem »neuen Bund« Gottes mit allen Menschen durch Jesus Christus (»Neues Testament«) sprechen.

Die Juden erkennen diese Zuordnung freilich nicht an, weil sie in ihrer Bibel, dem Tenach, und dem Bund Jahwes mit Israel keinen veralteten, sondern den weiter gültigen *einzigen* Bund Gottes sehen. Neues wird von ihnen erst mit dem Kommen des Messias erwartet – einem Ereignis, das sie im Unterschied zu den Christen im Leben Jesu *nicht* finden. Sofern die Christen aber das Neue Testament als Fortführung und Transformation des jüdischen (nun »alt« genannten) Bundes verstehen, interpretieren sie die jüdischen Schriften von dem für zentral gehaltenen Ereignis des Lebens, Sterbens und Auferstehens Jesu Christi her – und stellen sie dadurch in einen neuen theologischen Zusammenhang. Das Ergebnis ist, dass vieles, was Christen als Offenbarung verstehen, von den Juden nicht anerkannt wird. Sie sehen die *An*eignung der jüdischen Verheißungen durch die Christen – vor allem derjenigen, von Gott exklusiv *erwählt* zu sein – als *Ent*eignung von etwas an, was nur (zu) ihnen gehört.

Später haben Muhamad und seine Theologen dann zentrale biblische Überlieferungen aus ihrer arabischen Perspektive heraus *noch einmal* neu interpretiert und in den Mittelpunkt einer wiederum *neuen* Offenbarungsreligion gestellt.

Von außen gesehen, grenzen sich die drei Religionen derartig gegeneinander ab, dass der Eindruck entstanden ist, Jahwe, Allah und der Gott, den Jesus bezeugt, seien unterschiedliche Götter. Doch längst hat die Erforschung der biblischen Schriften ergeben, dass sowohl die jüdischen als auch die christlichen Schriften in ganz wichtigen Erzählstoffen, Glaubensvorstellungen und -bildern auf ältere Überlieferungen zurückgehen, die aus Mesopotamien und vor allem dem Alten Ägypten, aber auch aus der griechisch-hellenistischen Welt stammen. Zu nennen sind im Blick auf *Ägypten* der Monotheismus, der Glaube, von Gott erwählt und mit ihm in einem Bund zu sein, das trinitarische Ensemble von Götterpersonen mit einem göttlichen Kind, die Rolle eines menschlichen Gottessohnes als Mittler zwischen Gott (bzw. Göttern) und Menschen und der Glaube an die Auferstehung der Toten. Auf *mesopotamische* Quellen gehen viele der biblischen Großerzählungen von Schöpfung, Turmbau und Sintflut und von der Suche nach ewigem Leben zurück, in die das Wissen um die Sterblichkeit uns Menschen führt. Hinzu kommt die Vorstellung, die das Christentum vom *griechisch-hellenistischen* Asklepioskult übernommen und die uns den *Sotér*, das Urbild des *Heilandes*, beschert hat. In ihm sind Heilslehre, Heil und Heilung miteinander verbunden. Schließlich haben die frühchristlichen Theologen bei unterschiedlichen kultischen und nicht-kultischen Praxen der hellenistischen Zeit Anleihen gemacht, um die furchtbare Hinrichtung Jesu am Kreuz *positiv* – also als ein *Heils*geschehen – deuten und jedermann verständlich machen zu können. An diesem Heilsgeschehen sollte eine modifizierte Opfermahlfeier Anteil geben, wie sie von Paulus und den ersten drei Evangelisten beschrieben wird: Als Erinnerungsfeier schaut sie bereits zurück auf den Tod Jesu, der nun in Analogie zur Schlachtung von Opfertieren interpretiert wird. Es war Theologenarbeit, die uns das Dogma beschert hat, sein Tod sei nicht die tragische Konsequenz seiner neuen Gottesverkündigung gewesen, sondern ein Sühnetod- oder Loskaufgeschehen, das Gott gewollt und das Vergebung der Sünden bewirkt und Zugang zum ewigen Leben eröffnet habe.

Ebenso haben theologische Einsichten und Streitigkeiten später dazu geführt, dass sich katholische und orthodoxe und schließlich auch protestantische Kirchen verselbstständigt und eigene Lehren entwickelt haben. Kein Wunder also, dass es die (meisten der) getrennten Kirchen erst im Jahre 2007 fertiggebracht haben, wenigstens ihre Taufpraxis gegenseitig anzuerkennen.

II. Offenbarungen spiegeln durch alle Religionen und die Geschichte hindurch den Prozess, in dem Menschen Gott wahrnehmen

Will man in diesen Zusammenhängen von *Offenbarung* reden, so muss man das Offenbarungsverständnis modifizieren und von einer *geschichtlich-prozessualen* oder *stufenweise sich vollziehenden Offenbarung* reden. Dabei verbinden sich in großen Schüben, die mit kulturellen Umbrüchen einhergehen, theologische Neuinterpretationen alter kultischer Vorstellungen und textlicher Überlieferungen. Solche stufenweise sich vollziehende »Offenbarung« ereignet sich – und das ist das Entscheidende – *quer durch die verschiedenen Religionen hindurch.*

Es hat aber auch aus einem anderen Grund keinen Sinn mehr, Offenbarung nur im Blick auf bestimmte Modifikationsstufen von (Gottes-)Glauben zu verwenden. Denn wenn wir glauben, dass Gott Einer/Eine ist, müssen wir auch davon ausgehen, dass Gott mit den anderen Religionen vor, neben und nach Judentum und Christentum zu tun hat, und zwar in einem positiven Sinn. Positiv heißt: Gott hat auch die anderen Religionen *gewollt* und sich von ihnen und in ihnen auf sehr unterschiedliche Weise wahrnehmen lassen. Darin hat er seine Lebendigkeit, und das heißt: seine Nähe zu den

Menschen, bewiesen, deren unterschiedliches Lebensverständnis sich in den vielfältigen Stufen der Kulturgeschichte herausgebildet hat.

Damit der Glaube daran, dass alle Religionen in eine universale Wahrnehmungsgeschichte Gottes hineingehören, zu einer allgemeinen Glaubenswahrheit werden kann, bedarf es allerdings noch vieler Jahrzehnte theologischer Arbeit – und dabei vieler Sprünge über lange Schatten. Bisher darf man in den kirchenoffiziellen Theologien davon noch gar nicht reden. Sieht man sich die christliche Dogmatik an, gewinnt man den fatalen Eindruck: Gott, wie wir ihn glauben, habe es mit Juden und natürlich Christen wirklich ernst gemeint, aber nicht mit den Gläubigen anderer Religionen; diese habe er eher beiläufig behandelt, ja, oft genug als lästig und als seinen Vorlieben offenbar im Wege stehend empfunden. *Geliebt* habe er sie jedenfalls nicht. Segen und Heil erhalten sie nicht unmittelbar von Gott, sondern nur mittelbar, nämlich gebunden an segensreiches Handeln von Juden und Christen. Was die als »Heiden« deklassierten Menschen in der Geistes- und Religionsgeschichte an Glaubensvorstellungen entwickelt haben, habe sich das Christentum zwar zum Teil dienstbar gemacht, aber mit Gott haben diese Erbschaften ursprünglich nichts zu tun. Solche Bewertungen der anderen Religionen sind gedankliche Konstruktionen, die ich nicht mehr glauben kann. Sie widersprechen nicht nur religionsgeschichtlichen Fakten, sondern auch meinem Verständnis von Gott und der von Jesus offenbarten Liebe zu seinen Geschöpfen.

Obwohl religionspsychologische Forschung und theologische Aufklärung vieles dazu sagen können, wo und zu welchem Zweck Ausschließlichkeitsaussagen in den Religionen entstanden sind, hat sich christliche Dogmatik oft genug an diese Aussagen geklammert, weil sie in der Bibel benutzt worden sind und der eigenen Religion einen Sonderstatus zu verleihen schienen. Das ist die schwierige, im Ansatz fundamentalistische Erbschaft aller Religionen, die beanspruchen, von Gott erwählt und im Besitz der Wahrheit zu sein. Das heißt im Blick auf uns Christen: Die kirchliche Lehre schaltet das religionsgeschichtliche Bewusstsein aus und vergrößert die in biblischen Überlieferungen geäußerten Gottes-, Menschheits- und Weltvorstellungen in die theologische Totale. Und da warten in der

Regel – wie die Geschichte zeigt – schon die unseligen Kinder der Totalitätsvorstellungen: der Ethnozentrismus (»*Wir* sind erwählt, sind die *wahre* Religion, haben den *wahren* Glauben«) und der Anthropozentrismus (»Der *Mensch* ist die Krone der Schöpfung«). Noch gefährlicher sind die anderen Ableger der Absolutheitsansprüche: der Rassismus und die Bereitschaft zur Gewaltanwendung, wenn es darum geht, die eigenen Vorstellungen – angeblich zur Ehre Gottes – durchzusetzen.

Aus dieser Sackgasse herausführen kann nur die Einsicht, dass *alle* Religionen ihre Vorläuferinnen in Wichtigem beerbt und aufgrund von neuer Glaubenserfahrung und Gotteserkenntnis modifiziert haben. Denn Gotteserfahrung und -erkenntnis verlaufen prozesshaft innerhalb der Kulturgeschichte und enden niemals. Was dogmatisiert »die Offenbarung« genannt worden ist, meint den von Religionsgemeinschaften oder Konfessionen geglaubten Kern von Glaubensvorstellungen, der in heiligen Schriften zu finden ist, und seinen theologischen Zusammenhang. Das heißt aber: Was »Offenbarung« ist, entscheidet theologische Arbeit. Ihr *voraus* gehen immer die aus der Begegnung mit Gott entstehende *Wahrnehmung* und deren interpretierende Verbindung mithilfe überlieferter Glaubensvorstellungen. Auch dieses spannungsvolle Geschehen aus Begegnung, Wahrnehmung und Interpretation wird nicht enden, solange Gott und Menschen miteinander zu tun haben. Dabei wird – wie bisher – manche Neuinterpretation selbst als Offenbarung erscheinen.

III. Gott selbst *ist* die Wahrheit, Religionen kennen unterschiedliche Zugänge zu ihr – nicht mehr und nicht weniger

Weil das so ist, dürfen wir »Offenbarung« nicht mit *der* Wahrheit schlechthin gleichsetzen. Die Wahrheit *ist* und kennt Gott allein, weil Er/Sie das Leben aus allen Perspektiven kennt. Alle Religionen müssen sich damit bescheiden, dass als offenbart geltende Glaubenswahrheiten immer neue *Zugänge* zu Gott – und damit zur Wahrheit – darstellen, die an kulturell vorgeprägte Perspektiven gebunden sind. Und von denen gibt es natürlicherweise viele. Wahrheit *besitzen* kann aber keine Religion, schon gar nicht »die absolute« Wahrheit. Denn das hieße, Gott besitzen zu wollen. Wo dieser Anspruch dennoch vertreten worden ist, wurde immer zugleich so getan, als gehörten auch die Gläubigen jeweils derjenigen Religion, in die sie durch biografische Konstellationen hineingekommen sind. Und das schloss die weitere totalitäre Auffassung ein, dass jemand den Bereich der Wahrheit verließe und sich in den Bereich der Unwahrheit oder Lüge begäbe, wenn er seine angestammte Religion (oder Konfession) verlässt und in eine andere wechselt.

Aus diesem Dilemma, das durch die Ansprüche der einzelnen Religionen entstanden ist, die jeweils anderen an Gottesnähe und -erkenntnis zu übertreffen, führt nur eine theologische Selbstkritik heraus. Zu ihr gehört der Glaube, dass alle Religionen Erfahrungen mit dem *Einen* Gott gemacht, ihn aber entsprechend ihrer kulturellen Vorgaben sehr unterschiedlich wahrgenommen und reflektiert haben. Woher sollten diese Erfahrungen und Wahrnehmungen denn auch sonst kommen, wenn es nach unserem Glauben doch nur *einen* Gott gibt?! Daraus folgt als Aufgabe für die Theologie der unterschiedlichen Religionen, in Zukunft möglichst gemeinsam nicht nur die jeweils eigenen heiligen Schriften, sondern auch die der anderen zu erforschen und nach Gemeinsamkeiten und Unterschieden zu fragen. Kritisch erforscht werden muss aber auch, ob die heiligen Schriften und ihre praktische Auslegung in der Geschichte der Menschheit dem Leben gedient haben oder nicht. Auch bei dieser Arbeit werden Einsichten zutage kommen, die man getrost als Offenbarungen bezeichnen kann, weil sie neue Zugänge zu Gott – und damit auch zur Wahrheit des Lebens – eröffnen werden.

IV. Die Pfingstgeschichte erzählt von der Einwanderung des christlichen Glaubens in die hellenistische Kultur – nach demselben Modell überschreiten alle lebendigen Religionen unaufhaltsam ihre alten kulturellen Grenzen

Diese Zuversicht gründe ich auf die in der Apostelgeschichte des Lukas überlieferte *Pfingsterzählung (2,1-13)* und einen Abschnitt aus dem Johannesevangelium. Die Pfingsterzählung übernimmt zwar aus anderen Traditionen Elemente, die wir als mythisch bezeichnen können: Sie beginnt mit einem gewaltigen Brausen vom Himmel her, das den Einzug des Heiligen Geistes in die Szene ausdrückt; »und es erschienen ihnen Zungen, die sich zerteilten wie von Feuer, und auf einen jeden setzte sich eine von ihnen«. Aber was sie erzählt, ist nichts anderes als die Ausbreitung des christlichen Glaubens. Den Christen hatte sich der gekreuzigte Jesus nach Ostern als lebendig erwiesen, er, der ihnen offenbar gemacht hatte, wer und wie Gott zu verstehen ist. In den vierzig Jahren zwischen seiner Hinrichtung und der Zerstörung des Tempels in Jerusalem hat sich der Glaube an Jesus Christus über die engen Grenzen der palästinensischen Heimat und der aramäischen Muttersprache Jesu hinaus verbreitet. Und das Evangelium von Jesus Christus ist in dieser kurzen Zeit hineingewandert in die Weltsprache der damaligen Zeit, in das Griechische, und die hellenistische Kultur. Das Neue Testament ist griechisch geschrieben und hat in sich die Jesus-Überlieferung bereits mit vielen hellenistischen Elementen verschmolzen. Das hat der guten Botschaft Jesu zum Teil gedient, sie zum anderen Teil aber auch erheblich verändert.

Alle Gebildeten aber konnten nun, völlig unabhängig von ihren eigenen Muttersprachen, rund um das Mittelmeer herum an der neuen »guten Botschaft« teilhaben. Apostelgeschichte 2,8-11 nennt in einer langen Aufzählung Menschen aus allerlei Abstammungen und Völkern, die den Eindruck hatten, dass sie die Botschafter Jesu »in unseren Zungen« – also *Sprachen* – »von den großen Taten Gottes reden« hörten. Dieses die Sprachgrenzen überwindende Ereignis hat bis in unsere Gegenwart hinein seine Spuren hinterlassen. Denn wenn wir umgangssprachlich sagen, irgendwo »Kreti und Pleti« angetroffen zu haben, wollen wir auch heute noch ausdrücken, dass »alles Volk« dabei gewesen ist.

Ich glaube, dass die Pfingsterzählung ein Denkmodell auch für die zukünftige Verständigung zwischen den Religionen liefern kann. Denn auch bei den Parthern, Medern und Elamitern, den Ägyptern, Libyern und Römern, Juden und Judengenossen, und bei den Kretern und Arabern, die Lukas unter anderen erwähnt, ging es nicht nur um unterschiedliche Sprachen, sondern auch um ehedem trennende Religionszugehörigkeiten. Pfingsten sind diese Grenzen in dem Sinn überwunden worden, dass der christliche Glaube innerhalb der (vorher schon!) globalisierten griechischsprachigen Welt des Mittelmeerraumes kommunikabel geworden war. Dieses Geschehen, von dem die Missionsreisen des Apostels Paulus erzählen, haben die Christen als Wirkung des Heiligen Geistes verstanden. Man kann darin auch die Umkehrung jenes schönen Mythos vom Turmbau zu Babel (1. Buch Mose 11) sehen, mit dem man sich Jahrhunderte vorher die Aufspaltung der Menschheit nach Sprachen und die dadurch bedingten Verständigungsprobleme erklärt hatte. Die Pfingstbotschaft lautet: Wenn es einen Glauben gibt, der für alle Menschen den Rang einer wirklich guten Botschaft hat, dann kann dieser Glaube weder durch Sprach- noch durch Religionsgrenzen daran gehindert werden, sich auszubreiten. Er sucht sich die Sprache, die von allen verstanden wird. Aber er passt sich in diesem Sprachgeschehen auch in vielem an die jeweilige Kultur an, in die er aufgenommen wird.

Das war auch im Übergang des christlichen Glaubens in den Hellenismus so, den wir in vielen Schichten der neutestamentlichen Überlieferungen dokumentiert finden. Dabei sind dann in den folgenden Jahrhunderten auch beliebte Gestalten des griechischen und römischen Götterhimmels mit Jesus Christus verschmolzen worden. Das hier eingefügte Mosaik zeigt Jesus Christus als den Lenker des Sonnenwagens, *Helios*. Bis in unsere Kirchenlieder hinein hat Jesus Christus den Beinamen »(güld'ne) Sonne« behalten. Wie weitverbreitet diese Bildersprache in hellenistischer Zeit gewesen ist, geht daraus hervor, dass Helios mit seinem Sonnenwagen im ägyptischen Gott *Amun-Re* und der von ihm geführten Sonnenbarke schon ein (viel älteres) Vorbild hatte. Gerade die Bildersprache ist dem Wunsch der Menschen entgegengekommen, ihren Glauben mit der sichtbaren Welt verbinden zu können.

Die beim Übergang in andere Kulturen entstandenen Veränderungen von Glaubensinhalten aber stellen eine unaufhaltsam sich vollziehende kulturelle Anpassung, aber zugleich eine bleibende Herausforderung an die christliche Theologie dar. Das gilt nicht nur für die Übergänge im 1. Jahrhundert, sondern auch für alle weiteren Anpassungen und Veränderungen, die im Laufe der Kirchen-

Jesus als Helios. Mosaik in der Nekropole unter St. Peter, Rom, Mausoleum der Julier. Anfang des 3. Jahrhunderts

geschichte durch kulturellen Wandel verursacht worden sind und weiterhin werden. Denn Theologie muss sich fragen, wie weit diese Veränderungen noch mit der *Imago* zu verbinden sind, die der »Anfänger und Vollender des (christlichen) Glaubens, Jesus« *(Hebräerbrief 12,2)*, durch sein Evangelium selbst eingebracht hat.

V. Pfingsten war der Anfang. An der »ganzen Wahrheit« werden aber alle Religionen Anteil haben

Auf der anderen Seite werden wir Christen lernen müssen, uns zusammen mit den anderen Religionen im Rahmen der universalen Wahrnehmungsgeschichte Gottes zu verstehen und zu begreifen, dass Gott diese Vielfalt offenbar gewollt hat. Das Johannesevangelium kann uns auf diesen Lernprozess vorbereiten. Denn der von seinen Jüngern scheidende Jesus verheißt ihnen dort, dass er ihnen nach seinem Tod den »Geist der Wahrheit« senden werde. »Wenn aber jener kommt, der Geist der Wahrheit, wird er euch in die ganze Wahrheit leiten.« *(16,7.13)* Die *ganze* Wahrheit ist demnach selbst für die ersten Jünger Jesu noch nicht zugänglich gewesen, denn – so sagt Jesus in jener Rede – »noch vieles habe ich euch zu sagen, aber ihr könnt es jetzt noch nicht ertragen« *(16,12)*. Noch immer können es die christlichen Kirchen nicht ertragen zu glauben, dass Gott außer mit der jüdischen und der christlichen Religion auch mit den anderen Religionen und den darin lebenden Menschen im *positiven* Sinn zu tun hat.[1] Ich setze aber darauf, dass der Geist der Wahrheit *alle* dahin leiten wird, diese Grenzen hinter sich zu lassen und Gott, der die Wahrheit ist, als den zu erkennen, von dem sie Leben und Zukunft haben. Dann werden sie gemeinsam die Schätze, die das religiöse Gedächtnis der Menschheit bewahrt, heben und pflegen und zugleich ihre lebensfeindlichen Selbstüberhebungen aufgeben können. Ein langer Weg wird das sein, aber einer, auf den zu hoffen sich lohnt.

---

1. Es ist wichtig festzustellen, dass der Koran sowohl den Juden als auch den Christen Gottesoffenbarungen zugesteht und die Entscheidung in Streitfragen zwischen diesen Relgionen und dem Islam allein Gott zuweist. Vgl. dazu die Textauswahl: Der Koran für Kinder und Erwachsene. Übersetzt und erläutert von Lamya Kaddor und Rabeya Müller, München 2008, S. 39-47, und den Kommentar S. 48-50. Leider ist die Wirklichkeit aber von sehr viel mehr Abgrenzung geprägt.

Trinitatis bzw. Dreifaltigkeit

Eine Dreiheit als Brücke zwischen den Religionen auf dem Weg in eine interreligiöse Ökumene

Trinitatis bzw. Dreifaltigkeit ist ein spätes Fest im Kirchenjahr. Erst 1570 ist es im Römischen Messbuch verankert worden und wird als Oktav zu Pfingsten, also am Sonntag danach, gefeiert. Es ist ein dogmatisches Fest, das die trinitarische Gottesvorstellung im Glauben der Christen befestigen will und als Werk des Heiligen Geistes darstellt. Nun ist es schon deshalb müßig, das Dogma der Trinität auf Jesus zurückführen zu wollen, weil Jesus als Christus in diesem Dogma ja schon *Gegenstand* des Glaubens und der *Gottes*lehre ist. Denn die dogmatische Konstruktion einer göttlichen Trinität verbindet den jüdischen Vatergott, Jesus aus Nazareth als den geglaubten Gottessohn und den Heiligen Geist als – wie es heißt – die drei »Personen Gottes«. Der Person-Gedanke, wie wir ihn heute verstehen, ist eher ein neuzeitliches Produkt. Ursprünglich meinte *persona* im Lateinischen die auf der Theaterbühne getragene Maske, durch die des Schauspielers Stimme »hindurch tönte«. Folgen wir dieser Spur, bediente sich der »dreifaltige Gott« den Menschen gegenüber dreier solcher Masken, die religiösen Erfahrungen entspechen. Wichtiger ist, dass die trinitarische Gottesvorstellung in der Sicht von Juden und Muslimen den Monotheismus sprengt und ein entscheidendes Hindernis zur Verständigung zwischen den drei großen, im Mittelmeerraum beheimateten Religionen ist.

Trotzdem mache ich den Vorschlag, den Gedanken der Dreiheit auch in einer interreligiösen Ökumene darauf hin zu prüfen, ob eine solche Trias nicht geeignet sein könnte, allen Religionen als Brücke zum *gegenseitigen* Verstehen zu dienen. Doch davon später (S. 185). Zuerst aber muss ich erläutern, warum es für mich überhaupt zu einer theologischen Möglichkeit und Aufgabe geworden ist, den Weg zu einer interreligiösen Ökumene zu beschreiten.

I. Die langsame Öffnung für die Erkenntnis, dass alle Religionen eine gemeinsame Herkunft haben

Der Schweizer Theologe Karl Barth hat 1966 bei seinem Besuch im Vatikan gesagt: »... wir sollten nicht vergessen, dass es schließlich nur *eine* tatsächlich große ökumenische Frage gibt: unsere Beziehung zum Judentum.«[1] Barth hat damit die alte Verengung des Begriffes »Ökumene« auf das innerchristliche Verhältnis von evangelischer und römisch-katholischer Kirche aufgebrochen und in einen neuen, interreligiösen Horizont gestellt. Es ist erstaunlich, wie spät von Christen wahrgenommen worden ist, dass Ökumene eine inter*religiöse* und nicht nur eine inter*konfessionelle* Dimension hat. Schließlich ist die Bibel ja offenkundig ein *interreligiöser* Kanon, weil er neben dem christlichen Teil mit dem Tenach einen rein jüdischen enthält, und weil sich Juden und Christen gerade in der Gottesfrage *nicht* einig sind.

Dass die Christen den interreligiösen Charakter ihres Kanons so lange nicht erkannt haben, hat damit zu tun, dass sie *die* Religion, aus der das Christentum entstanden ist, und deren Gottesbund als »alt« bezeichnet und das Prädikat »neu« für sich und *ihren* Gottesbund beansprucht haben. So kam es zur Bezeichnung des jüdischen Tenach als »Altes Testament« (»alter Bund«) und des christlichen Teils der Bibel als »Neues Testament« (»neuer Bund«). Deshalb konnten die Christen lange gar nicht wahrnehmen, dass diese angeblich alte Religion in Wirklichkeit lebendig geblieben ist und nach eigenem Selbstverständnis in einer keinesfalls defizitären Gottesbeziehung lebt. Die christliche Theologie musste schließlich akzeptieren, dass die Juden die ihnen gegebenen Verheißungen und das Selbstverständnis als Volk Gottes auch weiterhin für sich in Anspruch nehmen.

Barths theologische und dogmatische Öffnung der Ökumene hatte darum auch zur Folge, dass die Christen ihre Gottesbeziehung nicht mehr absolut setzen konnten. Erst jetzt fielen manche groben Ungereimtheiten auf wie diejenige, dass die Juden einerseits als Gottesmörder verunglimpft worden waren, dass der Tod Jesu andererer-

---

1. Den Hinweis auf dieses Zitat verdanke ich Jutta Höcht-Stöhr, München.

seits aber dogmatisch als heilsnotwendiges Sühnopfer verstanden worden ist.

Die Tatsache, dass wir Christen eine interreligiöse Bibel haben, hat mir den Schritt zu einer weiteren Öffnung der Ökumene erheblich erleichtert. Für mich ist inzwischen die Erkenntnis unumstößlich: Die »tatsächliche große ökumenische Frage«, die sich auf das Verhältnis des Christentums zum Judentum bezieht, ist nicht zu beantworten, ohne dass das Verhältnis *aller* Religionen untereinander als die eigentliche *ökumenische* Grundfrage und Herausforderung anerkannt wird.

Gründe für diese Erkenntnis gibt es viele. Einige zähle ich auf:

- Nicht nur Juden und Christen sind in der Gottesfrage uneinig, sondern letztlich alle Religionen.

- Würde Ökumene nur auf Juden und Christen bezogen, bestünde die Gefahr, dass sich beide Religionen eines Tages darauf einigen könnten, das erwählte Gottesvolk (aus Juden und Christen) zu bilden – was zwangsläufig zulasten der anderen Religionen ginge.

- Auch Judentum und Christentum sind in vielen für sie wesentlichen Glaubensvorstellungen von anderen, vor und neben ihnen existierenden Religionen geprägt worden[2]. Und da, wo sie aus Mesopotamien, Ägypten, Griechenland und Rom ältere religiöse Vorstellungen übernommen haben, haben Juden wie Christen in ihren heiligen Schriften also nicht das Original, sondern sie haben ältere Überlieferungen anderer Religionen überarbeitet.

- Generell ist zu lernen und dogmatisch zu bedenken: *Keine* Religion hat bei null angefangen! Alle sind Weiterentwicklungen von Vorgängerreligionen. Sieht man diese Zusammenhänge, ist eine kategoriale Unterscheidung innerhalb der Religionen zwischen Gläubigen und Ungläubigen bzw. Gläubigen und Heiden hinfällig, ja, obsolet geworden. Denn ich verstehe Offenbarung als einen andauernden Prozess, der quer durch alle Religionen hindurchgeht.

---

2. Dazu s. o. S. 165 f.

Aus diesen Gründen legt sich für mich die Öffnung der Ökumene zu einer interreligiösen Gemeinschaft gläubiger Menschen nahe. Auch der Hellenismus ist eine Länder und Religionen übergreifende interreligiöse Kultur gewesen. Das griechisch geschriebene Neue Testament ist gezielt in diese Kultur eingewandert. Damit aber hat sich, was bisher nicht annähernd ausreichend gewürdigt wird, der christliche Glaube weitgehend von seinen Wurzeln im Aramäischen, der Muttersprache Jesu, losgelöst und ist hellenistisch geworden – mit zum Teil schwerwiegenden Folgen. Im Islam schließlich sind große biblische Überlieferungen noch einmal gewaltig transformiert worden, und zwar durch die mit dem Koran vollzogene Einwanderung in die arabische Kultur. Nehmen wir diese Kapitel der Religionsgeschichte als Beispiele, dann gilt die These: Keine Religion ist ohne die ihren Ursprung und ihre geschichtliche Entwicklung umgebenden Kulturen zu denken. Kultur und Religion gehören zusammen, prägen gemeinsam Vorstellungswelt und Wertvorstellungen, also das, was wir heute das »kulturelle Gedächtnis« nennen. Anders formuliert: *Religionen entwickeln sich kulturabhängig.* Das ist so, weil eine Religion nur dann sinnvoll, nämlich *lebensdienlich*, ist, wenn sie einen für die Menschen erkennbaren Lebensbezug hat.

Doch ist das nur die eine Seite der Verbindung von Kultur und Religion. Die andere Seite ist weniger positiv zu bewerten und betrifft die Tatsache, dass heilige Schriften in ihren Texten kulturelle Standards festgeschrieben haben, die zur Entstehungszeit der Texte galten, aber eigentlich nichts Spezifisches mit Gott bzw. der Wahrnehmung Gottes zu tun hatten. Dadurch ist zum Beispiel im jüdischen Tenach, unserem Alten Testament, festgeschrieben, ja, »geheiligt« worden, dass das Priesteramt nur von Männern ausgeübt werden darf. Bis heute richtet sich die römisch-katholische Kirche im Prinzip danach, als gehe es dabei um eine Gotteserkenntnis. Auch im Neuen Testament ist (durch Paulus: *1. Korintherbrief 14,33-37)*, für lange Zeit gültig, festgelegt worden, dass Frauen im Gottesdienst nichts zu sagen haben, und bis heute gilt es für Katholiken und Evangelische als Dogma, dass der Tod Jesu als Opfer zu verstehen sei. Da solche Fixierungen nicht mehr zu akzeptieren sind, muss als Regel gelten: Was in heiligen Schriften wie der Bibel dadurch mit »geheiligt« worden ist, dass es kultureller Standard der

Entstehungszeit war, muss kritisch unterschieden werden von den eigentlichen Gotteserfahrungen und dem Kern der Glaubensaussagen. Die ganzen Bild- und Symbolprogramme gehören zu dem, was es zu relativieren gilt. In derselben Weise müssen wir aber auch eine kritische Distanz zu kulturellen Standards unserer Zeit wahren, obwohl wir sie verwenden müssen, wenn wir uns in unserer Gegenwart verständlich machen wollen. An diesem Dilemma kommt niemand vorbei, weil der Lebensbezug des Glaubens es verlangt, die Sprache der jeweiligen Zeit zu sprechen.

Die eben beschriebenen Erkenntnisse schließen aber eine wichtige Folgerung ein: Kulturgeschichtliche Veränderungen verändern auch das Selbstverständnis und die kulturelle Funktion von Religionen. Was das heißt, erleben wir im Zeitalter der gerade erst richtig beginnenden Globalisierung überall. Denn heute wird anders, dringlicher, als früher eine Antwort auf die Frage verlangt, wie Religion und Glaube dem Überleben und der menschlichen Gestaltung des Lebens dienen wollen. Die *Lebensdienlichkeit* ist das Kriterium geworden, an dem auch Ansprüche darauf, den Weg zur Wahrheit zu kennen, zu Recht immer häufiger gemessen werden. *Die* Frage ist entscheidend: Was hilft mir, das Leben, das nun einmal schwer ist, besser, erträglicher, sinnvoller, ja, auch glücklicher zu gestalten?

Was die Wahrheitsproblematik angeht, setzt sich im Übrigen die Erkenntnis durch: Der Geburtsort eines Menschen entscheidet zwar in den allermeisten Fällen immer noch über die Religionszugehörigkeit eines Menschen. Das entscheidende Kriterium für die Wahrheit einer Religion kann der Ort der Geburt aber nicht sein. Obwohl jede Religion wegen des Lebensbezuges die Beziehung zu realen Kulturen und auch eine Gemeinschaft braucht, in der sie gelebt wird, ist Glaubenswahrheit nur spirituell und existenziell erfahrbar. Und die muss sich oft im Leben gegen heute herrschende kulturelle Standards durchsetzen können. Auch dafür hat Jesus ein Beispiel gegeben, indem er den Dienst am Menschen zum Maßstab auch religiöser Gesetze gemacht hat *(Markus 2,27):* »Der Sabbat ist für den Menschen geschaffen worden, und nicht der Mensch für den Sabbat.«

II. Die neue ökumenische Frage als Frage nach notwendigen Abschieden und heilsamen Aufbrüchen

Ökumene heißt »die bewohnte Welt«. Daher lautet die große ökumenische Frage heute: Sollte Gott, wie er in den einzelnen Religionen geglaubt wird, nur mit der *eigenen* Religion im positiven Sinn zu tun haben? Aufgrund der zusammengetragenen Erkenntnisse kann die Antwort nur lauten: Nein. Sondern Gott hat mit *allen* Religionen zu tun, und zwar von Anfang der Schöpfung an. Es gibt zwar eine Vielzahl von Gottesvorstellungen – personale und nicht personale zum Beispiel – und eine Vielzahl von Gottesnamen. Aber alle sind (auch in beiden Teilen der Bibel *wechselnde!!*) Erscheinungsformen, besser: *Wahrnehmungsgestalten* Gottes.

Auf den Punkt gebracht, heißt das: *Alle Religionen haben eine gemeinsame Herkunft.* Einheit und widersprüchliche Vielfalt gehören dabei als komplementär verbundene Teile des Ganzen zusammen. *Denken* können wir uns das mit dem von *Willigis Jäger* gern benutzten Bild vom Kirchenfenster: Von innen sehen wir darin Farben und Formen. Aber *dass* wir sie sehen können, hängt von dem einen Licht ab, das durch die einzelnen Scheiben und Farben des Fensters gebrochen wird. Denken können wir uns die gemeinsame Herkunft der Religionen auch anhand der Entstehungsgeschichte der Religionen: Alle heiligen Schriften sind von (inspirierten) Menschen geschrieben worden. Die dabei mitgeteilten Glaubenserfahrungen sind in einem Dreischritt entstanden. Er verbindet: 1) Begegnung mit Gott (Erfahrung), 2) Wahrnehmung in konkreten Vorstellungen und Bildern und 3) Erinnerung und überarbeitende Anpassung des Wahrgenommenen an konkrete Kulturen und theologische Traditionen. Schon in der Wahrnehmung Gottes wirken die Wahrnehmenden mit auf das Wahrgenommene ein. Denn alles, was wir wahrnehmen, verbindet sich in uns mit den schon vorhandenen, kulturgeprägten Vorstellungen, Bildern und Gefühlen. Dabei entstehen Wahrnehmungen Gottes, die es vorher nicht gegeben hat. Alle Wahrnehmungen Gottes schaffen modifizierte, also *originale Wahrnehmungsgestalten* Gottes, keine Kopien. Das gilt für frühere wie für heutige Gotteswahrnehmungen. Die ganze Religionsgeschichte ist die eine, universale Wahrnehmungsgeschichte Gottes. Und weil sie eine menschliche Wahrnehmungsgeschichte ist, ist sie auch vielfältig und widersprüchlich.

Dem entsprechend sind die Kanons kulturbezogene Gedächtnisspuren Gottes auf der Erde. Um den Menschen nahe zu sein, hat Gott es riskiert, sich sehr unterschiedlich von den Menschen wahrnehmen zu lassen – und zwar so, wie es die unterschiedlichen Kulturen und Lebensanforderungen auf der Erde nahegelegt haben. Dadurch ist er/sie uneindeutig geworden. Weil es keine Gotteserfahrung außerhalb der Regeln gibt, nach denen Wahrnehmung verläuft, haben wir aber auch im Neuen Testament *vier* Evangelien nebeneinander und nicht eines. Daraus sind unterschiedliche Kirchentümer bzw. Konfessionen geworden. Deshalb gilt für mich: *Den* (objektiv wahren) Jesus gibt es nicht, sondern nur Jesus, wie er von kulturell unterschiedlich geprägten Menschen wahrgenommen worden ist. Neben die christlichen Wahrnehmungsgestalten Jesu treten heute aber auch die jüdischen, islamischen und andere Wahrnehmungsgestalten Jesu, wenn man wirklich angemessen von Jesus reden will. Denn Jesus gehört nicht den Christen. Parallel dazu gibt es genau genommen nicht *den* Islam, sondern nebeneinander Sunniten, Schiiten und Alewiten, und neben dem Koran den (regional verankerten) Hadith[3].

Gerade weil sich mir die Lebensdienlichkeit der Religionen als ihre heute entscheidende Funktion zu erkennen gibt, kann ich nun auch notwendige Abschiede und heilsame Aufbrüche skizzieren. Denn in Anlehnung an den wunderbaren Ausspruch des Philosophen *Odo Marquard* »Zukunft braucht Herkunft« kann über die Zukunft erst dann sinnvoll nachgedacht werden, wenn man sich über die Herkunft verständigt hat. Das heißt nun aber: Haben alle Religionen, wie ich glaube, eine gemeinsame Herkunft in Gott bzw. dem Absoluten, auf dessen Wahrnehmungsgestalten sie sich in Kult und Alltag beziehen, dann können wir auch über eine gemeinsame Zukunft in der interreligiösen Ökumene nachdenken, ohne die Unterschiede der Kulturen zu verwischen.

---

3. Der Hadith. Urkunde islamischer Tradition, ausgewählt und übersetzt von Adel Theodor Khoury, Teilbände, Gütersloh ab 2008.

1. Notwendige Abschiede

Da ich mich zu diesem Thema in meinem gleichnamigen Buch bereits ausführlich geäußert habe, kann ich mich hier kurzfassen und wenige Akzente setzen. Notwendig erscheint mir, dass sich alle Religionen von folgenden Vorstellungen verabschieden. Von der Vorstellung,

- dass die eigene Religion allen anderen Religionen überlegen sei; das schließt für monotheistische Religionen den Abschied von dem Glauben ein, dass der *eigene* Gott der eine und einzige Gott sei;

- dass die eigenen heiligen Schriften unabhängig von den Regeln menschlicher Wahrnehmung entstanden seien, mithin unmittelbar und exklusiv »offenbart«;

- dass die eigenen heiligen Schriften *alles* von Gott sagen, was zu glauben wichtig ist, und dass es deswegen unwichtig oder gar schädlich zu lesen sei, was in den Schriften der anderen Religionen von Gott wahrgenommen und reflektiert worden ist;

- dass Gott nur in schriftlichen Zeugnissen der Vergangenheit und nicht auch in gegenwärtigen Erfahrungen der Geistesgegenwart Gottes und in mündlichen Zeugnissen zu finden sei;

- dass irgendein Volk oder irgendeine Religion vor anderen von Gott erwählt seien, und dass diese anderen nur mittelbar mit Gott zu tun haben oder gar von Gott verworfen seien;

- dass wir Menschen Gottes Ebenbild seien, und dass die anderen Mitgeschöpfe nicht in unmittelbarer Lebensbeziehung zu Gott leben, keine lebendigen Seelen seien und nicht zu der einen Wirklichkeit gehören, in der Gott und alle Geschöpfe miteinander verbunden sind;

- dass Gott männlich *oder* weiblich sei (hilfreich kann der Hinweis sein, den es im 1. Buch Mose *[1,27]* gibt. Da heißt es: »Gott schuf den Menschen ihm zum Bilde, nach dem Bilde Gottes schuf er ihn; und schuf sie als Mann und Frau.« Schließt man vom letzten Teilsatz zurück, so ist Gott als »Mann und Frau«, also androgyn zu denken; anders formuliert: Gott hat *beide* Geschlechter in sich);

- dass die Sterblichkeit der irdischen Geschöpfe und der Gestirne

Folge von menschlichen Versündigungen und also nicht Teil der Schöpfung sei;

- dass der gewaltsame Tod einzelner Menschen und Tiere Mittel heilvollen göttlichen Handelns sein und als stellvertretendes Sühnopfer die Beziehung von Gott und Menschen heilen könne.

Auf der Rückseite der eben beschriebenen Abschiede kann ich nun von der anderen Seite der interreligiösen Zukunft reden.

2. Heilsame Aufbrüche

a. Allgemein

Es hat keinen Sinn mehr, eine Mission zu praktizieren, die auf die Verdrängung anderer Religionen zielt. Es hätte auch keinen Sinn, eine Weltreligion anstreben zu wollen. In ihr gingen die meisten spirituellen Schätze verloren, die die unterschiedlichen Religionen entwickelt und in sich bewahrt haben. Sinnvoll und notwendig ist dagegen, sich gegenseitig als gleichrangig und gleich unmittelbar zu Gott beziehungsweise zu einem geglaubten Absoluten anzuerkennen. Dann können auch Übergänge zwischen den Religionen offengehalten werden für Menschen, die sich in einer anderen Spiritualität als der bisher erlebten religiös zu Hause fühlen.

Das Gebot der Stunde ist, das Fremde kennenzulernen, ehe man irgendwelche Urteile abgibt. Zum Kennenlernen gehört das Lesen der heiligen Schriften und sonstigen Überlieferungen anderer Religionen. Mein Vater hat mir zur Konfirmation eine Textsammlung aus unterschiedlichsten Religionen geschenkt. Dafür bin ich ihm heute noch dankbar. Wenn wir einmal begriffen haben, dass alle Religionen eine gemeinsame Herkunft haben, lassen sich solche Texte auch angstfrei lesen. Außerdem bewahren sie uns davor, die gewisse, kulturell bedingte Provinzialität jeder Religion zu überwinden. Zum Kennenlernen der anderen und dazu, dass andere uns kennenlernen, gehört aber auch, dass sich Gläubige gegenseitig von ihren spirituellen Erfahrungen und Praktiken erzählen. Nur so können Menschen wirklich wahrnehmen, dass Andersgläubige auch in einer lebendigen Gottesbeziehung leben.

b. Theologische Aufbrüche

In der Opferproblematik

Durch solches Kennenlernen wächst nach meiner Erfahrung nicht nur die Fähigkeit zur Kritik anderer Religionen, sondern interessanterweise auch die Fähigkeit zur Kritik der eigenen Überlieferungen. Denn durch die Erweiterung des religiösen Horizontes lassen sich die heiligen Texte vor dem Hintergrund der Geschichte der Religionen und Kulturen und ihrer zum Teil mörderischen Auseinandersetzungen sehen. Und dann stehen Texte nicht mehr für sich da, sondern geben sich als Auslöser einer Wirkungsgeschichte zu erkennen, in der sie neben vielen guten oft auch verheerende Wirkungen ausgelöst haben – wie nicht zuletzt die Religions- und Kriegsgeschichte zeigen. Erst vor einem solchen, interreligiös erweiterten Horizont wird dann auch innerhalb der eigenen Religion eine theologische Kritik überlieferter Glaubensvorstellungen möglich.

Als Beispiel aus meiner eigenen Arbeit nenne ich vor allem die Kritik an einer Theologie, die die Hinrichtung Jesu als Sühne gedeutet hat – und berufe mich dafür auf jüdische Propheten wie auf Jesus selbst. Denn wenn Versöhnung, Vergebung und Erlösung auf ein Menschenopfer zurückgeführt werden, wird die unbedingte, also wirklich *bedingungslose* Liebe Gottes, von der und für die Jesus gelebt hat und gestorben ist, wieder zu etwas Bedingtem, von einem Blutopfer Abhängigen. Und indem auch in der christlichen Mahlfeier immer noch ein Akt angeblich heiliger Gewalt im Mittelpunkt steht, wird tödliche Gewalt als Mittel zum Heil prinzipiell gerechtfertigt. Nicht nur der Rekurs auf die Verkündigung Jesu, sondern auch die kulturelle Differenz zur hellenistischen Kultur erfordern also meiner Einsicht nach einen heilsamen Aufbruch in eine andere – auch und gerade gottesdienstliche – Zukunft. Der vermeintliche Ausweg, den eindeutigen Wortlaut der liturgischen Opfersprache beibehalten und (innerhalb der privilegierten Theologenschaft) anders interpretieren zu wollen, führt dagegen in eine unhaltbare Situation. Denn dann paralysieren sich Opfersprache und Uminterpretation wie »mitlaufende Gegeninformationen« (P. Watzlawick) gegenseitig, ohne das Ärgernis zu beseitigen.

Eine Trias als Brücke zwischen den Religionen

Eine Theologie der Religionen, die von der gemeinsamen Herkunft aller Religionen in Gott ausgeht, wird bei der Wahrnehmungstheorie ansetzen müssen, um gerecht sein zu können. Als Modell für eine Brücke zwischen den Religionen erscheint mir mittlerweile die Trias oder Dreiheit als hilfreich. Dabei geht es mir allerdings nicht um drei Personen einer Gottheit. Sondern ich nehme die Trias erst einmal als Symbol einer Ganzheit. In der Dreiheit lassen sich, komplementärem Denken folgend, drei Wahrnehmungsgestalten Gottes miteinander verbinden. »Komplementär« heißt: Die verbundenen Wahrnehmungsgestalten sind *nicht* auf derselben Ebene bzw. in derselben Dimension angesiedelt, sondern verbinden Gott, Geschöpfe und Geist. Die drei im Lebensganzen miteinander verbundenen Ebenen oder Dimensionen beschreibe ich so:

A: Die erste redet von Gott. Hierhin gehören die Gottesvorstellungen der Religionen in der Fülle ihrer tatsächlichen Wahrnehmungsgestalten, Mythen und Namen, wie sie uns überliefert sind. In einer interreligiösen Ökumene hat Gott diese Vielfalt, und diese Vielfalt hat Gott in sich.

B: Die zweite redet von der Hinwendung zu und der Verbindung Gottes mit »seinen« Geschöpfen, also von den Offenbarungen unter den Menschen oder Inkarnationen in geschöpflicher Gestalt. Dazu gehören Wahrnehmungen der Weltordnung genauso wie Vermittler zwischen Gott und Menschen, Gott und Welt, dem Absoluten und der Welt – also Mose, Buddha, Propheten, Asklepios, Jesus, Muhammad, Bahāʾallāh und andere – und zwar unbeschadet ihres jeweiligen Status in der eigenen Religion.

C: Die dritte Ebene oder Dimension redet von der von allen erfahrbaren Lebensenergie Geist und der Geistes*gegenwart* Gottes. Geist verstehe ich als das, was ursprünglich und gegenwärtig alles miteinander verbindet und in der Physik als »das Eigentliche des Wirklichen, das uns begegnet« (Carl Friedrich v. Weizsäcker), bezeichnet werden kann. Geist ist also zugleich die im Westen verlorene Brücke zwischen Geistes- und Naturwissenschaften.

Von diesem theologischen Aufbruch aus kann ich auch Aufbrüche im Bereich des Gottesdienstes beschreiben, die ich für heilsam halte.

c. Im Bereich des Gottesdienstes

Michael von Brück hat zutreffend geurteilt, dass in Konferenzen, die den Dialog der Religionen praktiziert haben, zwar viele Vorurteile abgebaut worden seien. Aber es sei auch zu Enttäuschungen gekommen, »wo man nicht wagte, zu gemeinsamem Gebet und Meditation sowie praktischem sozialem Engagement voranzuschreiten.«[4] Solche Enttäuschungen, die auch den Dialog irgendwann lähmen, sollten vermieden werden.

Nach allem, was uns vom Selbstverständnis der Religionen her geläufig ist, scheidet die Möglichkeit, Andersgläubige zur *aktiven* Teilnahme an irgendwelchen Liturgien der eigenen Religion einzuladen, aus. Möglich aber sollte es sein, Andersgläubige dem eigenen Gottesdienst beiwohnen zu lassen, damit sie ihn kennenlernen können. Die spirituelle Sprache eines fremden Gottesdienstes zu erleben, kann einen Zugang eröffnen, der durch das Studium von Schriften nicht zu gewinnen ist. Dabei steht es den Miterlebenden frei, sich an *den* Stellen der Liturgie (still) zu beteiligen, die sich ihnen – möglicherweise nach vorheriger Einweisung – öffnen.

Wenn akzeptiert wird, dass alle Religionen – auf dem Weg über die kulturbedingt differenten Wahrnehmungen – eine gemeinsame Herkunft haben, lassen sich aber in die überlieferten Liturgien der einzelnen Religionen Elemente einfügen, die die Teilhabe an einer interreligiösen Ökumene ausdrücken (a), und, auf einer nächsten Stufe, lassen sich auch interreligiöse Gottesdienste feiern (b).

Einfügungen in die eigene Liturgie
- Eine wichtige Einfügung kann der Hinweis darauf sein, welchen Punkt im jeweiligen Festkalender anderer Religionen die eigenen Festtage markieren. Damit wird die Wahrnehmung der anderen ausgedrückt und ein Zeichen gegeben, dass die Vielfalt der Religionen akzeptiert wird.
- Bedeutender noch ist, wenn zu den Lesungen aus den eigenen heiligen Schriften auch aus Schriften anderer Religionen gelesen

4. Art. Hinduismus und Christentum, in: Evang. Kirchenlexikon³, Bd. 2, Sp. 530f., hier: 530.

wird, wie es bei den Bahai üblich ist. Damit können Übereinstimmungen, aber auch unterschiedliche Perspektiven beschrieben werden. Sie erweitern den Horizont und können deutlich machen, dass wir uns nicht im Besitz *der* Wahrheit wähnen, sondern nur perspektivische Zugänge zu ihr haben. Die einzelnen Religionen sollten Textzusammenstellungen anbieten, die diesem Zweck dienen. In meinem Buch »Lebensgaben Gottes feiern« habe ich eine kleine Auswahl zusammengetragen[5]. Langfristig sollte in gemeinsamer Verantwortung interessierter Religionen ein »Kanon aus den Kanons« gefunden werden. Er sollte nicht die bisherigen Kanons ersetzen, sondern als interreligiöses Lektionar die Begegnung mit den Überlieferungen der Religionen im jeweils eigenen Bereich möglich machen.

- Aufgabe der Religionen wird es sein, dieses Nebeneinander der Festkalender und Überlieferungen auszulegen. In dem genannten Buch habe ich in der entworfenen Liturgie auch entsprechende Rubriken für die Lesung und Auslegung außerbiblischer Texte vorgesehen[6].

- Auch Gebete aus anderen Religionen können eingefügt werden, und zwar ohne dass die Namen der Angeredeten geändert würden. Denn auch dabei geht es zuerst darum, den Respekt vor der fremden Spiritualität und Gottesbeziehung auszudrücken.

- Die Fürbitte lässt sehr viel Platz, Menschen und Anliegen der andersgläubigen Gemeinden ins eigene Gebet einzuschließen.

Interreligiös gefeierte Gottesdienste

- Gelegenheit zu gemeinsamen Gottesdiensten bieten gemeinsame Lebenserfahrungen, die am selben Ort, in derselben Stadt gemacht werden, und gute wie böse Ereignisse, die Angehörige unterschiedlicher Religionen, auch ohne miteinander bekannt zu sein, betreffen. Die Grundform dafür ist, dass die gemeinsamen Erfahrungen bzw. die Ereignisse, um die es geht, authentisch in der eigenen religiösen Sprache auch gottesdienstlich zur Sprache kommen – nebeneinander zwar, aber in dem Glauben,

5. A. a. O., S. 208-233.
6. A. a. O., S. 158 f.

dass der/die Eine angeredet wird. Entscheidend ist das gemeinsame Dach, unter dem zu Gott gesprochen wird.

- Im Gespräch der Religionen vor Ort könnte darüber nachgedacht werden, ob es einen gemeinsam verantworteten Festtag der Religionen geben kann. Thematisch könnte er zum Beispiel mit der Schöpfung oder – ganz gezielt – mit der Tatsache zu tun haben, dass Religionen vielfältig von Gott reden müssen, und dass sich mit dieser Vielfalt ein reiches religiöses Gedächtnis der Menschheit verbindet.

- Die Vielfalt könnte aber auch in dem Sinn Thema interreligiöser Gottesdienste sein, dass die Bitte um Verständigung und wachsende Gotteserkenntnis, um die damit verbundene Verantwortung für den Weltfrieden und den Schutz der Schöpfung – vor allem für den Schutz der uns ausgelieferten Geschöpfe – von allen gemeinsam ausgesprochen wird. Dieses gemeinsame Sprechen stelle ich mir vorläufig immer noch so vor, dass die einzelnen Religionen nebeneinander zu Wort kommen und Gott in gewohnter Form anreden. Ein Schritt weiter wäre getan, wenn die Anreden nebeneinander stehen blieben, aber danach ohne Namensnennung weitergebetet werden könnte.

- Dabei sollte die kritische Sichtung der jeweils eigenen Überlieferungen von der Frage her möglich werden, ob diese Überlieferungen und ihre Wirkungsgeschichte dem Leben – und das heißt auch: dem Zusammenleben der Religionen und Kulturen – gedient haben oder nicht.

- Gemeinsame caritative bzw. diakonische Projekte können gemeinsam gottesdienstlich vorbereitet und begleitet werden.

Vermieden werden muss alles, was den Eindruck erweckt, als ginge es bei den Bemühungen um eine interreligiöse Ökumene darum, eine Einheitsreligion anzustreben. Mein Ziel ist das nicht.

Ewigkeits- oder Totensonntag

Vom Tod als »der Sünde Sold« zum Tod als Tor im Leben

I. Einleitende Beobachtungen aus der Seelsorge, die auf eine über lange Zeit internalisierte Sündekultur im Christentum weisen

Viele Menschen sterben in Frieden, ohne leibliche und seelische Qual, »entschlafen«. Viele andere Menschen aber leiden, wenn sie von schwerwiegenden Diagnosen und Krankheiten heimgesucht werden, nicht nur an körperlichen Schmerzen und Trennungsängsten, sondern auch an seelischen Qualen. Diese Leiden hängen sehr oft mit der Frage nach dem Warum zusammen: Warum dieses Leiden? Warum dieses Leiden für mich? Und dann wird nach einer Ursache gesucht, die das Leiden einsehbar machen soll, auch wenn es eine schmerzliche Einsicht sein wird. Denn bei der Frage nach dem Warum wird von einem Ursache-Wirkungs-Schema ausgegangen, das dem Menschen im Grunde nicht guttut: von dem Schema, das Krankheit und Unglück als Folge von Schuld oder Sünde versteht. Dasselbe Phänomen kennen wir von Menschen, die in ihrer letzten Lebenszeit keinen inneren Frieden finden, weil sie gequält werden von Erinnerungen an Schuld. Sie haben sie irgendwann einmal auf sich geladen, und die Schuld sitzt in ihrem Gedächtnis fest, weil sie nicht ausgesprochen und vergeben wurde.

Wo immer solche quälenden Fragen und Gedanken auftauchen, geht es prinzipiell um ein und denselben Zusammenhang von persönlicher Schuld und Krankheit bzw. von Schuld und Sterbenmüssen. Und je unzeitiger das Sterben und je schwerer das Leiden sind, desto dringlicher und quälender sind jene Fragen und Erinnerungen. Denn das dahinterstehende Verständnis von Krankheit und Sterblichkeit als Strafe sitzt tief und wird scheinbar dauernd vom Leben bestätigt. Denn wir bleiben ja immer wieder Menschen und anderen Geschöpfen etwas schuldig und müssen auch immer wieder leiden.

II. Die Herkunft des Verständnisses von Krankheit und Sterblichkeit (Tod) als Strafe und seine Folgen

Dass es dazu hat kommen können und noch oft genug dazu kommt, dass Leiden und Sterbenmüssen auf persönliche Schuld zurückgeführt werden, hängt mit einem Verständnis von Krankheit und Tod zusammen, wie es für die jüdisch-christlich geprägte Kultur in unterschiedlichen biblischen Überlieferungen und deren Interpretation grundgelegt ist. Zwei Überlieferungen können dafür angeführt werden: Zum einen die Geschichte vom sogenannten »Sündenfall« Adams und Evas im Paradies *(1. Buch Mose 3)* und Ausführungen des Apostels Paulus vor allem im Brief an die Römer im 5. und 6. Kapitel. Ich rekapituliere kurz.

Da ist zuerst der Mythos vom Sündenfall. Dass es sich dabei um einen Mythos handelt, belegt die Tatsache, dass der Stoff bereits aus dem 3. Jahrtausend stammt, aus mesopotamischen Überlieferungen. In der Geschichte wird, genau genommen, nichts davon gesagt, dass die Menschen bis dahin *un*sterblich gewesen und durch den Sündenfall erst sterblich geworden wären. Denn »Adam« heißt im Hebräischen »Erdling«, »der vom Staub der Erde Geschaffene«. Folgen wir den beiden Schöpfungsgeschichten *(1. Buch Mose 1,1-2,4a und 2,4b-25)*, so sind die geschaffenen Wesen eine Verbindung aus dem »Staub« der Erde *(2,7 vgl. 3,19)*[1] und dem Lebensodem Gottes. Auch der Mensch *ist* eine »lebendige Seele« erst durch den Lebensodem, den Gott ihm (in die Nase) einhaucht – eine Vorstellung, die wir schon aus dem Alten Ägypten kennen. Im 1. Buch Mose 3 wird Adam und Eva nicht angedroht, dass sie *überhaupt* sterben müssen, also sterblich werden. Sondern angedroht wird ihnen nur ein *früher Zeitpunkt* ihres Sterbens – für den Fall, dass sie von den Früchten essen sollten, die am Baum in der Mitte des Paradiesgartens hingen und »lieblich anzuschauen« waren. So sieht es auch die heutige jüdische Auslegung der Stelle. Es geht also genau genommen um die Todesstrafe, und mit der kann man nur drohen, weil der Drohende wie die Bedrohten um die Sterblichkeit wissen. Wir müssen also ge-

---

1. Vgl. dazu Werner H. Schmidt, Alttestamentlicher Glaube in seiner Geschichte, Neukirchen 10. Aufl. 2007, S. 238.

nau hinsehen: Die Menschen zitieren das Verbot Gottes so: »Esset nicht davon; rühret sie auch nicht an, dass ihr *nicht sterbet.« (3,3).* Da wird nicht gesagt: »dass ihr nicht *sterblich werdet«.* Das hätte man im Hebräischen durchaus ausdrücken können, wenn man es hätte sagen wollen. Aber es war gar nicht gemeint.

Erst die Schlange gibt dem »Fall« eine neue Wendung. Auch sie kann mit den Menschen über den allen bekannten Tod sprechen, bestreitet aber, dass das Essen von jenem Baum zu einem vorschnellen Tod führen werde. Sie weiß aber, dass etwas anderes geschehen wird: Die Menschen werden nach dem Essen »sein wie Gott und gut und böse unterscheiden können« *(3,4 f.).* Solches Wissen finden die Menschen nun hinreißend begehrenswert und beißen in den süß-sauren Apfel der Erkenntnis. Danach wissen sie, dass das Leben eine spannungsvolle Grundstruktur hat: Von »gut« zu reden, hat ja nur Sinn, weil es »böse« und »schlecht« gibt. Unser ganzes Wertesystem kennt die Abwesenheit oder Verneinung der Werte, die uns positiv etwas bedeuten, als Möglichkeit und Problem. Nur darum gibt es seit je »Wertedebatten«.

Aber wie geht nun die Geschichte vom »Sündenfall« aus? Ganz spannend: Gott und die Schlange behalten recht, *beide.* Wieso behält *Gott* recht? Nach dem Biss in den Apfel gibt es die Spezies *homo paradisicus* nicht mehr. Sie ist »gestorben« – indem sie alsbald aus dem Paradies »ausgetrieben« wird und als *homo sapiens* neu in die Welt kommt, wie wir sie kennen. Dabei wird Geburtssprache verwendet! »Austreibung« *und* »Vertreibung aus dem Paradies« meinen die Geburt der neuen Art Mensch, zu der wir gehören. Unsere Welt ist nicht mehr der große Uterus, den das Paradies darstellt, und wir leben auch nicht mehr embryonal-abhängig, sondern sind zur Individuation inmitten sozialer Beziehungen »verurteilt«.

Und wieso behält die *Schlange* recht? Die Menschen sterben nicht auf der Stelle, sondern wandeln sich. Gott selbst bestätigt nach dem Paradies, was die Schlange versprochen hatte: »Und Gott der Herr sprach: Siehe, der Mensch ist geworden wie unser einer, dass er weiß, was gut und böse ist.« *(3,22).* Und indem er ergänzt: »Nun aber, dass er ja nicht auch noch vom Baum des Lebens breche und esse und ewig lebe« *(3,22),* bestätigt er, dass auch schon der *homo paradisicus* sterblich war. Das ewige Leben wird ihm aber auch außerhalb des Paradieses verwehrt, denn von dort aus führt kein Weg mehr zum Baum des Lebens.

Auch wenn wir dann weiterlesen in der Bibel, stellen wir fest: Die Sterblichkeit als solche ist lange Zeit kein Problem gewesen, jedenfalls nicht, solange man »alt und lebenssatt«[2] sterben konnte und wollte. Aber irgendwann ist die Sehnsucht nach der Überwindung der Sterblichkeit, nach dem Bleiben, dann doch aufgebrochen. Sie entsteht durch das Mitansehen des vorzeitigen oder elenden Sterbens von Menschen, und aus dem Schmerz beim Abschiednehmen-Müssen, nachdem die Individualität entdeckt und die Beziehung zwischen Menschen über die Fortpflanzungsgemeinschaft hinaus als *Liebesbeziehung* verstanden worden war. Das ist schon sehr früh belegt: im Gilgamesch-Epos (Mesopotamien), im 3. Jahrtausend v. Chr., babylonisch und akkadisch-semitisch geschrieben. *Gilgamesch* und sein geliebter Freund *Enkidu* bestehen ungeheure Abenteuer, bei denen sie aus Übermut auch Frevel an Menschen (dem Hüter des Waldes, *Humbaba*, vor allem) und Bäumen begehen, die Göttern heilig sind. Da überrascht es nicht, dass Enkidu eine plötzliche, tödliche Erkrankung auf die Rache der Götter zurückführt. An ihr siecht er dahin *(7. Tafel, Z. 263)*. Gilgamesch muss das Sterben seines Freundes Enkidu mit ansehen, ohne helfen zu können. Er trauert herzergreifend, er will ihn halten, lässt ihn nach seinem Tod sogar in einer lebensnahen Plastik nachschaffen *(8. Tafel)* – und erkennt schließlich, dass Enkidus Sterben ihm auch sein eigenes Sterben vor Augen geführt hat. Und nun beginnt seine Suche nach einem Kraut, das unsterblich macht (griech. *pharmakon athanasias*). Er findet es auch, doch eine listige Schlange (!) frisst es ihm weg, ehe er es selber essen kann. Fortan häutet sie sich ständig, während Gilgamesch in seiner einen, alt werdenden Haut stecken bleibt. Resigniert beschließt Gilgamesch, sein Bleiben nun auf andere Weise zu sichern: in Stein. Er baut als König die Stadtmauer von Uruk – und bekommt recht, denn sie ist noch heute zu besichtigen.

Eine Spur von dem Gedanken, dass frühzeitiges Sterben durch Schuld verursacht werde, taucht also im Gilgamesch-Epos schon

2.   1. Buch Mose 25,8; 35,29; 1. Buch der Chronik 11,24; 2. Buch der Chronik 24,15; Hiob 42,17.

auf. Und das gilt auch für die Sintflutgeschichte, die auf der 11. Tafel desselben Epos berichtet wird und als Vorlage für die biblische Erzählung *(1. Buch Mose 6,5-8,22)* gedient hat. Denn sie ist als Strafaktion gegen die Menschen dargestellt. In Mesopotamien, weil die Menschen den Göttern zu laut geworden waren, in der biblischen Version, weil »der Menschen Bosheit groß war auf Erden, und … alles Dichten und Trachten ihres Herzens die ganze Zeit nur böse war« *(6,5).*

In der christlichen Auslegung der Sündenfallerzählung taucht der Schuld-Sühne-Zusammenhang ausgeprägt zuerst bei *Paulus* auf, und zwar in Anknüpfung an die priesterliche Theologie seiner Zeit, die das 3. Kapitel im 1. Buch Mose bereits nach diesem Muster ausgelegt hatte. Tief verinnerlicht haben wir dieses Denkmuster im Abendland allerdings erst durch die Vermittlung des Kirchenvaters *Augustin* und seine »Erbsündenlehre«. Augustin beruft sich dafür ausdrücklich auf Paulus, der im Brief an die Römer geschrieben hatte, dass »durch *einen* Menschen (Adam – Eva wird nicht erwähnt!) die Sünde in die Welt gekommen ist, und durch die Sünde der Tod, und so der Tod auf alle Menschen übergegangen ist, weil sie alle gesündigt haben« *(Römerbrief 5,12).* Prägnanter formuliert er an anderer Stelle: »Der Sünde Sold ist der Tod.« Der Tod, genauer: die Sterblichkeit, ist nun Sündenfolge, Sündenstrafe. Rettung gibt es daraus nur in Gestalt der Gnade *(Römerbrief 6,23),* die Gott aufgrund des Kreuzestodes Jesu, durch sein sühnendes Blut, gewährt. »Hinter dieser Auffassung steht die theologische Überzeugung, dass so wie der Tod durch die Sünde in die Welt kam, die Sünde wieder durch den Tod hindurch in ihrer lebensfeindlichen Wirkung aufgehoben werden kann.« »Denn Christus bzw. Gott tritt ja ›für uns‹, d. h. für die Folgen unserer Sünde an unsere Stelle. Denn wir Sünder sind es, die den Tod verdient haben.«[3] Das mag eine evangelische Kirchenleitung zum Erstaunen vieler noch heute so sehen. Auf Jesus kann sie sich dafür nicht berufen, nicht einmal auf die Reformation, die deutlich zwischen Sünde und Sünder zu unterscheiden wusste.

Bei Paulus, Augustin und der ihnen folgenden kirchlichen Lehre bis heute hat der Tod aufgehört, etwas Kreatürliches zu sein, er wird

---

3. Erklärung der EKHN zur Sühnopfertheologie, Abschnitt 19.

kriminalisiert als Sündenstrafe. In einem anderen Kontext kann Paulus Krankheit und frühen Tod dann sogar ganz konkret als Sündenfolge darstellen: Wer beim Abendmahl Brot (und Wein) nicht als Leib Christi ernst nimmt, »isst sich selbst das Gericht«, sagt Paulus. Und er behauptet, dass wegen solcher Frevel »unter euch (schon) viele Kranke und Sieche (sind), und ein gut Teil sind schon gestorben« *(1. Korintherbrief 11,27-30)*. Ich bin zehn Jahre lang Pfarrer in einer Dorfgemeinde auf dem Hunsrück gewesen. Dabei ist mir anfangs aufgefallen, dass die Bauern dort drei-, maximal viermal im Jahr zum Abendmahl kamen, häufiger nicht. Als ich nach dem Grund dafür suchte, stieß ich bald auf die zitierte Drohung des Paulus, die ganze Generationen beim Abendmahl als »Vermahnung« zu hören bekommen hatten. Und Bauernschläue riet den Menschen, sich einer solchen Gefahr nur so oft auszusetzen, wie es unbedingt nötig war. Man muss sich das einmal vorstellen: Die Teilnahme am Abendmahl war zu einer Bedrohung für Leib und Leben der Menschen geworden! Dies war die Rückseite einer kirchlichen Lehre, die das Abendmahl ausdrücklich zum *pharmakon athanasias,* zur Unsterblichkeitsmedizin, erklärt hatte, die »im rechten Glauben zum ewigen Leben hilft«, wie es noch heute in einer »Spendeformel« heißt, bei »falschem« Glauben aber Krankheit und Tod bewirkt.

Fassen wir zusammen: In der Kirchenlehre galt endlose Zeiten lang, dass der Mensch *ohne* Gnade kein Lebensrecht habe, und *mit* ihr auch nur ein bedingtes. Gott und Mensch sind dabei endlos weit voneinander getrennt worden. Die Sterblichkeit, als Sündenfolge verstanden, bleibt der Menschen äußerster Feind *(1. Korintherbrief 15,26)*, weil sie Strafe ist für Sünde, die wettgemacht werden muss durch eine Sühneleistung – und doch dauerhafte Realität ist. Auch das Christentum hat auf diese Weise eine »Sündekultur« erzeugt, um einen Begriff von *Jan Assmann* aufzunehmen.[4] Alle negativen Erfahrungen wurden ursächlich mit (der) Sünde und angeborenen

---

4. J. Assmann, Herrschaft und Heil, S. 151 f. »Die Grundlage der Sünde ist daher nicht einfach die Norm, sondern der Vertrag, d. h. der Bruch einer gegenseitigen Verpflichtung. Man kann sich fragen, ob Adam und Eva eigentlich eine Sünde im Sinne dieser Definition begingen, als sie vom verbotenen Apfel aßen.« (S. 152) Vgl. zur Sache auch J. Assmann, Monotheismus und die Sprache der Gewalt, Wien 4. Aufl. 2007, S. 53-57.

Bosheit der Menschen verbunden, sodass die Sünde allgegenwärtig war und im Leben aller Menschen Regie führte. Die zentrale Rolle und Macht der Kirche aber hing damit zusammen, dass *sie*, und nur sie, den Sündern die Gnade Gottes vermitteln – und lange genug auch buchstäblich verkaufen – konnte. Noch heute gehört zur Sündekultur als schlimme Erbschaft, dass Sterblichkeit und Tod und vor allem schwere Leiden als Strafe verstanden und, so gut es geht, verdrängt werden[5]. Diese Form der Sündekultur hat aber auch mit dazu beigetragen, dass aus *Kranken*häusern *Sterbe*häuser geworden sind, weil Sterben und Tod aus unseren Wohnungen und Häusern ausziehen mussten.

III. Folgen wir der Verkündigung Jesu, gehört der Tod zum Leben, ja, ist er notwendiger Abschied im Leben

Bei Jesus gibt es keine Äußerungen, wie wir sie von Paulus kennen. Die Sterblichkeit der Menschen wird nicht als Sündenfolge gesehen. Wo Menschen leiden, werden sie nicht als überführte Sünder angesprochen und eventuell sogar gemieden, sondern die Leidenden sind Jesu Klientel *par excellence*. Deutlich ist das etwa Johannes 9,1-7: Als Jesus und seine Jünger einem Blinden begegnen, fragen die Jünger – gemäß dem alten Muster vom Tat-Ergehens-Zusammenhang – Jesus, wer denn hier gesündigt habe: der Blinde selbst oder seine Eltern. Jesus weist dieses Schema zurück und erklärt, es gehe angesichts der Blindheit des Blinden nur um eins: An ihm müsse Gottes Liebe und Herrlichkeit durch Heilung sichtbar werden. Und so heilt er ihn. Auch im Gleichnis vom Weltgericht *(Matthäus 25, 31-45)* hat Jesus deutlich gemacht, dass Gott sich mit den Leidenden identi-

---

5. Als ich den damals fünfundachtzig Jahre alten Eugen Biser einmal gebeten habe, sich doch ein wenig mehr zu schonen – neben Vorlesungen an der Uni und Vortragsreisen im Land predigte er jeden Sonntagabend in der Münchner Ludwigskirche –, antwortete er mir: »Die Kirche hat in ihrer Geschichte so viele Seelen gemordet, dass wir von der unbedingten Liebe Gottes predigen müssen, so oft es nur geht und so lange die Kräfte reichen.«

fiziert und dass alles, was ihnen Gutes getan werde, insofern Gott bzw. Jesus getan wird (»Was ihr getan habt einem meiner geringsten Brüder, habt ihr mir getan«, *V. 40 vgl. 45*). Gott identifiziert sich als der Liebe bedürftig, denn er leidet mit den Leidenden mit.

Auf Schuld und das Schuldigbleiben der Liebe antwortet Gott nicht, indem er die Rechnung präsentiert, sondern mit *Vergebung*, die die Menschen zur Änderung ihres Handelns bewegen will. Und auf Leiden reagiert er zuerst mit liebevoller Wahrnehmung. Gott *ist* die unbedingte Liebe, die sich durch menschlichen Ungehorsam nicht einschränken lässt (Gleichnis von der Liebe Gottes: *Lukas 15,11-32*). Die Gebote und Verbote der Bibel aber sind dazu da, dem Menschen zu helfen, das schwere Leben zu bestehen. Sie sind kein Selbstzweck, sondern »für den Menschen da« *(Markus 2,27)*. Aber Jesus hat das Leiden auch in seiner seelischen Dimension erkannt. So sagt er im Johannesevangelium: »In der Welt habt ihr Angst« *(16,33)* – vor Schmerzen, Leiden, vor allem, was uns vom Leben zu trennen droht. *Das* ist liebevolle Wahrnehmung unserer menschlichen Existenz. Schon aus diesem Jesus-Wort resultiert die theologische Relevanz der Angst. Denn theologisch gehören die liebevolle Wahrnehmung der Angst und die liebevolle Zuwendung zum Geängstigten zusammen. »In der Welt habt ihr Angst, aber seid getrost, ich habe die Welt überwunden«, lautet der ganze Satz, dessen ersten Teil ich bisher zitiert habe. Überwunden werden soll die Angst in der Welt, indem Gott nicht mehr als der Strafende auftritt, sondern sich als der unbedingt Liebende auf die Seite der Menschen, auf die Seite des Lebens, stellt.

Zu dieser Solidarität mit den Lebenden gehört nach Johannes 16 aber überraschenderweise auch, dass Jesus sich durch seinen Tod von der Jüngergemeinschaft getrennt, sie losgelassen und so gezwungen hat, auch ihn loszulassen. Nirgends sonst wird das im Neuen Testament verhandelt. Nur hier. Kapitel 16 redet von der Angst und leidvollen Trauer über die erlebten und kommenden Abschiede, von der Geburt an, als menschliche Grundgegebenheit. Deshalb kann Jesus auch offen über seinen Abschied von der Jüngergemeinschaft reden. Er nennt ihn einen *notwendigen Abschied* und macht ihn zum Trostgrund, auf den sich die selbstständig werdenden Christen berufen können sollen: »Es ist gut für euch, dass ich gehe!«, sagt er ihnen. Denen, die vor der Aussicht auf das Allein-gelassenwerden in ihrer Seelenkraft deprimiert sind, sagt Jesus: Er wisse, dass sie traurig sind, aber er sage ihnen »die Wahrheit«. Und die Wahrheit laute: Dieser Abschied ist notwendig, »ist gut für euch … Denn wenn ich nicht fortgehe, wird der Beistand (Geist, Para-klet) nicht zu euch kommen; wenn ich aber gehe, werde ich ihn zu euch senden. … Wenn aber jener kommt, der Geist der Wahrheit, wird er euch in die ganze Wahrheit leiten … auch das Zukünftige wird er euch verkündigen.« So steht es Johannes 16,5-13. Und das heißt nicht mehr und nicht weniger als: Was wir wissen müssen vom Leben, was zum Leben gehört, was das Leben ist, können wir nie-mals in dem jeweiligen Heute erkennen. Es gibt auch keine lernbare Glaubenswahrheit, die alles in sich einschlösse und damit in sich fertig wäre. Gott *ist* das Leben, und das Leben geht weiter, so wahr Gott lebt. Es hat eine Zukunft, und diese Zukunft können wir nur erkennen, wenn wir an der Zukunft des Lebens teilhaben. So sorgt der Geist Gottes auch für den Fortgang der Wahrheit.

Der Abschied ist also ein notwendiger Bestandteil des Lebens und der Erkenntnis. Wer Abschiede nicht vollziehen will, bleibt hän-gen in derjenigen Lebensgestalt, in der er einmal war, will etwas Ge-wesenes perpetuieren – so wie Gilgamesch, als er seinen Enkidu le-bensnah hat nachbauen lassen. Aber an der Zukunft des Lebens hat nur teil, wer sich auf die Zukunft einlässt. Und Zukunft ist Verwand-lung der Gegenwart, nicht ihre Verewigung.

In einer Theologie, wie wir sie in Johannes 16 kennengelernt haben, hat eine Vorstellung vom »Tod als der Sünde Sold«, als Strafe für Ungehorsam, keinen Platz. Denn da ist Sterblichkeit ein um des Lebens willen notwendiger Abschied, so schwer er, um der konkre-ten Liebe zu konkreten Menschen willen, auch von uns durchlebt werden muss. Gott ist, folgen wir der Verkündigung Jesu und sei-nem gewandelten Gottesverständnis, nicht dazu da, dies alles noch schwerer zu machen, als es ist, sondern will uns leben und sterben helfen. Gott ist – so sollen wir glauben – *Geist* (*Johannes 4,24:* »Gott ist Geist, und die ihn anbeten, müssen [ihn] in Geist und Wahrheit anbeten«) und *Liebe* (*1. Johannesbrief 4,16:* »Gott ist Liebe; und wer in der Liebe bleibt, der bleibt in Gott und Gott in ihm«). Beide Kräf-te sind Energien. Geist und Liebe halten alles und alle zusammen.

Das betrifft alle Zellen und alle »Individuen«, die räumlich durch den Leib eine abgrenzbare Gestalt haben. Durch Geist und Liebe aber sind sie *transpersonal* an der großen Gemeinschaft alles Lebendigen beteiligt. Sie sind Teilhaber an der *einen* großen Wirklichkeit: Gott. »Im-Leben-Bleiben« bedeutet dann eine mit Gott verbundene Eigenschaft des Lebens. Aber dieses Bleiben ist nicht statisch zu verstehen. Leben, das immer gleichbliebe, würde erstarren, vergreisen, erkalten, würde Tod in bewegten Bildern sein. Wollen wir ein solches Leben?

Gott selbst ist Leben als Geist und Liebe und sucht sich unendlich oft Gestalt im Leben, er inkarniert, wie es so schön im 1. Kapitel des Johannesevangeliums von Jesu Geburt als Mensch heißt. Aber Jesus war nur »der erste von vielen Menschenbrüdern und -schwestern« *(Römerbrief 8,29)*, an dem diese Wahrheit erkannt worden ist. Sie gilt für alle Menschen und übrigen Geschöpfe vor, neben und nach Jesus auch. Und alle diese Gestalten – einschließlich unserer Erde und der anderen »Himmelskörper« im All – sind sterbliche Inkarnationen Gottes. Wenn wir klagen darüber, dass so etwas wie ein Tsunami oder andere Naturkatastrophen passieren können, dann ist das von der Seite des Leidens, des Abschiednehmens und Mitleidens her, völlig verständlich. Aber von der Einsicht her, dass auch die Erde sterblich ist, können wir Gott nicht länger als Garanten des ewigen Bestandes der Erde ansehen. Lebendiges Leben ist überall in der Schöpfung *sterbliches* Leben: Es wird geboren und gestorben, und auf der Rückseite des Todes wird neue Lebensgestalt geboren. Das können wir inzwischen von den »schwarzen Löchern« und ihrer Rückseite lernen. Bildhaft wird davon auch in den Ostererzählungen gesprochen. Denn der Auferstandene erinnert die Jünger an den irdischen Jesus, aber er hat nicht mehr seine Gestalt, sondern eine neue, nicht mehr leiblich greifbare. Die Ostererzählungen sprechen von Erscheinungen einer *immanent* erfahrenen *Transzendenz*, die beliebige Gestalt annehmen und wieder loslassen kann *(vgl. Johannes 20 und Lukas 24!)*. Entscheidend ist nicht die Gestalt, sondern die Verbindung, in der sie durch die Liebe miteinander verbunden bleiben. Alles vollzieht sich in der *einen* Wirklichkeit, zu der Gott und alle Geschöpfe gehören. Vor diesem Hintergrund hört sich dann glaubwürdig an, was Paulus im 1. Korintherbrief Kap. 15 von der Verwandlung des Lebens in Sterben und Tod geschrieben hat: dass nämlich »dieses Verwesliche muss anziehen Unverweslichkeit, und dieses Sterbliche (muss) anziehen Unsterblichkeit« (V. 53). Das viele Menschen heute irritierende Wort »Auferstehung« meint nichts anderes als solche, letztlich unvorstellbare Transformation des Lebens. Und diese kann geschehen, weil Gott mit uns durch den Tod als Tor im und zum Leben geht.

Willigis Jäger kann sagen: »Gott ist die Gestaltungskraft in jeder Gestalt«[6]. »Geborenwerden und Sterben ist die Struktur Gottes. Es gibt keinen Tod, es gibt nur das Sich-selbst-Gebären Gottes im Kommen und Gehen.«[7] Auch deshalb sind Abschiede lebens-notwendig, ist unsere Sterblichkeit kein Strafverhängnis, der Tod nicht der Sünde Sold. Von diesen alten Lehren, die je in ihrer Zeit und vor ihrem früheren religiösen Hintergrund einmal sinnvoll gewesen sind, können und müssen wir Abschied nehmen. Richtig ist vielmehr zu sagen: Ewig jung sein, eine ewig jugendliche Gestalt haben zu müssen – das wäre Strafe, wäre der tiefste Widerspruch zum Leben und bedeutete, niemals zur Ruhe zu kommen[8].

Zum Verständnis Gottes als desjenigen, der in allem Gestaltwandel sein Wesen hat, gehört die große Verwandlung auch im Sterben. Ohne das Sterben dadurch verniedlichen zu wollen, berichtet Willigis Jäger von der Begegnung mit einer Frau, die ihm auf dem Sterbebett gesagt hat: »Der Tod ist der Kuss Gottes, der mich auferweckt in ein neues Sein.«[9] »Das eigentliche Problem, das wir haben«, sagt er an einer anderen Stelle, »ist nicht das Sterben, sondern unsere Anhänglichkeit an eine bestimmte Form (von Leben), an eine Form, die wir jetzt haben.«[10] Aber darin ist auch eine Art Basis-Anthropozentrismus zu erkennen: Wir setzen uns bekanntes Men-

---

6. In seinem Beitrag »Es gibt keinen Tod«, in: Kontemplation und Meditation 8/2007, Heft I, S. 36.
7. A. a. O., S. 37.
8. Meine Frau und auch Gerhart Herold haben das Phänomen, dass (auch) auf den Weihnachtsmärkten immer häufiger Buddha-Figuren auftauchen, als eine Sehnsucht nach Ruhe, Geborgenheit bzw. immanenter Transzendenz gedeutet.
9. Ebenda.
10. Ebenda.

schenleben mit *dem* Menschlichen, ja, mit Leben überhaupt gleich. Doch das wird der Vielfalt und Schönheit des Lebens, wird der Lebensfülle Gottes, nicht gerecht.

Man kann ja verstehen, dass manches Tier uns Menschen irgendwo kränkt, weil es so viel schöner ist als wir oder auch viel mehr und anderes, als was wir können, kann – das Fliegen zum Beispiel. Und dennoch sollten wir uns zu einer offeneren Einstellung dem Leben gegenüber durchringen und uns freuen daran, dass es andere Lebensgestalten gibt als nur die menschliche. Von den aller-, allermeisten Gestalten des Lebendigen wissen wir nur von außen. Insofern haben wir noch viel vor uns, was wir er-leben können!

Meiner Meinung nach hat das von Willigis Jäger angesprochene Hängen an dem, was wir kennen, aber auch mit Liebe zu tun: In Liebe – wie in Lust – wirkt die Sehnsucht zurück nach der Einheit des Lebens, die wir nach Platons Vorstellungen durch die Individuation unserer Geburt verlassen haben. Individuation schafft Sehnsucht nach Vereinigung (und oft auch nach Vereinen!!), und will durch *Vereinigung*, nicht durch Abschied, Zukunft haben. Doch das Leben ist anders, geht über diese Sehnsüchte weit hinaus.

IV. Folgerungen für unseren Umgang mit Sterbenden

Ich schließe meine Gedanken, indem ich einige Folgerungen für den Umgang mit Sterbenden formuliere. Dabei unterscheide ich Ebenen, die gleichwohl miteinander verbunden sind.

1. Folgerungen auf theologischer Ebene

Das Sterben und den Tod als letzten sichtbaren Abschluss des Sterbens (vor der Beerdigung oder Verbrennung) können wir begreifen als den letzten der zu unserem Leben gehörenden notwendigen Abschiede. Das heißt: Das Sterben und der Tod selbst sind vitale Vorgänge des Lebens und haben mit der individuell-kreatürlichen und sozialen Dimension unserer Existenz zu tun. Das Sterben und der

Tod melden sich also nicht erst am Ende des irdischen Lebens, sondern treten an mehreren Wendepunkten des Lebens deutlich hervor, gehören – zum Beispiel auf der Zellebene – sogar zum All-Tag. Sie haben jeweils eine Rückseite, die in eine neue, vom Jetzt aus gesehen, offene Phase des Lebens weist. Das *biologische Sterben* können wir verstehen als letzte zum irdischen Leben gehörende Station unseres irdisch-leiblichen Lebens, mit der sich wiederum eine Rückseite verbindet, die in eine neue, diesmal uns auch von anderen Menschen her nicht mehr bekannte, Form von Leben weist. Wie im All kein Wassermolekül verloren geht, so gehen auch die vielfältigen Gestalten von Leben nicht verloren.

Also heißt »Tod als Tor im Leben«: Das Sterben – und der Tod als uns sichtbarer Abschluss des Sterbens – ist ein Prozess der Transformation und führt nicht in ein Nichts, sondern in eine verwandelte Form von Leben. Der Tod ist ein »Tor« *im* Leben, weil er der Abschluss des Transformationsweges auf der uns erkennbaren Seite ist und zugleich eine Öffnung darstellt, durch die wir hindurchgehen – aber nicht als Kollektiv, sondern jeder für sich. Möglich und glaubwürdig ist diese Vorstellung von Verwandlung nur, weil wir glauben, dass Gott als Geist zu allem Leben durch alle Verwandlungen hindurch eine unverlierbare Beziehung behält. Eine solche Gesamtschau von Leben und Sterben erlaubt es, mit Sterbenden über ihr Sterben und den Sinn des Todes zu sprechen, ohne dem Tod das letzte Wort zu lassen.

2. Folgerungen auf anthropologisch-symbolischer Ebene

Vielleicht sollten wir auch Nutzen ziehen aus dem, was uns die Ägyptologie inzwischen an großen anthropologischen Einsichten eröffnet hat, und unser Leben »*osten*«. Früher hat die »Ostung«, die Ausrichtung nach Osten, das religiöse Leben auch bei uns in vielen Bereichen bestimmt. Nicht nur Kirchen und Gräber wurden nach Osten ausgerichtet, um sich dem im Osten auferstehenden Christus zuzuwenden. Nach Osten hin wurde auch das Tauf- und Glaubensbekenntnis gesprochen. Und bis heute besingen wir in einem Choral Jesus Christus als »die güld'ne Sonne«.

In der Religion der Ägypter spielt die Vorstellung von der »Barke der Sonne« eine große Rolle. Der Gott Amun-Re fährt in ihr am Tage über den sonnenbeschienenen Himmel und nach ihrem »Untergang« im Westen durch die Nacht. Dabei gerät er allnächtlich in eine große Krise, weil er mit den Chaosmächten des Lebens kämpfen muss. Bei diesen Chaosmächten handelt es sich um Mächte der Finsternis und des Todes – manche unserer Träume erzählen sehr gut, worum es geht. Der alltägliche Tempeldienst der Priester war dazu da, die Götter in diesem Kampf zu unterstützen und mit für die Stabilität des Universums zu sorgen. Dabei wurde im Glauben davon ausgegangen, dass der Sieg über das Chaos von Amun-Re Morgen für Morgen mit dem Sonnenaufgang errungen wurde.

Das Leben der Einzelnen ist von dieser, von den Göttern zugunsten des (menschlichen) Lebens auf Erden geführten, Auseinandersetzung bestimmt worden: Der Einzelne (prototypisch wird das zuerst vom Pharao überliefert) hat sich gewissermaßen in diese Sonnenfahrt des Doppelgottes Amun-Re hineingesehen. Mit ihm und durch ihn hat er die große Krise seines Lebens – seine Sterblichkeit – zu bewältigen gesucht. Unschwer können wir darin die Vorlage erkennen für die Hoffnung der Christen darauf, dass der ihnen vorangegangene Jesus Christus durch sein qualvolles Sterben hindurch und vor allem durch die Auferstehung den Sieg des Lebens über die Mächte des Todes errungen hat – ihnen zugute. Denn er hat ihnen gezeigt, wie das Leben trotz des Todes weitergeht. Die Erzählung von der Aufstehung ist eine *mythische*, in der sich Himmel und Erde, Gott und Menschen, Leben und Tod und wieder Leben miteinander verbinden. Denn wenn es um Dinge geht, die unser Leben außerhalb der irdischen Lebensgestalt betreffen, können wir nicht anders als in mythischer und bildlicher Sprache sprechen.

Gerade darin, in der narrativen Überlieferung, aber liegt auch das Hilfreiche für unseren Umgang mit Sterbenden. Denn mithilfe dieser Erzählungen aus unterschiedlichen Religionen können wir die Grenze zwischen Leben und Tod und wieder Leben überschreiten, können wir uns von ihnen mitnehmen lassen auf die große Lebensreise. In diesem Sinne kann auch die Begleitung Sterbender »geostete« Arbeit sein: ausgerichtet auf den Aufgang der Sonne, auf das Licht nach der Finsternis, auf das Leben aus und nach dem Tod.

Noch einen anderen Gedanken können wir aus Ägypten aufnehmen. *Erik Hornung*, der Schweizer Ägyptologe, hat in der Einleitung zu seiner Übersetzung der »Unterweltsbücher der Ägypter« geschrieben: »Man hat die ägyptische ›Verewigungstechnik‹ schon oft als den großartigsten und aufwendigsten Versuch bezeichnet, den Tod zu überwinden. Aber es geht dem Ägypter nicht um Überwindung. Der Tod hat eine zutiefst notwendige Funktion im Weltganzen. Er gehört zum Werk des Schöpfergottes am Anbeginn der Welt und ist ein Mittel, das Dasein fortwährend zu regenerieren. Nur er allein kann den Alterungsprozess, dem alles Sein unterworfen ist, aufhalten und umkehren. In den verschiedensten Bildern und Formulierungen kreist die Gedankenwelt der Unterweltsbücher um das eine große Wunder: dass der Sonnengott sich jede Nacht vom ›Greis‹ in ein ›kleines Kind‹ zurückverwandelt und damit der ganzen Welt die Jugendfrische des Anfangs zurückgibt. Dass dieses Wunder möglich wird, kann nur der Tod bewirken; er lässt auch den Toten in seinem Grab wieder ›jung‹ werden. So ist das ägyptische Grab, mit seinen farbenfrohen Bildern, eine Stätte verjüngten Lebens.«[11] Ja, »Grab« heißt im Ägyptischen »der Ort, an dem man aufersteht«.

Alle Gedanken, die uns zum Sonnenaufgang blicken lassen, uns »osten«, passen aber letztlich auch zu den Nahtod-Erfahrungen, die davon berichten, dass komatöse Menschen sich auf dem Weg durch einen Tunnel haben gehen sehen, der zum Licht bzw. zu einer großen Lichtgestalt führte. Die Begleitung von Sterbenden kann da anknüpfen. Und sie kann die Bereitschaft fördern, sich für die Begegnung mit diesem Licht zu öffnen, indem sie die imaginative Kraft der Musik nutzt.

Als ich einmal mit meiner Tochter zusammen in der Berliner Philharmonie ein grandioses Haydn-Konzert erlebt habe, wandte sie sich in einer Pause zwischen zwei Sätzen zu mir und sagte: »Und wenn jetzt draußen die Welt unterginge, wir würden es nicht merken!« Ich habe ihr zurückgeflüstert: »Es wäre mir jetzt auch egal.« Denn weiter ins Leben hinein als über Zeit und Raum hinaus, wohin

---

11. E. Hornung, Die ägyptischen Unterweltsbücher. Eingeleitet, übersetzt und erläutert von E. Hornung, München-Zürich 1992, = Düsseldorf 2002, 9 f.

Musik und andere tiefe Erfahrungen uns tragen, können wir gar nicht kommen.

3. Folgerungen für die Begegnung von Lebenden und Sterbenden

Sterben ist oft mühsames, qualvolles Hineinfinden in das Wirken Gottes, das die vertraute Lebensgestalt auflöst – und zwar nicht ins Nichts, sondern in eine neue Gestalt. Dies mit anzuschauen, zieht uns als Begleitende hinein in das große Mysterium des Lebens. Dem müssen und können wir uns stellen und selber dabei reifen. Der Mut dazu kommt aus der Gewissheit, dass Liebe und Geist nicht verloren gehen, wenn wir das irdische Leben verlassen. Im Traum, in der Kunst jeder Art haben wir Kontakt zu Gottes wunderbarer Gestaltfähigkeit und -freude, können wir spüren und sehen, wie Gott als Liebhaber des Lebens über die Grenzen von Raum und Zeit hinweg Lebensgestalten schafft und sich darin – wie am ersten Schöpfungstag – entfaltet.

Im Johannesevangelium sagt Jesus zu Martha: »Ich bin die Auferstehung und das Leben. Wer an mich glaubt, der wird leben, auch wenn er stirbt. Und jeder, der lebt und an mich glaubt, wird in Ewigkeit nicht sterben.« *(11,25)* Das ist ein wichtiger Satz. Denn er ist nur scheinbar paradox, in Wahrheit aber lebens-logisch: Wenn Gott das Leben ist, dann verbindet Liebe nicht nur Gott und Jesus, sondern auch uns und Gott und Leben. Dann verwandelt sich das Leben durch unendlich viele Sterbensvorgänge hindurch, aber es gibt keinen »ewigen Tod«. Ist Gott das Leben, Geist und Liebe, gestaltschaffende Lebensenergie, so sind wir – und alle anderen Geschöpfe, in diesem Leben wie in den neuen Schöpfungen nach uns – *gleichzeitig* mit Gott.

Wenn wir Sterbende begleiten, geht es vor allem darum, die Sehnsucht der Menschen nach Licht und nach der Einheit mit dem Leben ernst zu nehmen. Aber es geht auch um unsere eigenen Sehnsüchte nach Licht. Wo wir sie bei anderen stärken, wird sie auch in uns wachsen. Alle Fantasie, alle Träume, die wir in Sterbenden und ihnen gegenüber ansprechen, werden auch uns stärken.

Die größte Hoffnung von uns Menschen aber ist, in Frieden

sterben zu können. Dazu können wir uns helfen, indem Sterbende und Begleitende sich gegenseitig im Vertrauen auf die Liebe Gottes die Absolution erteilen – so, wie Jesus es uns im Unser-Vater aufgetragen hat. Er hat uns alle zu Priesterinnen und Priestern seiner Liebe gemacht – damit das uns entgegenkommende Licht in unserer Seele nicht durch irgendwelche uns belastende eigene oder fremde Schuld verdunkelt wird. Auch diese gegenseitige Lossprechung gehört zur »Ostung« unseres Lebens hinzu und reißt den Himmel auf.

Ein Gespräch von Stefan Hügli mit Klaus-Peter Jörns[1]

Mehr Leben, bitte!

Einleitung: Was der Theologe Klaus-Peter Jörns sagt, ist provozierend und befreiend. Er fordert dazu auf, endlich Abschied zu nehmen von Glaubensinhalten, die kaum jemandem noch zugänglich sind, und stattdessen neue Formen zu suchen, wie das Leben gefeiert werden kann. »Das Leben ist schwer«, sagt Klaus-Peter Jörns, »und der Glaube ist nicht dazu da, es noch komplizierter zu machen«. Ein Gespräch mit dem Theologen und Religionssoziologen Klaus-Peter Jörns.

Stefan Hügli: Klaus-Peter Jörns spricht aus, was viele denken: Es gibt Traditionen des Christentums, die nicht mehr glaubwürdig sind. Von ihnen solle man sich schleunigst verabschieden. Die Frage nach einem zeitgemäßen Christentum beschäftigt ihn schon lange. Die »Notwendigen Abschiede« sind gewachsen, sagt er, während Jahrzehnten.

Klaus-Peter Jörns: Ich war ja zehn Jahre Gemeindepfarrer am Anfang meiner theologischen Entwicklung. Und diese zehn Jahre als Gemeindepfarrer haben mich permanent konfrontiert mit einer inneren Gespaltenheit zwischen dem, was ich glauben und auch verkündigen soll, und dem, was ich wirklich glaube. Aber man deckt das irgendwie durch eine solche berufliche Existenz zu. Und das geht nicht nur mir so, sondern auch anderen, wie ich bald gemerkt habe. Zum Auslöser geworden sind dann die Gespräche, die ich mit

---

1. Diesem Text liegt eine Radiosendung am Sonntag, 20. April 2008, auf DRS 2 in der Sendereihe »Perspektiven« zugrunde. Basis des »gestalteten Textes« war ein Interview, das Stefan Hügli mit mir geführt hatte. In der Sendung sind aus seinen Fragen Aussagesätze geworden, die auch Teile des Gespräches referieren. Weil die Sendung eine weite Verbreitung gefunden hatte, habe ich den Stil der Sendung auch an diesen Stellen beibehalten.

meiner Mutter gehabt habe in den Wochen vor ihrem Tod. Da ist mir plötzlich klar geworden, welch große Diskrepanz es gibt zwischen dem, was man als Theologe so tut und denkt, und dem, was eine Frau wie meine Mutter am Lebensende beschäftigt.

Stefan Hügli: Was seine Mutter beschäftigte, sei sehr direkt mit dem Leben verbunden gewesen, mit Beziehungen und der Sorge um Familienmitglieder und Freunde, und was ist, wenn diese Menschen nicht mehr da sind.

Klaus-Peter Jörns: Also, zum Beispiel hat meine Mutter sich im Sterben sehr mit der Frage beschäftigt, ob sie ihren fast dreißig Jahre vor ihr gestorbenen Mann wiedersehen werde. Auch mein ältester Bruder war da schon zwei Jahre tot. Und da kam dieselbe Frage auf. Es geht eigentlich um die Personalität von Liebe. Wo geht diese Liebe hin, was bleibt davon, wenn ein Mensch gestorben ist? So würde ich die Fragen meiner Mutter in theologische Sprache übersetzen. Aber diese Themen werden in der Theologie gar nicht verhandelt. In Dogmatiken kommen diese Dinge nicht als Thema vor, außer vielleicht in Nebenbemerkungen, aber nicht mit dem Ernst, der dem Gewicht solcher Fragen für viele Menschen entspräche.

Stefan Hügli: Die Rückkopplung von Theologie und gelebtem Glauben sei oft mangelhaft, sagt Klaus-Peter Jörns. Was eigentlich merkwürdig sei, denn der Glaube wolle doch dem Leben dienen und mit ihm auch die Theologie.

Klaus-Peter Jörns: Das ist eine Voraussetzung, die braucht man gar nicht zu thematisieren, die stimmt einfach: Der Glaube ist etwas, was dem Leben *dienen* soll. So kann man es bei Jesus ablesen, dass er sich genau darum bemüht hat, dass der Glaube wieder diese Funktion der Lebensdienlichkeit übernimmt. So kann man es aber auch hören, wenn Menschen enttäuscht von der Kirche reden, wenn sie sagen: »Ja, ich weiß überhaupt nicht, was ich mit diesem Glauben anfangen soll. Warum soll ich dann Kirchensteuern bezahlen – nur um beerdigt zu werden oder mich trauen lassen zu können? Das ist ein bisschen teuer und das ist auch irgendwo eine falsche Maskerade.« Und wenn dieser Bezug zum Leben, der unmittelbare Bezug zum Leben, verloren geht, dann können die Menschen auch nicht mehr über den Glauben oder von ihrem Glauben reden.

Stefan Hügli: In einer breit angelegten Studie mit dem Namen »Die neuen Gesichter Gottes«[2] ist Klaus-Peter Jörns Anfang der Neunziger-Jahre darum der Frage nachgegangen, was Menschen heute tatsächlich glauben und inwiefern sie Erlebtes damit in Verbindung bringen – Glück zum Beispiel oder Unglück. Ausgangspunkt für die Untersuchung war die Frage nach jener Erfahrung im Leben, die am meisten berührt hat. Für Frauen sei das oft die Geburt eines Kindes. Doch wie bringen Frauen Geburt und Glauben in Zusammenhang?

Klaus-Peter Jörns: Bei ganz vielen, auch bei denen, die sich selber als nicht gläubig bezeichnet haben, kommt dann – doch – die Antwort: »Ja, das sind Situationen gewesen, in denen ich an Gott gedacht habe.« Nichts Liturgisches, nichts Rituelles war dabei bedeutend. Die befragten Frauen sind deswegen auch nicht in die Kirche gelaufen. Aber da war eine Grenzerfahrung im Leben, die sie mit dem Grund des Lebens – könnte ich jetzt vereinfacht sagen – für kurze Zeit in Berührung gebracht hat. Und bei Männern ist die Erfahrung im Leben, die sie am meisten berührt hat, interessanterweise der Anfang einer Liebe. Männer denken dabei *nicht* so häufig an Gott. Liebe ist offenbar etwas, worin sie sich selber als besonders präsent und vielleicht auch potent erleben und also mehr von sich ausgehen. Beide sind sich aber wieder einig, Männer und Frauen, dass das Sterben eines nahen Menschen die andere am meisten berührende Erfahrung ist, die sie im Leben gemacht haben. Zu dieser Erfahrung kommt beiden Gruppen »eine Begegnung mit Gott« in den Sinn.

2. Die Umfrage wurde 1992 durchgeführt, ihre Auswertung erschien fünf Jahre später: Klaus-Peter Jörns, Die neuen Gesichter Gottes. Was die Menschen heute wirklich glauben. München 1997. 2., verbesserte Auflage 1999. Detaillierte Einzelperspektiven dieser Umfrage stellt dar: Klaus-Peter Jörns / Carsten Großeholz (Hg.), Was die Menschen wirklich glauben. Die soziale Gestalt des Glaubens – Analysen einer Umfrage, Gütersloh 1998.

Stefan Hügli: Brisant sind die Resultate der Studie bei den Pfarrpersonen, die Klaus-Peter Jörns befragt hat. Sie haben nämlich auffällig oft große Vorbehalte gegenüber den offiziellen Lehren ihrer Kirchen.

Klaus-Peter Jörns: Ja, ganz besonders krass ist das etwa im Blick auf die These, die der Apostel Paulus formuliert hat, dass die Sterblichkeit des Menschen – er spricht vom Tod – »der Sünde Sold« sei. Dass also unsere Sterblichkeit Sündenfolge oder Folge des Sündenfalls sei. Das ist eine Lehre, die wir aus dem christlichen Bereich von Augustinus her besonders gut kennen, die es aber in der jüdischen Auslegung der Sündenfallgeschichte zur Zeit des Paulus auch schon gab. Und sie ist bei uns immer noch offizielles Dogma. Und zwar sowohl für Katholiken als auch für Evangelische. Aber nur dreizehn Prozent der evangelischen Pfarrerschaft in Berlin-Brandenburg stehen hinter dieser Aussage, der Rest glaubt das nicht mehr.

Stefan Hügli: Die Studie »Die neuen Gesichter Gottes« ist vor mittlerweile zwölf Jahren erschienen, doch die Entwicklung dürfte in dieser Richtung weitergegangen sein. Ein Erdrutsch sei das, ein Abbruch mit einer jahrhundertelangen dogmatischen Tradition. Denn die Rede vom Tod als der Sünde Sold hängt in der klassischen Dogmatik zusammen mit dem Verständnis von Erlösung. Aber auch mit dem Verständnis von Eucharistie bzw. Abendmahl hat diese Anschauung zu tun, insofern die Teilnahme daran nach kirchlicher Lehre Sündenvergebung bewirkt und den Zugang zum ewigen Leben öffnet. Klaus-Peter Jörns begrüßt diesen Abbruch grundsätzlich, denn Geborenwerden und Sterblichkeit seien doch die natürlichsten Sachen der Welt, mit Sünde oder Schuld habe das nichts zu tun. Die Kriminalisierung des Todes durch eine solche (christliche) Theologie lehnt er entschieden ab. Ebenso wie eine Kreuzesinterpretation, die fälschlicherweise Gott selbst in diesen gewaltsamen Tod als Verursacher mit einbindet. Vor dem Kreuz zu stehen, das war für ihn seit Beginn seines Weges als Pfarrer im Hunsrück eine Situation, die in ihm größtes Unbehagen auslöste.

Klaus-Peter Jörns: Besonders war das immer Karfreitag so, wenn ich vor dem Kruzifix stand und mir durch den Kopf ging, welche festgesetzten Lesungen zu diesem Tag ich gleich lesen musste. Und die

Lieder, die zu Karfreitag gesungen werden, sind ja auch nicht beliebig austauschbar, weil man gar nicht so viele hat. Die Erfahrung, diesem Jesus gegenüberzustehen, wie er da am Kreuz hängt, in einer Leidenssituation, die schrecklicher gar nicht gedacht werden kann, hat mir eigentlich immer wieder klargemacht: Dass Gott damit im Bunde sein soll, das kann ich nicht glauben. Das ist etwas, was die ganze Verkündigung Jesu von der freien und unbedingten Liebe Gottes auf den Kopf stellt. Und: Es ist dran – das muss geändert werden!

Stefan Hügli: Was allerdings so einfach nicht ist, wie Klaus-Peter Jörns bald feststellte.

Klaus-Peter Jörns: Als ich dann angefangen habe, die Dinge zu ändern, und zum Beispiel einmal in einer Universitätspredigt gesagt habe, was ich im Hinblick auf die Kreuzestheologie glaube, da bin ich dann hinterher von guten Freunden, die auch Theologen sind, buchstäblich konfirmiert worden. Ja, die haben mich besucht und mir Vorhaltungen gemacht und gesagt: »Das kannst du zwar denken, aber wenn du von der Kanzel predigst, bist du ein Mann der Kirche, und dann musst du sagen, was die Kirche glaubt.« Aber das wollte ich nicht gegen meine Überzeugung tun.

Stefan Hügli: Klaus-Peter Jörns ärgert sich denn auch, dass in einer Broschüre der Vereinigten Evangelisch-Lutherischen Kirche in Deutschland (VELKD) zum Abendmahl[3] solche Fragen nicht aufgegriffen werden.

Klaus-Peter Jörns: In dieser sechzehnseitigen Broschüre wird keines der Probleme aufgenommen, das Menschen – nach meiner Kenntnis – bewegt und beschäftigt, wenn sie ans Abendmahl denken oder zum Abendmahl gehen. Also: »Ist das ein Opfer? Wieso muss das denn überhaupt ein Opfer sein? Ist das eine angemessene Deutung

3. Das heilige Abendmahl. Ein Faltblatt zur Gestaltung der Feier im Gottesdienst der Gemeinde. Herausgegeben vom Lutherischen Kirchenamt im Auftrag der Bischofskonferenz der Vereinigten Evangelisch-Lutherischen Kirche Deutschlands (VELKD), 2008. – Im Internet abrufbar unter: http://www. velkd.de/downloads/abendmahl_flyer.pdf.

des Todes Jesu angesichts seiner Verkündigung Jesu, die die Liebe Gottes von jeder Bedingung befreit hat? Musste sie wieder an die Bedingung eines Todes, eines Menschenopfers gar, zurückgekoppelt werden? Liebt uns Gott *doch* nicht unbedingt? Hängt seine Liebe wieder ab von heiliger Gewalt, wie wir das auch aus anderen Religionen kennen?« Kein Wort zu diesen Fragen und auch zu dem, was manchen Menschen schlicht unangenehm ist: zu dem Gedanken, sie sollten Christi Leib essen und sein Blut trinken. Was insbesondere für Frauen ein schwieriger Punkt ist.

Stefan Hügli: Acht Abschiede von heute problematisch gewordenen Glaubensvorstellungen schlägt der emeritierte Theologieprofessor Klaus-Peter Jörns darum vor. Religionen seien schließlich Modelle, mit deren Hilfe der Mensch versucht, sich selbst und die Welt zu deuten. Nicht mehr und nicht weniger. Wenn sich die Weltsicht verändert, sollen auch Religionen den Mut haben, neue Modelle zu kreieren oder die alten neu zu interpretieren. Das will Klaus-Peter Jörns nun nachholen und entfaltet dabei eine veränderte Gestalt des christlichen Glaubens. Allerdings sind viele der von Klaus-Peter Jörns vorgeschlagenen Abschiede so neu nicht.

Klaus-Peter Jörns: Das stimmt, das begründet ja dann auch den Effekt, den ich immer wieder bei Vortragsreisen erlebe, wenn Leute sagen: »Also, das denke ich eigentlich seit zwanzig Jahren.« Andere sagen: »Aber obwohl ich auch Pfarrer bin, war ich nicht in der Lage, das so zusammenzufassen.« Das kann man auch schlecht, wenn man im Amt ist und eine bestimmte Linie verkünden muss, und soll dann nebenher sich selber infrage stellen. Das ist schon etwas für Pensionäre, wie für mich, die das dann gewissermaßen auch im Dienst der anderen aufarbeiten können. Das würde ich schon so sehen. Und natürlich gibt es viele, die überhaupt keine Beziehung mehr zur Kirche und diese Abschiede auch längst für sich vollzogen haben. Sie haben darüber aber auch das Interesse an der Kirche und an der Theologie verloren, weil sie nicht mehr glauben, dass die Kirche sich um diese Probleme der inneren Gespaltenheit der Menschen kümmern werde. Sie tut es nicht. Sie hat weitgehend noch die Tendenz, diese Dinge unter der Decke zu halten, weil sie Angst hat, es würde den Menschen der Boden unter den Füßen weggezogen, und dergleichen mehr.

Stefan Hügli: Doch die Fragen seien nun einmal da, und sie müssen beantwortet werden, sagt Klaus-Peter Jörns. Einer der insgesamt acht notwendigen Abschiede ist der Abschied von der Opfertheologie: der Abschied also von der Vorstellung, dass die Hinrichtung Jesu ein Sühneopfer gewesen sei. Ein anderer Abschied betrifft die vermeintliche Sonderstellung der je eigenen Religion. Die Religionen müssen endlich ernst machen damit, dass ihre Überlieferungen weder für alle Menschen noch für alle Zeiten gelten.

Klaus-Peter Jörns: Auch wer glaubt – wie die Christen das ja offiziell tun –, dass Gott *einer* ist und dass er ein *einziger* ist, muss doch eine Antwort geben können auf die Frage: Was hat dieser Gott mit den anderen Religionen zu tun, die vor und neben dem Christentum und auch nach dem Christentum entstanden sind? Hat Gott es mit den anderen eigentlich nicht ernst gemeint? Hat er die geschaffen, aber immer mit dem kleinen Finger behandelt? Oder ist das nicht doch nur die Perspektive, die *wir* haben, weil wir uns im Grunde eine kindliche Weltsicht erhalten haben, die da sagt: »So, wie *wir* glauben, so, wie *wir* leben, so ist es richtig!« Das ist im Grunde kindisch. Es ist zwar verständlich von einem kleinen Kind, das in die Welt hineinwächst. Aber die Wahrheitsfrage am Ort der Geburt festzumachen und an der Zufälligkeit der Zugehörigkeit zu einer Konfession oder Religion, das geht doch nicht.

Stefan Hügli: Die eigenen kulturellen und religiösen Wurzeln reichen viel weiter, als dies die traditionellen Grenzen vermuten lassen, sagt Klaus-Peter Jörns. Allein schon darum ist auch die Vorstellung des Erwähltseins problematisch. Von Ägypten her ist diese Vorstellung ins Judentum eingegangen und von dort auch ins Christentum gekommen. Mit schwerwiegenden Folgen.

Klaus-Peter Jörns: Die Folge ist bei Ägyptern, Juden und Christen gewesen, dass man sich – im einen Fall kämpferisch bis hin ins Militärische, im anderen friedlicher, immer aber ausgrenzend, abgrenzend – selbst in Gottes Schoß gesehen hat und die anderen in einer Art Außenposition. Die anderen sah man jedenfalls nicht mit Gott durch Liebe verbunden, nicht in einem Bundeszusammenhang, und dergleichen mehr. Und gelegentlich hat diese Ausgrenzung auch dazu geführt, dass die anderen nicht nur als für Gott gleichgültig angesehen worden sind, sondern als verworfen. Dann wurden eben Erwählung und Verwerfung wie Vorder- und Rückseite ein und derselben Medaille behandelt. Und das hat dazu geführt, dass unendlich viel Hass zwischen den Religionen entstanden ist.

Stefan Hügli: Und weil auch in der Bibel solche Verwerfungen zu finden sind, schlägt Klaus-Peter Jörns vor, den Bibeltext in dem Sinn zu revidieren, dass hoch problematische Textstellen »eingeklammert«, also zwar nicht gestrichen, aber doch nicht mehr im Gottesdienst verlesen werden. Und eine Kommission, in der Angehörige verschiedener Religionen vertreten sind, sollte damit beauftragt werden, wichtige Texte aus unterschiedlichen heiligen Schriften zu einem interreligiösen Lesebuch zusammenzustellen, das dem gegenseitigen Kennenlernen dient. Wir müssen endlich aufhören, Gott zu spalten, sagt Klaus-Peter Jörns, und: Gott paktiert nicht mit tödlicher Gewalt. Ein weiterer Abschied, den Klaus-Peter Jörns fordert, ist der Abschied von der Lehre von der so genannten Gottebenbildlichkeit des Menschen. Das habe zu einer Herabwürdigung aller nicht menschlichen Lebewesen geführt. Und er ruft zu einer neuen »Ehrfurcht vor der Vielfalt des Lebens«[4] auf, ein Begriff, den Klaus-Peter Jörns in Anlehnung an Albert Schweitzer gebraucht.

Klaus-Peter Jörns: Die Herabwürdigung der Mitgeschöpfe ist für mich auch eine große Belastung. Und ich schäme mich in gewisser

4. Albert Schweitzer: »Die Entstehung der Lehre der Ehrfurcht vor dem Leben und ihre Bedeutung für unsere Kultur«, in: Die Ehrfurcht vor dem Leben. Grundtexte aus fünf Jahrzehnten. Hrsg. von Hans Walter Bähr. München 2003 (1. Aufl. 1966); ders., Werke aus dem Nachlass. Die Weltanschauung der Ehrfurcht vor dem Leben. Kulturphilosophie III. Hg. v. C. Günzler u. J. Zürcher, Erster und zweiter Teil, München 1999, Dritter und vierter Teil, München 2000; ders., Ehrfurcht vor den Tieren, hg. v. E. Gräßer, München 2006.

Weise sogar, dass – obwohl ich über die Johannes-Offenbarung meine Doktorarbeit geschrieben habe[5] – mir damals genau so wenig aufgefallen ist wie den Kommentatoren, die man so lesen kann in der neutestamentlichen Wissenschaft: dass von der schönen neuen Welt, die in der Johannes-Offenbarung als unsere Zukunft dargestellt wird, die Tiere ausgeschlossen sind. Da gibt es nur dieses Kulttier, das Lamm, das Jesus vertritt. Aber es ist ja kein wirkliches Tier, sondern nimmt diese Opfertheologie auf. Während der Mensch mit Gott in einer Gemeinschaft lebt, sind Tiere, also andere Geschöpfe, nicht mehr in diesem Lebenszusammenhang enthalten. Und das ist eigentlich eine schreckliche anthropozentrische Engführung, dass man die ganze Fülle der Schöpfung vermindert sieht auf das, was den Menschen und seine Interessen ausmacht. Aber ich würde massiv bestreiten, dass es im Interesse des Menschen liegt, nur mit sich selbst zu leben. Ich glaube, vom Leben erfahren wir erst dann genug, wenn wir wirklich begreifen, dass unendlich viele Façetten des Lebens an andere Geschöpfe gebunden sind.

Stefan Hügli: Im zweiten Teil seines Buches »Notwendige Abschiede« stellt Klaus-Peter Jörns Kriterien für ein glaubwürdiges Christentum auf. Statt Wahrheit fordert Klaus-Peter Jörns Authentisch-Sein, den Mut, zu selbst gemachten Erfahrungen zu stehen. Wahrheit ist etwas, von dem ich viel erfahre, wenn ich auf viele höre, sagt er. Ein glaubwürdiges Christentum wisse seine Wurzeln zu würdigen, es lebe im Bewusstsein, in eine weit gefächerte Kulturgeschichte eingebettet zu sein, und das sei die Voraussetzung dafür, dass Religionen untereinander überhaupt ein Zusammengehörigkeitsgefühl entwickeln können. Zweiter Vorschlag zur Erhöhung der Glaubwürdigkeit: Gesangbücher und liturgische Texte seien zu revidieren. Die alte Herrschaftssprache müsse endlich ganz heraus, ebenso ein Menschenbild, das ständig eine Sünden- und Gehorsamskultur reproduziere. Und noch ein dritter Vorschlag: Lebensdienlichkeit als wichtigstes Kriterium der Theologie.

---

5. Das hymnische Evangelium. Untersuchungen zu Aufbau, Funktion und Herkunft der hymnischen Stücke in der Johannesoffenbarung, Gütersloh 1971.

Was eigentlich selbstverständlich sei – und doch müsse nach wie vor dafür gekämpft werden.

Klaus-Peter Jörns: Weil die Religionsinstanzen immer die Neigung dazu haben, das Leben noch ein bisschen schwerer zu machen, indem sie dem Mensch noch alle möglichen religiösen Pflichten auferlegen. Da hat Jesus genau das Gegenteil getan und gesagt, alles was den Menschen in den Religionen an Weisungen angeboten wird, ist nicht um seiner selbst willen da, sondern um dem Menschen zu dienen, um dem Menschen zu helfen, dieses Leben zu bewältigen. Und daran muss sich auch eine Ausformulierung unseres Glaubens orientieren.

Stefan Hügli: Mehr Leben also, das wünscht sich Klaus-Peter Jörns, und die Fähigkeit, das Leben so wahrzunehmen, wie es ist, nicht nur, wie es sein soll.

Klaus-Peter Jörns: Genau darum geht es ja, die Wahrnehmung der Lebensvielfalt – das betrifft dann die Religionen und Konfessionen, die Geschöpfe und so weiter. Ja, das ist ein sehr schöner Zusammenhang. Aber es betrifft eben auch den Grundauftrag von Religion, das Leben wahrzunehmen, den Menschen und den anderen Geschöpfen zu helfen, dieses Leben nicht nur irgendwie recht und schlecht bestehen, sondern darin Freude entwickeln zu können.

Stefan Hügli: Und Gottesdienst ist eine der Möglichkeiten für Klaus-Peter Jörns, das Leben zu feiern, mit allem was es mit sich bringt – die großen Lebenserfahrungen inklusive. Seine eigene Erfahrung im Gestalten von Gottesdiensten, aber auch seine Erfahrung aus der Arbeit mit angehenden Pfarrpersonen, sind dabei eingeflossen. Und vor allem auch: viele Fragen.

Klaus-Peter Jörns: Ich habe mit dem evangelischen Gottesdienst größte Probleme, weil ich bis heute nicht so richtig weiß, was da eigentlich abläuft. Ich möchte immer, dass es ein erkennbares Prozedere gibt. Gehe ich in einen orthodoxen Gottesdienst, da kann ich das ungefähr beschreiben, im katholischen auch. Aber was im evangelischen Gottesdienst eigentlich außer den einzelnen Rubriken wie der Predigt und den Fürbittengebeten und den Lesungen an *Ablauf* von Bedeutung ist, das kann ich nicht so einfach beantworten. Wenn ich das einmal mit einer alten Begrifflichkeit formulieren kann: Es ist schwer zu sagen, welches »heilige Spiel« da eigentlich gespielt wird. Deswegen klebe ich immer noch an dieser »Agende«, die man halt so hat, damit ich ja nichts falsch mache, obwohl ich ja nun lange genug Pfarrer war. Es ist eben nichts in diesem Geschehen als Ganzem, was meinem Inneren entspricht. Ich fühle mich da nicht wohl. Und deshalb war es für mich zwangsläufig, eine Form zu finden, die anders aussieht.

Stefan Hügli: Und so hat sich Klaus-Peter Jörns – wie viele andere auch – ans Experimentieren gewagt. Gottesdienste müssen in erster Linie Lebensauslegung sein, im Gespräch mit den Überlieferungen und mit den Gemeindemitgliedern als Sachverständigen, sagt er. Schriftauslegung allein greift für ihn zu kurz. Was ihm vorschwebt: mehr Interaktion unter den Beteiligten, nicht nur zwischen Gemeinde und Liturg, sondern auch der Gemeindemitglieder unter sich. Nicht alles müsse dabei neu erfunden werden, sagt Klaus-Peter Jörns.

Klaus-Peter Jörns: Es wird ja heute doch zum Glück viel mehr experimentiert, als man denken mag, wenn man den normalen Agendengottesdienst miterlebt. Denn es gibt doch sehr, sehr viele Gemeinden, in denen schon teils sehr kühne und auch sehr schöne Dinge praktiziert werden. Das geschieht zuallermeist unter Wiederaufnahme von vergessenen Traditionen.

Stefan Hügli: Man solle sich hüten vor falschen Mysterien in den Gottesdiensten, sagt Klaus-Peter Jörns und provoziert: Der Glaube besteht nicht darin, hinter Brot und Wein Christi Leib und Blut zu sehen, sondern die Lebensfreundlichkeit Gottes, und sich darüber zu freuen. Wie mit Symbolen umgegangen wird, das habe Auswirkungen auf andere Bereiche.

Klaus-Peter Jörns: Etwas, was nicht nur ich mache, sondern was man auch bei anderen – wie bei Willigis Jäger[6] – finden kann, wenn sie Gottesdienste gestalten: Die Lebensgaben werden wieder vielgestaltiger im Gottesdienst eingebracht, als nur in Form von Brot und Wein. Und Brot und Wein sind jetzt wirklich wieder Brot und Wein. Das Brot ist Brot und nicht Christi Leib. Und der Wein ist Wein und nicht Christi Blut. Und damit knüpfen wir sogar an die allererste Eucharistie an, die es in der Kirchengeschichte gegeben hat. In der sogenannten »Zwölfapostellehre« oder Didaché ist sie überliefert. In ihr haben Brot und Wein keinerlei Bezug zum Tod Jesu oder gar zu seiner Leiblichkeit, sondern sind Ausdruck für alle anderen Lebensgaben, die Gott uns zum Leben schenkt. Eine Lebensgabe kann dann natürlich auch die Erinnerung an eine Lebensgestalt und Lebensgeschichte sein. Und darum bringen wir zum Beispiel – wie die Juden – das Licht mit hinein, indem eine Kerze in die Kirche getragen wird: die Osterkerze bei uns. Und dann Brot und Wein und Blumen, und was es sonst an symbolträchtigen Lebensgaben gibt, auch Steine – das habe ich bei Willigis Jäger schon erlebt. Das sind alles Dinge, die zu dieser Schöpfung real gehören und die die Freude der Menschen auch gegenständlich fassbar machen können.

Stefan Hügli: In Lesungen versucht er ganz bewusst, durch Texte und Literatur aus verschiedenen Religionen und Kulturen den Blick zu öffnen und so die Engführung auf biblische Texte aufzubrechen. Vom Hymnus an Amun-Re[7] bis zu Auszügen aus den Tragödien des Sophokles[8].

6. Willigis Jäger ist Benediktinermönch, Zen-Meister der Sanbo-Kyodan-Linie und Mystiker. 2003 wurde Jäger spiritueller Leiter des Benediktushofes in Holzkirchen in Unterfranken, wo er bis heute lebt und arbeitet.
7. Die Texte finden sich in: Lebensgaben Gottes feiern, S. 208-233.
8. Sophokles * 496 v.Chr. in Colonus Hippius (Athen); † 406/405 v.Chr. in Athen. Ihm werden 123 Tragödien zugeschrieben. Erhaltene Werke: Aias, Die Trachinierinnen, Antigone, König Ödipus, Elektra, Philoktetes, Ödipus auf Kolonos.

Klaus-Peter Jörns: Ein Satz, wie Antigone ihn spricht: »Nicht mit zu hassen, (sondern) mit zu lieben, bin ich da!«[9], hätte auch Jesus wunderbar zu Gesicht gestanden. Er taucht aber bei Sophokles auf, bei dem Mann, der sich selber als ersten Priester des ersten therapeutischen Gottes, Asklepios, verstanden und der in seinem Privathaus in Athen dem Asklepios den ersten Altar gebaut hat. Das sind Linien, Spuren der Begegnung von Menschen mit Gott in der Literatur, in der Geschichte, die alle hineingehören in die Offenbarungsgeschichte. Und das ist einer dieser Abschiede, den ich ganz besonders wichtig finde: Dass wir Offenbarung nicht für uns beanspruchen, für unser Schrifttum, sondern, dass wir sagen, Offenbarung ist ein großer Prozess, der bis in die Gegenwart fortgeht, in dem wir etwas von göttlicher Kraft und Lebenszugewandtheit finden. Und das geht quer durch alle Religionen und Kulturen hindurch.

Stefan Hügli: Rückblickend ist Klaus-Peter Jörns selber überrascht, wie lange Zeit es für ihn gebraucht hat, um die notwendigen Abschiede zu vollziehen. Erst mit der Pensionierung hat er nun den Rücken frei, um seine Gedanken zu Ende zu denken: gegen die innere Gespaltenheit, für den Wandel. Zum guten Glück, meint er heute.

Klaus-Peter Jörns: Also, bei mir hat das jedenfalls so lange gedauert, weil ich mir auch immer gesagt habe: Du bist ja nicht der Erste, der Theologie treibt, und auch nicht der erste Pfarrer, der Probleme hat. Und angesichts einer so langen und so gewaltigen und zur Liturgie gewordenen Tradition sich dann als Einzelner auf die Hinterbeine zu stellen, ist auch schon ein ganz schöner Anspruch. Bis ich den Mut dazu hatte, hat es halt etwas gedauert. Ja. Umso größer ist mein Dank an alle, die mir Mut gemacht haben.

9.   Sophokles: Antigone. Zweiter Akt, erste Szene.

Verzeichnis zitierter und erwähnter Stellen

1. Bibel und Didaché

1. Brief an die Korinther

11,23-25	112
11,27-30	194
13	129
13,8	149
14,33-37	178
15	151, 198
15,26	34, 194
15,53	198 f.

Brief an die Galater

5,1	22
5,6	38
6,2	136

Brief an die Philipper

2,5-11	116, 126

Hebräerbrief

9,10-11,18	129
9,12	127
9,22	105, 115, 127
12,2	104, 173

1. Brief des Johannes

1,7	126
4,8	92
4,16	26, 52, 92, 132, 159, 197

Offenbarung des Johannes

4-22	214 f.
12,6-14	76
17,3	76

Didaché

9 f.	122 f., 218

2. Andere Religionen und Quellen

Gilgamesch-Epos
    43, 46, 50 f., 192 f.

Amenophis IV. Echnaton
    56, 70, 72

Heraklit   45

Hesiod, Theogonie
    50

Sophokles, König Ödipus
    54 f.

4. Makkabäerbuch
    6,28; 17,21 f.   18

Koran
    Sure 45,3-5   65

Hinweise auf Erstveröffentlichungen

Für einige der in diesem Buch veröffentlichten Kapitel habe ich Aufsätze und Vorträge überarbeitet, die bereits veröffentlicht worden sind. Keines der Kapitel ist aber in der hier vorliegenden Form mit einem dieser Texte identisch.

Was macht den lieben Gott mächtig? – Vortrag am 9. Juni 2007; Deutscher Ev. Kirchentag Köln 2007. Dokumente, hg. S. *Lechner* u. *Chr. Urban*, Gütersloh 2007, S. 219-224

Die Rückkehr des außerweltlichen Gottes in die eine Wirklichkeit – Vorlesung im Zentrum Seniorenstudium der Ludwig-Maximilians-Universität zu München, 21. Dezember 2006; unveröffentlicht

Unterwegs sein mit Jesus – Klaus-Peter Jörns, Der Lebensbezug des Gottesdienstes, München 1988, S. 146-162

Jesus, der traurige Held zwischen »Hosianna!« und »Kreuzige ihn!« – Predigt am 9. März 2008 in der Kirche am Markt in Hamburg-Blankenese; unveröffentlicht

Was hat Jesus mit unserer Abendmahlsliturgie zu tun? – Vorlesung im Zentrum Seniorenstudium der Ludwig-Maximilians-Universität zu München, 17. Januar 2008; unveröffentlicht

Jesu Sterben: der letzte Akt der Menschwerdung Gottes – Predigt am Karfreitag, 21. März 2008, in der Wallfahrtskirche Mariä Himmelfahrt in Berg-Aufkirchen; unveröffentlicht

Jesus ist gestorben und hat neue Gestalten angenommen – Straubinger Tagblatt und Landshuter Zeitung, Feuilleton der Osterausgabe, 22. März 2008

Gott ist die Wahrheit. Aber die Wahrheit ist um des Lebens willen uneindeutig – Publik-Forum Nr. 19/2007, S. 52-53

Eine Dreiheit als Brücke zwischen den Religionen – Vortrag bei der FeteKulturRel im »Haus der Religionen – Dialog der Kulturen« in Bern am 30. August 2008; unveröffentlicht

Das Gebet Jesu – Predigt beim 40-jährigen Jubiläum der evangelischen Kirche St. Gabriel in Hamburg-Volksdorf am 1. Mai 2008; unveröffentlicht

Vom Tod als »der Sünde Sold« zum Tod als Tor im Leben – Vortrag am 17. März 2007; in: *M. Ostertag* (Hg.), Abschiede und neues Leben. 9. und 10. Loccumer Hospiztagung, (Loccumer Protokolle 09/07), S. 61-74